Marianne Döring wurde 1942 als viertes Kind des
Kaufmanns Ernst Döring und seiner Ehefrau Paula Döring
in Danzig geboren. Sie heiratet mit 22 Jahren, doch lässt sie
sich nach der Geburt ihres zweiten Kindes von ihrem
damaligen Mann scheiden und ist fortan alleinerziehend.
Kinder sind ihr ein und alles, die eigenen und die vielen,
die sie beruflich betreute, begleitete und förderte. In den
70er- und 80er-Jahren arbeitete Marianne Döring sich hoch,
wurde Erzieherin, Kindergartenleiterin, Vorschulleiterin.
Sie lebt heute in Berlin.

Marianne Döring

# Winter im Herzen

Meine Kindheit
zwischen Hoffnung
und Heim

BASTEI
LÜBBE
TASCHENBUCH

BASTEI LÜBBE TASCHENBUCH
Band 61674

1. Auflage: Dezember 2010

Bastei Lübbe Taschenbuch in der Verlagsgruppe Lübbe

Originalausgabe

Copyright © 2010 by Bastei Lübbe GmbH & Co. KG, Köln
Lektorat: Ann-Kathrin Schwarz
Textredaktion: Catharina Oerke
Titelillustration: © shutterstock/Portia Remnant
Umschlaggestaltung: Kirstin Osenau
Autorenfoto: © Anett Melzer
Satz: Textverarbeitung Garbe, Köln
Gesetzt aus der Adobe Garamond
Druck und Verarbeitung: Norhaven AS, Viborg
Printed in Denmark
ISBN 978-3-404-61674-9

Sie finden uns im Internet unter
www. luebbe.de
Bitte beachten Sie auch: www.lesejury.de

*Für meine Tochter Claudia,*
*meinen Sohn Martin und meine Enkelkinder*
*Phillip, Sebastian, Johanna*
*und Robin*

# INHALT

# VORWORT

*von Dr. Margot Käßmann*

In der Vergangenheit habe ich viele Heimkinder kennengelernt, die von Willkürmaßnahmen der Erzieher, von Demütigungen, Schlägen und Misshandlungen in Kinder- und Jugendheimen berichten. Es ist ein erschreckendes Bild, das der Runde Tisch und diese persönlichen Berichte zur Situation in Heimen der Jugendfürsorge in den 50er- und 60er-Jahren entstehen lassen.

Schlimmes Leid und Unrecht bestimmte die Erziehungsmethoden der 50er- und 60er-Jahre nicht nur in den Heimen, sondern auch in der Familie, wie das Buch »Winter im Herzen« von Marianne Döring zeigt. Ihr Beispiel macht deutlich, dass in dieser Zeit nicht nur Gewaltanwendung gegen Kinder an der Tagesordnung war, sondern auch, wie massiver psychischer Druck den Willen eines Kindes brechen kann, wie das Recht auf Selbstbestimmung und die menschliche Würde verletzt wurden.

Darüber hinaus teilt Marianne Döring das Schicksal vieler Heimkinder, die in den Erziehungsanstalten und in der Familie nicht individuell gefördert und pädagogisch und psychisch vernachlässigt wurden. Dies ist kein Problem, das in nur der Vergangenheit liegt: Kinder brauchen starke, verlässliche Beziehungen. Alle, denen Kinder anvertraut sind, erleben, dass sie bei besonderer Förderung und liebevoller Zuneigung aufblühen und beginnen, an sich selbst zu glauben. Aus dieser Kraft schöpfen sie ihr gesamtes Leben über. Wer jedoch als Kind ständig erfährt, dass er nichts wert ist, wer auf diese Weise psychisch misshandelt wird, dessen gesamte Entwicklung ist davon beeinflusst, und er wird seinen Wert als Mensch auch als Erwachsener immer wieder aufs Stärkste in Frage stellen.

Im Evangelium nimmt Jesus Kinder besonders ernst. Er stellt sie in die Mitte, verweist darauf, dass sie ihr eigenes Recht haben. »Lasset die Kinder zu mir kommen«, sagt er. Deswegen berühren mich besonders die Demütigungen, die Kinder in Heimen kirchlicher Trägerschaft erfahren mussten. Dass ständig gesagt wurde: Du bist nichts wert, du wirst im Leben nichts schaffen, entspricht in keiner Weise der theologischen Grundüberzeugung, dass jeder Mensch einen eigenen Wert hat als Geschöpf Gottes, dass jeder Mensch eine angesehene Person ist, weil Gott ihn ansieht.

Mein Respekt gilt allen, die so offen darüber sprechen wie Marianne Döring, um sich den Schrecken der Vergangenheit zu stellen. Wir müssen die Betroffenen ernst nehmen. Denn Versöhnung mit der Vergangenheit ist nur möglich, wenn die Opfer gehört werden und die Täter Schuld bekennen. Auch wenn im Kontext der Zeit gesehen Gewalt in der Pädagogik in Schulen und Elternhäusern leider nur allzu üblich waren, müssen wir heute den Mut aufbringen, uns der Verantwortung zu stellen.

Viele verstecken ihr damaliges Leid heute, verdrängen diesen Abschnitt in ihrem Leben und sprechen nicht einmal mit ihren nächsten Angehörigen darüber. Doch genau das Gegenteil wäre nötig, um ihr Leid zu lindern: Die Betroffenen sollten therapeutische und seelsorgliche Begleitung erhalten, wenn sie das wünschen. Eine offene Auseinandersetzung mit der Vergangenheit kann für Gegenwart und Zukunft unserer Gesellschaft einen Weg weisen, auf dem einfühlsam und achtsam miteinander umgegangen wird und in der Erziehung ohne Gewalt in einem respektvollen Umgang miteinander möglich ist.

*Dr. Margot Käßmann*
Ehemalige Landesbischöfin Evangelisch-lutherische Landeskirche Hannovers und Ratsvorsitzende der Evangelischen Kirche in Deutschland

# VORWORT

Auf einer Geburtstagsfeier im Oktober 2008 hörte ich zufällig von dem Aufruf der hannoverschen Landesbischöfin Margot Käßmann: Alle ehemaligen Heimkinder aus den Jahren 1950/1960 sollten sich bei ihr melden.

Das betraf mich direkt, denn ich hatte von 1952 bis 1957 im »Evangelischen Kinderheim am Schölerberg« in Osnabrück gelebt – und gelitten.

Ich überlegte zwei oder drei Wochen, ob ich mit meiner Geschichte an die Öffentlichkeit treten sollte, dann meldete ich mich in Hannover. Ich hörte vom Verein ehemaliger Heimkinder (VEH), von Querelen dort, von einem geplanten Runden Tisch in Berlin mit ehemaligen Heimkindern, Vertretern von Bund, Ländern, Kirchen und der Jugendhilfe sowie der ehemaligen Vizepräsidentin des Bundestages Antje Vollmer als Vorsitzende. Es ging darum, wie sich diese Vertreter der öffentlichen Institutionen zu den aufgedeckten, meistens sehr schlimmen Ereignissen verhalten sollten und wollten, um eine adäquate Entschuldigung bei den Betroffenen und um die Frage, ob eine Entschädigung möglich sei.

Von diesem Augenblick an las ich viele Zeitungsartikel zum Thema, fand Berichte im Internet, nahm selbst Kontakt zu ehemaligen Heimkindern auf und lernte Menschen mit furchtbaren Schicksalen kennen.

Ich stellte fest, dass eine ganze Generation von Heimkindern, etwa eine halbe Million Menschen, ein ähnliches Schicksal erfahren hatte – und noch heute an den Spuren trägt. Und doch waren die Erlebnisse für jeden von uns auf andere Weise schrecklich. Wir sprachen darüber, was am meisten schmerzte, welche seelischen und körperlichen Folgen zurückgeblieben waren, uns noch heute quälen und nicht wiedergutzumachen sind. Wir fragten uns, wie wir bis heute »damit« gelebt haben? Welche Träume wir hatten von der Welt und was daraus geworden ist?

Manche von uns haben bis heute gar nicht über ihre Heimzeit sprechen können und werden es auch nie. Ich selbst verspürte mehr und mehr das Bedürfnis, zu reden, zu schreiben; ich wollte alles ganz genau erzählen, bis ins letzte Detail. Aber ich hatte auch die Zeit und den Abstand gebraucht. Ich musste erst fünfzig Jahre in mich gehen und 67 Jahre alt werden, bevor ich mich dem Kind in mir annähern konnte. Es ehrlich ansehen konnte.

Jetzt wollte ich endlich Zeugnis ablegen. Ich musste es aufschreiben.

All dies belastete mich persönlich mehr, als ich es anfangs zugeben mochte. Meine eigene Geschichte ließ mich nicht zur Ruhe kommen. Ich begann in meinen alten Tagebüchern zu lesen, und alles war wieder lebendig. Alle Tränen von damals, die geweinten und die ungeweinten, brachen sich Bahn. Es war, als wäre es gestern erst geschehen.

Die Zeit hat auch bei mir tiefe Spuren hinterlassen. Nicht nur die Heimzeit selbst, sondern besonders, was davor und auch danach geschehen war. Ich wurde wieder zu dem kleinen Mädchen Marianne, durchlitt alles noch einmal, was sie durchlitten hatte – und wurde endlich frei. Das hatte bisher keine Therapie geschafft.

Ich finde es für das Zusammenleben in unserer Gesellschaft relevant und wichtig, dass unsere Heimschicksale erzählt werden; sie dürfen nicht in Vergessenheit geraten. Ich hoffe, dass der Runde Tisch in Berlin und die vielen regionalen Runden Tische ein gutes Gremium zur Aufarbeitung und Klärung darstellen, wenn sie denn ehrlich daran interessiert sind.

Meine Lebensgeschichte habe ich dennoch aus ganz persönlicher Sicht geschrieben. Nicht, wie die Welt die Dinge sieht, sondern meine eigene Sichtweise war der Maßstab. Dabei zählte die Perspektive des Kindes in mir, das damals alles durchlebt hat.

Beim Schreiben war ich bemüht, die Menschen von damals sachlich und fair zu beschreiben. Meine Schwester Lilo, die wenig einfühlsam war und mich so sehr verprügelt hat, war damals, als unsere Mutter starb, eine junge Frau von 21 Jahren. Sie musste plötzlich die Verantwortung für drei Geschwister übernehmen, die im Krieg alle Schreckliches gesehen und erlebt hatten und davon geprägt waren. Darüber hinaus musste sie für unseren Lebensunterhalt aufkommen und sehr hart arbeiten.

Unser Vater unterstützte sie viel zu wenig, er beutete sie aus. Lilo hatte den Krieg erlebt, den Zusammenbruch des ganzen Landes und den Einmarsch der Alliierten. Sie war jung, sie wollte endlich leben, wollte ihr Überleben genießen, wenn auch alles rundherum in Trümmern lag. Lange Zeit hatte sie keine Möglichkeit, ein selbstbestimmtes Leben zu führen.

Erst viel später lernte ich auch andere Seiten an meiner Schwester kennen, obwohl ihre Härte immer blieb. Damals waren die meisten Menschen geprägt von den Ideen des Dritten Reiches und von den Kriegserlebnissen. Sie nahmen nur wahr, was sie ertragen konnten.

Ich blicke nicht im Zorn zurück, denn ich habe meinen Weg trotz allem gefunden. Zwar sind Spuren meiner schlimmen Kindheit geblieben, aber ich habe Vieles inzwischen verarbeitet und überwunden. Jedes von uns ehemaligen Heimkindern muss mit diesen Spuren leben, nicht alle schaffen es.

Ich kann wohl sagen, ich hatte Glück; das Glück, 47 Jahre lang als Kinderpflegerin, Erzieherin und Vorklassenleiterin mit Kindern zu arbeiten. Unter anderem habe ich auch eine der ersten rein türkischen »Kinderbetreuungsstuben« in Berlin-Wedding mit vierzig Kindern geleitet. Später eine Kinderkrippe in

Kreuzberg mit insgesamt 23 Nationalitäten und sechzig Kindern. Meine Erzieherausbildung habe ich während dieser Zeit berufsbegleitend am sozialpädagogischen Institut der Arbeiterwohlfahrt gemacht und nebenbei als alleinerziehende Mutter für meine beiden eigenen Kinder gesorgt.

Mein Leitgedanke war immer, dass keines der Kinder, die mir anvertraut waren, jemals so traurig, so einsam, so hilflos, so verlassen und verzweifelt sein sollte, wie ich es war.

Und dennoch – meine Kinder, die ich nach der Scheidung alleine großgezogen habe, hatten es mit einer Mutter wie mir nicht leicht. Sie sind inzwischen 40 und 44 Jahre alt, und wir setzen uns immer noch über Grundsätze, Werte und Fragen der Moral und des Lebens auseinander.

Doch bei allen Fehlern, die ich vermutlich während ihrer Erziehung gemacht habe, konnten sie sich immer ganz sicher sein, dass ich sie gewollt, gewünscht, geliebt und bis heute niemals alleingelassen habe. Dieses Wissen hat sie stark gemacht und zu wunderbaren Menschen.

Für mein Buch wünsche ich mir, dass es in die Hände vieler Mütter und Väter, Brüder und Schwestern, Lehrer, Erzieher, einfach aller Menschen gelangt, die Verantwortung für Kinder übernehmen. Und dass es darauf hinweist, wie wertvoll jedes einzelne Kinderleben ist – und wie zerbrechlich.

Ein großer Wunsch ist geblieben. Ich würde so gerne etwas von meiner damaligen Beschützerin und Freundin Regina Schafer hören. 1962/63 arbeitete sie in Veyvey in der Schweiz am Genfer See in einem Rudolf-Steiner-Heim für behinderte Kinder. Dann verlor sich unser Kontakt.

# MEINE WURZELN (1942-1945)

Auf die Welt kam ich in Danzig, am 10. April 1942. Ich war das vierte Kind des Kaufmanns Ernst Döring und seiner Frau Paula Döring, geborene Kaschner. Auch meine Eltern stammten aus Danzig. Während mein Vater Jahrgang 1896 war, war meine Mutter 1902 in ein neues, schicksalhaftes Jahrhundert hineingeboren worden.

Sie selbst brachte 1928 meine Schwester Lilo zur Welt und 1932 und 1936 meine Brüder Konrad und Axel. Meine Geschwister waren es, die mir viele Jahre später von den Geschehnissen während meiner ersten Lebensjahre berichteten. Ich selbst habe an diese Zeit nur eine bruchstückhafte Erinnerung. Wie weit ihre Versionen unserer Familiengeschichte der Wahrheit entsprechen, kann ich nicht sagen. Manchmal denke ich, dass ihre Erinnerungen von den schlimmen Erfahrungen, die sie im Krieg hatten machen müssen, überschattet und beeinträchtigt wurden.

Was ich von ihnen weiß, ist Folgendes: Im Gegensatz zu meinem Vater kam meine Mutter, Paula Döring, aus einer wohlhabenden, großbürgerlichen Familie. Sie war in den Genuss einer guten Schulbildung gekommen und arbeitete sogar bis zur Heirat als leitende Angestellte einer Bank. Mein Vater dagegen kam aus einfachsten Verhältnissen. Mein Großvater väterlicherseits war Maurer, meine Großmutter arbeitete als Waschfrau in den Häusern reicher Leute. Als kleiner Junge hatte er seine Mutter begleitet und sich mit eigenen Augen davon überzeugen können, in welchem Wohlstand andere Menschen lebten. Das musste seinen Ehrgeiz geweckt haben.

Mein Vater hatte sieben Brüder, die jedoch alle früh verstarben. Er, als Jüngster übrig geblieben, war eifrig und klug und leitete bereits mit 24 Jahren eine große Import/Export–Firma als Prokurist. So konnten meine Eltern es sich leisten, nach ihrer Heirat eine Villa in dem gepflegten Danziger Vorort Langfuhr zu bewohnen. Ein Standard, an den meine Mutter gewöhnt war – und den mein Vater seit seiner Kindheit angestrebt hatte.

Heute weiß ich, ebenfalls von meinen älteren Geschwistern, dass mein Vater aufgrund seines Handels ein »kriegswichtiger Mann« war. Er gehörte zwar zur Heimwehr, musste aber – zu seinem Glück – nicht an die Front, denn er hatte bereits im Ersten Weltkrieg gedient.

Meine Geschwister haben mir zudem erzählt, dass er um die 160 Zwangsarbeiter beschäftigt haben soll, vorwiegend Russen, Polen und Jugoslawen, denen er aus eigener Initiative akzeptable Unterkünfte und eine relativ gute Versorgung geboten hat. Zudem erlaubte er diesen handwerklich sehr begabten Arbeitern Holzspielzeug herzustellen, das er für sie verkaufte. Den Gewinn soll er ihnen überlassen haben. Zwar weiß ich das alles ebenfalls nur aus zweiter Hand, aber immerhin haben sich diese Menschen beim Einmarsch der Russen für meinen Vater eingesetzt – mit Erfolg.

Ja, mein Vater war ein Nazi. Wenn auch sicherlich wie viele seiner Zeitgenossen eher ein Mitläufer. Einer, der den Weg des geringsten Widerstands ging, um so seine Geschäfte am Laufen zu halten und seine Familie zu schützen. Es hieß, er habe guten Kontakt zum zuständigen Gauleiter. Gleichzeitig versteckte er über mehrere Jahre einen jüdischen Arzt und Freund, Dr. Albrecht, bei uns zu Hause. Auch eine junge Russin, die beim Einmarsch in Danzig als Marketenderin, wie das damals hieß, mit dem Soldatentross in die Stadt kam, ließ er in einem kleinen Zimmer in unserem Haus wohnen und verhalf ihr zu einem besseren Leben.

Die Geschäfte unseres Vaters gingen sehr gut während des Krieges – oder gerade wegen des Krieges. In der Garage standen zwei Autos, ein kleiner Fiat »Turpolino« und eine Limousine, der »Wanderer«. In Danzig Oliva, in einem Stall der SS, wurden seine drei Pferde gepflegt. Zu Hause hatten wir »Personal«, wie man so schön sagt. Unseren großen, parkähnlichen Garten pflegte ein polnischer Gärtner namens Lengerski, wir Kinder wurden von einem freundlichen Kindermädchen, Ella, betreut. Später hatten wir eine Gouvernante sowie eine Klavierlehrerin für die beiden Ältesten, die bereits das Gymnasium besuchten.

Auch sonst hat unsere Familie bis zum Kriegsende niemals etwas entbehren müssen, im Gegenteil. Es gab die besten Lebensmittel, selbst verbotene Dinge wie Bohnenkaffee, Südfrüchte, Butter oder englischen Tee. Ermöglicht wurde uns all dies durch das Import-/Exportgeschäft meines Vaters. Während des Krieges unterstanden ihm zwei Tender-Schiffe, die Militärschiffe in der Ostsee zu begleiten hatten. Über diesen Weg gelangten wohl auch die kostbaren Waren bis zu uns nach Hause.

Unser Vater hat wahrscheinlich noch lange an den Endsieg geglaubt, während unsere Mutter dem Nazi-Regime stets kritisch gegenüberstand. Dennoch hatte mein Vater im Garten für seine Familie einen eigenen Bunker bauen lassen.

Als im März 1945 die Russen in Danzig einmarschierten, wurde es für meinen Vater gefährlich. Doch er hatte Glück im Unglück: Wie schon gesagt, sprachen sich die vorwiegend russischen Zwangsarbeiter für Ernst Döring aus und retteten ihm damit das Leben. Er wurde sogar in Schutzhaft genommen, um ihn als Deutschen vor der – verständlichen – Wut nachrückender polnischer und russischer Truppen zu bewahren. Später übergaben ihn die Russen an die Polen, mit der Forderung nach einem fairen Prozess für meinen Vater. Und tatsächlich sprachen ihn die Polen schon im Mai 1945 wieder frei.

Erstaunlicherweise bekam er sogar eine Abfindung von 150.000 Zloty – was damals allerdings gerade für drei Brote und drei Kilogramm Butter reichte. Allerdings wurde er nur mit der Auflage entlassen, für zwei Jahre nach Wismar zu gehen, um sich dort um Schifffahrtsangelegenheiten in der Ostsee zu kümmern. Mein Vater zog es jedoch vor, dieser Sache nicht nachzukommen, er tauchte unter, versteckte sich irgendwo in Danzig – und beschwor damit für seine Frau und seine Familie großes Unglück herauf…

Meiner Mutter hatte man zunächst die polnische Staatsangehörigkeit für sich und alle vier Kinder angeboten. Sie sollte im eigenen Haus bleiben und weiterhin alle Annehmlichkeiten genießen können. Dies lehnte sie jedoch entschieden ab. Unsere Mutter war eine selbstbewusste, emanzipierte Frau, diese andere Nationalität anzunehmen, das war für sie unvorstellbar.

Daraufhin schlug die wohlwollende Stimmung ins Gegenteil um. Es war eben Krieg. Unsere Mutter wurde gefoltert und vor den Augen von uns Kindern gedemütigt. Man zog sie splitternackt aus und band sie auf unseren Esstisch. Sie wurde ausgepeitscht, beschimpft, bespuckt und anschließend mit unserer damals siebzehnjährigen Schwester in den Heizungskeller gesperrt. Über das, was dort geschah, wurde niemals gesprochen.

Während der grausamen Szene, die wir Kinder miterleben mussten, rannte mein jüngerer Bruder Axel plötzlich los. Er wusste sich nicht mehr anders zu helfen, als unseren Vater in seinem Danziger Versteck aufzusuchen. Im Gegensatz zu uns anderen wusste er, wo dieser sich aufhielt. Die Soldaten ließen ihn rennen, sie hatten vielleicht sogar genau so ein Verhalten bei uns Kindern auslösen wollen. Bald darauf tauchte Axel tatsächlich wieder auf – mit unserem Vater. Was dann genau mit ihm geschah, weiß ich nicht. Letztlich kam er in russische Gefangenschaft.

Wenig später erfolgte dann die Ausweisung unserer Mutter samt uns vier Kindern Richtung Westen. Wir wurden mit siebzig anderen Menschen in einen Viehwaggon gesperrt, der zunächst drei Tage lang auf einem Gleis abgestellt wurde. Es gab weder Wasser noch Nahrung, nur einen kleinen Luftschacht. Am Boden des Waggons klebte noch der Dung der Kühe, die vorher in dem Wagen transportiert worden waren. An Flucht war nicht zu denken, der Zug wurde von bewaffneten Soldaten scharf bewacht.

Nachdem wir nach zwölf dramatischen Tagen endlich in Berlin ankamen, waren viele Kinder und alte Menschen gestorben, denn es gab auch unterwegs nur einmal einen kurzen Stopp, bei dem die Menschen von katholischen Ordensschwestern notdürftig mit etwas Brot und Wasser versorgt wurden.

Halb verhungert, völlig geschwächt und voller Ungeziefer wurden wir in Berlin im Auffanglager Marienfelde untergebracht. Die Stadt war von Flüchtlingen und Vertriebenen überfüllt, weshalb alle nur für drei Tage eine Aufenthaltsgenehmigung bekamen. Man musste eine Adresse von Verwandten oder Bekannten außerhalb Berlins angeben, dorthin wurde man dann geschickt.

Paula Döring gab ein Dorf in Thüringen an, Kaltennordheim. Sie hatte gehört, dass der jüdische Arzt, Dr. Albrecht, den unsere Eltern seinerzeit in unserem Danziger Haus versteckt hatten, sich dort aufhalten sollte. Das stellte sich später allerdings als Irrtum heraus. Außerdem gehörte dieses Dorf damals noch zum amerikanischen Sektor. Aber auch das sollte sich sehr bald ändern, denn die Amerikaner waren mit der russischen Besatzungsmacht einen Tauschhandel eingegangen: ein Stück Berlin gegen ein Stück Thüringen.

Als wir in Kaltennordheim ankamen, war unsere Mutter bereits schwer krank.

# KALTENNORDHEIM
## Ein kaltes Dorf in Nachkriegsdeutschland
### (1945–1949)

Kaltennordheim, das kleine Dorf in der Rhön. Diesem im wahrsten Sinne des Wortes kalten Dorf im russischen Sektor gelten meine frühsten Kindheitserinnerungen. Erst hier nimmt meine Lebensgeschichte, die ich in chronologischen Stationen beschreiben will, für mich selbst Gestalt an.

Als wir in Kaltennordheim ankamen, litt unsere Mutter bereits an Krebs und zudem unter schweren Gallenkoliken und Rheuma. Unser Vater war noch in Kriegsgefangenschaft. Mein Bruder Axel, der sechs Jahre älter ist als ich, war damals zehn Jahre, Konrad, der zehn Jahre vor mir geboren worden war, war 13, und meine Schwester Lilo, die fast fünfzehn Jahre älter war als ich, 17 Jahre alt. Ich selbst war fast vier.

Man hatte uns in einem Haus in der Brunnenstraße zwei Zimmer zugewiesen und gleich deutlich spüren lassen, dass Fremde hier unerwünscht waren – und Flüchtlinge sowieso. Die brachten doch nur Unruhe und Ärger. Und mussten versorgt werden, obwohl man selbst nicht viel hatte. Nachbarschaftshilfe war in diesen schlimmen Zeiten kaum zu erwarten.

## Der Kindergarten

*Sigrid*

Die Probleme, mit der eine Flüchtlingsfamilie wie unsere damals zu kämpfen hatte, habe ich als Kind längst nicht alle durchschaut. Spüren konnte ich sie dennoch deutlich. Deshalb war ich froh über die Zeit, die ich nicht zu Hause verbringen musste und marschierte jeden Tag gerne in den Kindergarten. Dort konnte ich spielen, meine Sorgen für einige Zeit vergessen – und freundete mich bald mit Sigrid an. Durch sie lernte ich eine ganz neue Welt kennen.

Sigrid war das einzige Kind wohlhabender Eltern. Ihre Familie besaß ein ganzes Haus für sich alleine. Da ich mich an unsere Danziger Villa kaum erinnerte, meinte ich, noch nie so schöne und große Zimmer gesehen zu haben, mit so vielen Möbeln, Bildern und hübschen Gardinen. Es gab sogar ein Badezimmer mit Wassertoilette. Auch Sigrid hatte ihr eigenes Zimmer, es war voller Spielsachen. Ich war tief beeindruckt.

Wir dagegen hatten nur unsere zwei Zimmer und ein ekliges altes Plumpsklo hinten auf dem Hof. Im Winter war es lausig kalt dort, im Sommer wimmelte es nur so von Fliegen. Als Klopapier dienten aus alten Zeitungen zugeschnittene raue Papierstücke, die auf einem Nagel in der Wand aufgespießt waren. Durch die breiten Ritzen grober Holzbretter konnte man nach unten sehen. Es stank furchtbar – und zwar immer. Mir hatte unsere Mutter strikt verboten, diese Toilette zu betreten, sowohl aus Hygienegründen als auch weil die morschen Bretter einkrachen konnten. Ich musste auf unseren braunen Emaille-Nachttopf – ein ewiges Drama für mich. Auch meine Brüder waren sauer, weil ihnen die Aufgabe zuteil wurde, den Topf auszuleeren. Mir war das schrecklich peinlich, aber meine Mutter blieb eisern.

Während ich in der abgetragenen Kleidung eines Flüchtlingskindes ging, trug Sigrid hübsche Kleider. Auch hatte sie immer wieder neue Frisuren und war mit Spangen und Schleifen zurechtgemacht. Es war eine Freude, sie anzusehen. Aber in größtes Erstaunen versetzte mich doch der ruhige, liebevolle Ton, in dem man in ihrer Familie miteinander sprach. Das kannte ich von zu Hause nicht.

Sigrid hatte häufig entzündete Augen. Darum beneidete ich sie regelrecht. Wenn ich sie zum Kindergarten abholte, wusch ihre Mutter Sigrids Augen meistens noch einmal mit Borwasser aus. Ich hätte auch gerne entzündete Augen gehabt, wenn ich dafür nur halb so viel Zuwendung bekommen hätte wie meine Kindergartenfreundin.

Bei uns ging es stets sehr laut zu, es herrschte ein rauer Ton. Meine Brüder stritten viel und prügelten sich auch. Für die Bedürfnisse eines kleinen Mädchens nach Ruhe und Geborgenheit war da wenig Raum. Nie waren sie zärtlich zu mir oder verständnisvoll, nie trösteten sie mich, wenn ich traurig war.

Unsere Mutter hatte andere Sorgen. Sie quälten nicht nur die schmerzhaften Gallenkoliken, sie wusste auch nicht, wie es weitergehen sollte mit uns. Da sie so krank war, konnte sie nicht arbeiten, weshalb wir ständig Hunger hatten. Gerade die Jungs wurden nie richtig satt. Aber darüber sollten wir mit niemandem reden, denn im Dorf war man der Meinung, wer nicht arbeitet, braucht auch nicht zu essen. Es waren harte Zeiten, niemand half der alleinerziehenden Frau mit ihren vier Kindern. Dass sie krank war und *wie* krank sie war, interessierte niemanden, jeder hatte genug mit sich selbst zu tun.

Außer Tante Irene, meine Kindergartenleiterin. Sie wurde aufmerksam, als unsere Mutter für längere Zeit ins Krankenhaus kam, und wir drei Jüngeren ganz allein zu Hause waren. Meine Schwester Lilo hatte durch Vermittlung unseres Kinderarztes damals bereits nach Westdeutschland gehen können, um dort eine Ausbildung zur Säuglingsschwester zu absolvieren. So hatte sich unsere Mutter um eine Esserin weniger zu sorgen, dafür waren wir Kinder aber auch völlig auf uns allein gestellt.

## Tante Irene

War der Kindergarten meine Welt, so spielte Tante Irene für mich die Hauptrolle darin. Sie war die Leiterin, aber vor allem war sie eine kluge und warmherzige Frau, die uns Kinder fair und gerecht behandelte. Ihre Regeln waren von allen gleichermaßen einzuhalten.

Dessen ungeachtet hatte sie immer ein offenes Ohr für uns, zeigte für jedes Kind Verständnis und nahm die Sorgen ihrer Schützlinge sehr ernst. Als eine der wenigen im Dorf hatte sie Kontakt zu meiner Mutter und war über unsere Situation im Bilde, was ich allerdings erst Jahre später von ihr selbst erfahren sollte.

Ich liebte Tante Irene von ganzem Herzen. An eine Szene im Kindergarten erinnere ich mich noch ganz deutlich: Wir mussten jeden Mittag schlafen – aufgereiht auf kleinen Pritschen bei zugezogenen Gardinen. Am vorderen Ende des Raumes saß Tante Irene und las oder handarbeitete. Auch ich gab mir wirklich Mühe, einzuschlafen, aber es ging nicht. Ich war einfach nicht müde.

Anscheinend schliefen wirklich alle außer mir. Ich langweilte mich entsetzlich, wagte aber kaum, mich zu bewegen, da Tante Irenes Blick immer mal wieder auf mir ruhte, mit leicht hochgezogenen Augenbrauen.

So starrte ich an die Decke oder auf den dunkelgrünen Linoleumfußboden. Der Geruch von Bohnerwachs stieg mir in die Nase. Manchmal fielen Sonnenstrahlen durch die Spalten der Gardinen und in gerader Linie auf den grünen Fußboden. Winzige Staubkörnchen vollführten darin einen seltsamen Tanz und schimmerten in allen Farben des Regenbogens. An meinem Daumen lutschend sah ich ihnen zu, erkannte bald zarte Elfen und winzige Gnome, die ihren lustigen Reigen nur für mich tanzten. Ansonsten herrschte, bis auf das zeitweilige Knarren der leinenbespannten Pritschen, absolute Stille im Raum. Die Mittagszeit erschien mir endlos.

Irgendwann einmal fand ich heraus, dass einige der Kinder ins Bett machten. Ich staunte. Das konnte ich nicht verstehen und dachte, es müsse damit etwas Besonderes auf sich haben. Also entschied ich mich dafür, das auch einmal auszuprobieren. Zuerst traute ich mich nicht so recht, aber dann ließ ich es einfach laufen. Ein feuchtes, aber gutes und warmes Gefühl war das.

*Aha*, dachte ich, *so ist das also*, und wollte die wohlige Wärme noch ein bisschen länger genießen, doch damit war es bald vorbei. Sehr schnell wurde es unangenehm kühl auf meiner Pritsche, und meine Unterhose klebte kalt an meinem Po.

Endlich durften wir aufstehen. Gespannt wartete ich, was nun Besonderes geschehen würde, aber auch das war eine Enttäuschung. Tante Irene nahm die Angelegenheit kopfschüttelnd zur Kenntnis und meinte nur kurz: »So, so, unsere liebe Putti gehört nun auch zu den Kindern, die vergessen haben, vor dem Schlafen zur Toilette zu gehen.« – Putti war der liebevolle Spitzname, den mir unsere Mutter schon früh gegeben hatte, weil ich als Kind so rund und wohlgenährt aussah wie die Putten in unserer Kirche. – Wie alle »Bettmacher« musste auch ich meine Hose ausziehen und wie die anderen rund um den großen Kachelofen herumsitzen, bis unsere Unterhosen wieder trocken waren. Aber das war dann schon alles.

Tante Irene hatte hier einmal mehr ihr pädagogisches Geschick bewiesen. Sie nahm zur Kenntnis, was geschehen war, ohne uns vorzuführen oder zu bestrafen. Auch so hatte ich nicht das Bedürfnis, mein kleines Experiment zu wiederholen.

## Der Weihnachtsmann wohnt auf der Hardt

Am Rande unseres Dorfes lag eine schöne bewaldete Kuppe, die »Hardt«. Auf ihr ging Tante Irene oftmals mit uns Kindern spazieren, und viele ihrer Geschichten rankten sich um diesen Berg.

So war es für jedes von uns Kindern eine ausgemachte Sache, dass der Weihnachtsmann dort oben lebte, denn das hatte Tante Irene erzählt. Das ganze Jahr über beobachtete er uns und wusste über alles genau Bescheid. Mir war das unheimlich, da ich eine große Daumenlutscherin war. Und ich brauchte meinen Daumen sehr. Neben meiner Mutter war er das Wichtigste für mich auf der Welt. Er gab mir ein Gefühl von Sicherheit, Ruhe und Trost.

Deshalb hoffte ich, wenn Tante Irene mich beim Daumenlutschen beobachtete und daran erinnerte, dass der Weihnachtsmann wirklich alles sehen würde, dass er mich vielleicht einfach wieder vergessen würde. Sicherheitshalber entschied ich mich im Kindergarten dennoch meistens dafür, in der Puppenecke zu spielen. Die konnte der Weihnachtsmann durchs Fenster nämlich nicht einsehen. Außerdem liebte ich Puppen sehr, besaß aber keine eigene.

Im Übrigen fand ich es auch nicht fair, ständig vom Weihnachtsmann beobachtet zu werden. Er wusste ja nichts von mir, kannte mich überhaupt nicht und hatte keine Ahnung davon, wie sehr ich meinen Daumen brauchte. Gleichwohl wollte ich mir lieber keinen Ärger mit ihm einhandeln.

## Hinaus in die Natur

Im Gegensatz zu meiner Freundin Sigrid war ich ein äußerst lebhaftes und fantasievolles Kind. Selten konnte ich lange stillsitzen. Ständig dachte ich mir neue Spiele aus, tobte und rannte, bis mir die Puste ausging. Ich lief über Wiesen, watete barfuß durch

Bäche und Gräben, vor allem durch die Felda, den kleinen Fluss, der durch Kaltennordheim fließt. Das Wasser war nicht tief, es ging mir gerade bis zum Knie. Ich liebte es, von Stein zu Stein zu springen. Einen besonders großen Brocken ernannte ich zu meiner persönlichen Insel.

Auf ihr gelang es mir, mich eine Weile ganz still zu verhalten. Ich ließ mich vom Spiel der Sonnenstrahlen verzaubern, beobachtete kleine Fische, die sich zwischen Steinen versteckten, bestaunte die Wasserpflanzen und träumte von einer Welt von Nixen und Wasserwesen.

Manchmal versuchte ich auch, so lange durch das Wasser und über die Kiesel zu waten, bis mir die Kälte in die Füße kroch, sie unbeweglich, gefühllos werden ließ und ich es nicht mehr aushielt. Dann hüpfte ich ganz schnell ins Gras, um meine Füße dort so lange zu reiben, bis sie wieder warm wurden.

Tante Irene machte mit uns zahlreiche Ausflüge in die Natur. Singend gingen wir unserer Wege, und beim Frühstück auf der Wiese am Hang lauschten wir ihren Geschichten, die immer mit der Natur und unserer unmittelbaren Umgebung zu tun hatten. Sie zeigte uns, wie man Blumensträuße band und Kränze flocht. Sie wies uns auf Käfer, Schnecken, Ameisen und andere Tiere hin. Ich war an solchen Dingen sehr interessiert. So saß ich oft in einer Wiese und versuchte, wie durch eine Lupe, alles ganz genau zu betrachten und mich in das Leben der Tiere, Gräser und Blumen hineinzuversetzen, ganz als wäre ich ein Teil von ihnen.

So sehr ich diese Spaziergänge im Frühling und Sommer liebte, so wenig mochte ich sie im Herbst. Es pfiff ständig ein rauer Wind über die Hardt, und ich fror so schnell. Auch erfüllte es mich mit Traurigkeit, wenn die Bäume sich bunt färbten und die Blätter ganz langsam zu fallen begannen. Dann brauchte ich meinen Daumen noch viel mehr, hatte keine Lust zu singen und zu spielen und saß lieber alleine in einer Ecke. Ich wusste, dass nun bald der Winter Einzug halten würde, und den mochte ich noch viel weniger. Denn die Winter in Kaltennordheim waren lang und kalt und brachten viel zu viel Eis und Schnee.

## Meine Brüder

Zu meinen Brüdern hatte ich ein sehr ambivalentes Verhältnis. Sie waren ein Teil meiner Familie, und ich hätte sie nur zu gerne vorbehaltlos geliebt und ihnen vertraut. Laut unserer Mutter war ich als Jüngste ihre Schutzbefohlene. Da sie sich, in ihrer Krankheit gefangen, nicht wirklich viel um mich kümmern konnte, war es an Konrad und Axel, auf mich aufzupassen. Mag sein, dass sie für diese Aufgabe damals einfach noch zu jung und damit überfordert waren. Dennoch ging vieles weit über harmlose Jungenstreiche hinaus.

Konrad machte ständig Blödsinn, war witzig und lustig. Aber ich konnte nie sicher sein, wann sich das Blatt wendete und seine Späße und Neckereien anfingen, sich gegen mich zu richten. Dass seine Witze oft auch fies und verletzend waren, kümmerte ihn wenig.

Axel dagegen nahm alles sehr ernst, er hatte wenig Sinn für Humor. Und immer schien er etwas von uns anderen zu erwarten, wobei ich nie genau wusste, woran ich bei ihm war. Gerne hätte ich ihn stolz gemacht als kleine Schwester, ihn zufriedengestellt. Aber das war gar nicht möglich. Er wollte wohl gar nicht, dass man seinem Anspruch genügte.

So verschieden die beiden auch waren, einig zeigten sie sich stets darüber, dass sich eine kleine Schwester bestens zu Spielchen und Experimenten eignete. Sie trickksten mich immer wieder aus, hauten mich, zu ihrer großen Belustigung, in die Pfanne – was bei dem enormen Altersunterschied keine wirklich reife Leistung war. Aber Hauptsache, sie hatten ihren Spaß!


### *Das Schlimme mit Konrad*

Im Herbst 1947 geschah das Schlimme mit Konrad. Es war ein dunkler, unfreundlicher Tag. Es regnete ununterbrochen. Als ich vom Kindergarten kam und in unsere Straße einbog, sah ich vor unserem Haus viele Menschen stehen – und ein dunkles Ungetüm von einem Wagen, das ich nicht genauer identifizieren konnte. Doch ich spürte, dass hier etwas los war, was auch mich anging und rannte auf die Ansammlung von Menschen zu. Auf dem groben, nassen Holzboden des Wagens, nur ein Stück Tuch unter sich, lag ganz zusammengekrümmt, mit schmerzverzerrtem Gesicht und geschlossenen Augen mein Bruder Konrad. Nichts war mehr von seinem typischen Grinsen zu sehen, kein frecher Spruch kam ihm über die Lippen.

Ein fremder Mann legte gerade eine graue Decke über seinen mageren Körper und klappte die triefnasse Plane herunter. Ein Wasserschwall klatschte vor meine Füße. Dann schob der Mann den Karren mit meinem Bruder durch den Regen davon.

*Wohin bringt er ihn bloß?*, fragte ich mich. Die umstehenden Leute tuschelten miteinander, sahen zu meiner Mutter herüber, aber niemand sprach sie an. Sie war eben eine Fremde hier, und mit Fremden ließ man sich nicht ein.

Aufgeregt zog ich an der Hand meiner Mutter, wieder und immer wieder fragte ich ungeduldig, was denn bloß los sei. Doch sie rührte sich nicht, wirkte wie gelähmt. Endlich erwachte sie aus ihrer Erstarrung und ging, noch immer stumm, mit mir ins Haus.

Obwohl mir ganz tief drinnen der Gedanke kam, dass ich Konrad nun vielleicht nie wiedersehen würde, war ich doch vielmehr über die äußeren Umstände erschüttert. Es ging mir in dem Moment nicht nur um meinen Bruder: Das Unmenschliche an der Situation empörte mich so. Dass ein Mensch, der vielleicht sterben wird, einfach so auf einem nassen, alten Plattenwagen, ohne Matratze, ohne eine warme Decke, abgeholt und weggefahren wurde. Dass niemand da war, ihn zu trösten, niemand mit ihm sprach, er ganz allein mit seinen Schmerzen auf diesem Wagen lag.

Auch litt ich um meine arme, traurige Mutter, die nur stumm und sehr gerade auf dem Sofa saß und nicht sprach. *Warum können die Menschen nur blöde gucken und tuscheln?*, fragte ich mich.

*Warum spricht keiner ein Wort mit ihr?* Und wieder: *Warum schiebt der fremde Mann Konrad über die holprige Straße durch den Regen fort, und niemand von uns ist bei dem Sterbenden?* All diese Fragen gingen mir gleichzeitig durch den Kopf. Dass so etwas Schlimmes an so einem düsteren Tag passieren musste, passte zu meinen trüben Herbstgefühlen. Es erschien mir alles unfassbar traurig und machte mich zugleich maßlos wütend.

Konrad starb nicht. Einige Tage später gingen wir ihn im Krankenhaus besuchen. Aber es war ganz schön knapp gewesen. Er hatte eine akute Blinddarmentzündung mit Durchbruch gehabt. Stolz zeigte er mir seinen Bauch, der rot, blau und lila gefärbt war. Verschiedene Glasröhrchen und Schläuche hingen aus der Operationswunde, die durch blutdurchtränkte Verbände und Tücher abgedeckt war. Ich war erschüttert, entsetzt und voller Mitleid.

Konrad dagegen war schon wieder ganz der Alte, lachte, machte seine Witzchen über meine erschrockenen Blicke, schäkerte gleichzeitig fröhlich mit der Krankenschwester und malte uns seinen dramatischen »Fast-Tod« in buntesten Farben aus: Ärzte und Schwestern hatten ihn bereits aufgegeben, als er noch einmal zu Bewusstsein gekommen sei und voller Zorn über das Gehörte die Urinflasche nach ihnen geworfen habe, die dann am Türrahmen zerschellt sei. Wieder war ich schwer beeindruckt von meinem großen Bruder. Nach drei Wochen durfte er das Krankenhaus verlassen – und nichts von alledem war ihm mehr anzumerken.

*Schlittenfahrten*

In dem darauffolgenden Winter, ich erinnere mich noch genau daran, unternahm Axel ein paar halsbrecherische Schlittenfahrten mit mir. Mein Kindergarten lag auf der Anhöhe eines kleinen Hanges unter alten Bäumen. Über Baumwurzeln und Steine führte ein holpriger Weg den Hügel hinunter und endete an einer weißen Pforte, die das Grundstück von der Landstraße trennte.

Als es wieder einmal kräftig geschneit hatte, erklärte zunächst Konrad diesen Pfad zu seiner Rodelbahn, die er in rasanter Fahrt hinuntersauste. Geschickt lenkte er den Schlitten im Zick-Zack-Kurs um die Bäume herum und bremste gekonnt vor der Pforte, eingehüllt in eine weiße Wolke aus Schnee.

Natürlich wollte Axel ihn als jüngerer Bruder nachahmen, ihn am liebsten noch übertrumpfen. Deshalb sollte ich vorne bei ihm auf dem Schlitten mitfahren, gemeinsam würden wir noch mehr Fahrt aufnehmen. Hinter mir sitzend, lenkte er mit den Füßen, was manchmal auch ganz gut klappte – aber manchmal eben auch nicht. Zum »Üben« wurden die Fahrten deshalb wiederholt, immer und immer wieder.

Ich wollte von Anfang an nicht mit, denn ich hatte eine durchaus begründete Angst. Heulend und jammernd stand ich oben auf dem Hügel, machte Axel alle möglichen Versprechungen und bettelte geradezu um Gnade, nur um nicht noch einmal mitfahren zu müssen auf seinem selbstmörderischen Parcours. Aber es half nichts, Axel scherte sich nicht um mein Geheule und meine Furcht, sondern blieb hart.

»Halt die Klappe«, hieß es dann. Oder: »Sei still, du fährst hier mit und damit Schluss!« Und – zack – hatte er mich gepackt und schon wieder auf den Schlitten gesetzt. Wieder und wieder sausten wir den Weg hinunter, krachten gegen diesen oder jenen Baum und flogen im hohen Bogen in den Schnee. Manchmal schossen wir sogar durch die weiße Pforte, auf die Landstraße und in den gegenüberliegenden Straßengraben. Wir konnten froh sein, nicht von einem Auto oder Lastwagen erwischt worden zu sein. Noch häufiger flogen wir allerdings gegen den Pfosten des schmalen Eingangstores.

Ich hatte Beulen und blaue Flecken, aber es ging immer weiter, noch einmal und noch einmal den Berg hinab. Völlig durchnässt, zitternd, mit laufender Nase und eiskalten Füßen und Händen saß ich als Axels Galionsfigur auf dem Schlitten. Mein ängstlicher Blick, immer auf die vor uns liegende Strecke gerichtet, war durch dicke Tränen verschleiert.

## Die Mutprobe

Zum Kindergarten durfte ich nicht alleine, sondern nur mit meinen Brüdern gehen. Einer von beiden brachte mich morgens hin, der andere holte mich ab. Mir wäre es lieber gewesen, ich hätte alleine gehen können, denn diese Wege mit meinen großen Brüdern entpuppten sich für mich zu einer Qual.

Sie zwangen mich beispielsweise im Sommer auf dem holprigen Weg zum Kindergarten barfuß zu gehen, zu laufen oder zu hüpfen. Die Wurzeln, die Steine und all die feinen Tannennadeln auf dem Waldboden piekten mir in die Fußsohlen.

Immer wollten die Jungs beweisen, wie stark, klug und erwachsen sie schon waren und wie klein und dämlich ich dagegen sei. Aber schließlich waren sie doch auch meine großen Brüder. Unsere Mutter hatte bestimmt, dass wir zusammenhalten sollten, vielleicht ahnend, dass sie nicht mehr lange leben würde.

Für mich war es auch deshalb schwer, mich zu wehren, weil ich mir so sehr wünschte, dass es anders wäre. Gerne hätte ich an meine Brüder geglaubt, aber mit der Zeit wagte ich nicht mehr recht, mich auf sie zu verlassen, obwohl unsere Mutter immer wieder sagte, eine Familie müsse zusammenhalten – und genau damit köderten sie mich (auch) immer wieder.

Ich war damals noch nicht alt genug, das zu durchschauen. Ihr Verhalten war für mich undurchsichtig und unberechenbar. So war ich ihnen ausgeliefert, und oft genug gingen ihre »Experimente« weit über ein normales Maß hinaus. Sie trieben wirklich gefährliche Spielchen mit mir. Ich hatte meistens furchtbare Angst, wusste aber, dass ich mir das niemals anmerken lassen durfte, damit hätte ich alles nur noch schlimmer gemacht.

Auch an jenem Tag, an dem sie sich etwas »ganz Besonderes« für mich ausgedacht hatten, wie sie mir sagten, gab es kein Entrinnen. Ich erinnere mich nicht mehr daran, wer von den beiden mich an diesem Tag vom Kindergarten abholte, ich weiß nur noch, dass es unterwegs hieß, heute hätte ich eine »echte Mutprobe« zu bestehen. Dadurch könne ich beweisen, dass ich vielleicht doch nicht so klein und doof sei, wie andere Kinder in meinem Alter.

Zuerst glaubte ich fast daran, meinte in dieser Mutprobe plötzlich eine Chance zu erkennen, meinen Brüdern zu beweisen, was ich konnte.

Mein zweiter Bruder wartete am Fluss auf uns, an einer Stelle, an der die Felda gestaut wurde. Stromaufwärts bildete das Wasser hier eine tiefe, unbewegliche und dunkle Fläche, gestaut wurde es durch ein hochkant gestelltes, dickes Holzbrett. Über dieses Brett war ein stabiles Seil gespannt. Auf der anderen Seite des Brettes ging es etwa zwei bis drei Meter steil nach unten. Da die Felda nicht übermäßig viel Wasser trug, blickte man direkt auf dicke Steine und Geröll.

Ich sah in die Gesichter meiner feixenden Brüder und wusste sofort, worum es hier ging. Ich sollte über diesen Staudamm, dieses schmale Brett auf die andere Seite balancieren. Mir war klar, dass dieses »Experiment« durchaus gefährlich für mich war. Die nackte Angst stieg in mir auf.

Auf jeder Seite des schmalen Bretterdamms stand einer meiner Brüder. Sie lachten und rissen blöde Witze über meine »Feigheit«, um mich damit zu provozieren.

»Nun komm schon, Geißchen, du bist doch groß, du kannst das!«, rief Konrad. Doch als ich keine Anstalten machte, mich zu rühren, wurden seine Worte hämisch:

»Hey, du Ziege, meck, meck, meck! Bist du etwa feige?«, rief er, und auch Axel fing nun an, mich zu drängen:

»Ja, zeig uns, was du kannst.« Vor lauter Angst stand ich nur stocksteif da und bewegte mich keinen Meter. Aber sie ließen nicht locker:

»Ich hab's ja gewusst, sie ist zu klein, zu blöde«, ging es in einem erbarmungslosen Ton weiter. »Nun mach schon, ich habe eine Stulle auf dich gewettet, enttäusch mich nicht.«

Nichts und niemand konnte mir in dieser Situation helfen. Irgendwann konnte ich ihre Sprüche nicht mehr hören und entschied mich, lieber den Tod in Kauf zu nehmen, nur damit es bald vorbei wäre – und machte tatsächlich die ersten Schritte Richtung Holzbrett. Vor Angst und Zorn konnte ich kaum atmen.

Vorsichtig ertasteten meine nackten Füße das rohe Holzbrett, während ich mit den Händen nach dem schwankenden Seil griff. Langsam hangelte ich mich vorwärts. Schritt für Schritt ging es voran. Ich wagte nicht nach rechts oder links zu sehen, sondern behielt nur meine Füße im Auge. Wie durch Watte und aus sehr weiter Ferne drangen die johlenden Stimmen meiner Brüder an mein Ohr.

Dann hatte ich es endlich geschafft. Die Anspannung war so groß gewesen, dass ich mich vor Erleichterung weinend auf den Boden fallen ließ. Das war ein Fehler, denn so gab ich den Jungs sofort wieder Grund zu neuem Spott. In solchen Momenten hasste ich sie alle beide für ihre Gemeinheiten, sie waren richtige Schweine.

Unsere Mutter wusste nichts von solchen »Spielchen«. Sie war zu krank und konnte die Wohnung nicht mehr verlassen. Häufig kam die Gemeindeschwester, um sie zu versorgen. Bald musste sie täglich bei unserer Mutter sein.


### Das Bügeleisen

Allmählich entwickelte ich so meine Techniken, um mich auch mal gegen die beiden Jungs zu wehren. Manchmal versuchte ich sogar meinerseits, sie ein bisschen zu piesacken oder sie wenigstens zu ignorieren – was nicht immer funktionierte …

Eines Nachmittags, Axel und ich waren allein zu Hause, wollte ich mit meinem Puppenbügeleisen, das ich von irgendwem geschenkt bekommen hatte, bügeln. Mit Erlaubnis meiner Mutter konnte ich das kleine Eisen auf unserem Kohlenherd heiß machen, und manchmal »half« ich ihr dann damit bei der Wäsche.

Da es ziemlich lange dauerte, bis das Bügeleisen die nötige Hitze gespeichert hatte, sah ich mir in der Zwischenzeit ein Märchenbuch an. Axel erinnerte mich – zunächst freundlich – daran, dass das Bügeleisen inzwischen heiß war, aber ich hatte keine Lust, ihm zu antworten, sondern wollte ihn ärgern. Er blieb ruhig und erinnerte mich nach einer Weile noch einmal. Wieder überhörte ich seine Worte geflissentlich. Auch als er mich zum dritten Mal ansprach, reagierte ich nicht, sondern sah mir weiter demonstrativ die Bilder in meinem Buch an.

Da setzte Axel mir plötzlich das heiße Bügeleisen auf meine rechte Hand – ganz still und ganz langsam. Es tat entsetzlich weh, ich musste damit zum Arzt. Es dauerte sehr lange, bis die Wunde verheilt war. Noch heute ist eine Narbe auf meiner Hand zu erkennen.

*Grenzgänge*

Konrad war zu dieser Zeit etwa fünfzehn Jahre alt und sehr groß gewachsen. Nach dem Weggang unserer älteren Schwester Lilo war er zum Familienoberhaupt und Vertrauten unserer Mutter avanciert. Um Geld für unseren täglichen Unterhalt zu verdienen, arbeitete er mit den Holzfällern im Wald. Außerdem ging er nachts immer wieder über die grüne Grenze, um im Westen die letzten Wertgegenstände einzutauschen, die unsere Mutter aus Danzig hatte retten können. Die Grenze wurde scharf bewacht, aber Konrad kannte sich gut aus. Er wusste wann die Wachablösung stattfand, ging nie bei Vollmond und sprach mit keinem Menschen darüber.

Aber eines Tages erwischten ihn die Russen dann doch und sperrten ihn erst mal ein. Wir wussten nicht, was los war, aber als er verschwunden blieb, wurde unsere Mutter schier verrückt vor Sorge um ihn. Konrad, ihre rechte Hand, mit dem sie alles besprach, tauchte einfach nicht wieder auf.

Erst ganze zwei Wochen später war er wieder da. Obwohl die Russen in dieser Angelegenheit keinen Spaß verstanden – sie schossen tatsächlich auf Flüchtlinge, Schmuggler und Schwarzmarkthändler, wir hatten große Angst vor ihnen –, hatten sie Konrad noch mal laufen lassen.

Nach seiner Verhaftung durfte er nicht mehr arbeiten und sich nicht mal in der Nähe der Grenze aufhalten. Deshalb zog er nun über die umliegenden Dörfer und bettelte um Essen für uns. Mit seinem Charme und seinem Witz überzeugte er so manche Bauersfrau. Auch sein starker Überlebenswille und seine Sturheit halfen ihm dabei.

Dass unsere Mutter sich in allem mit Konrad besprach und ihm so viel Verantwortung gab, führte zu großer Eifersucht zwischen den Brüdern. Sie waren sich schon zu Danziger Zeiten nie wirklich grün gewesen, während des Krieges und in den schwierigen Zeiten danach, verstärkte sich ihre Rivalität, und langsam entwickelten sie einen richtigen Hass aufeinander.

Wie schon gesagt, Axel war ganz anders als der witzige und gerissene Konrad, viel ernster, aber auch kleiner, fast schmächtig. Ihm fehlte die Unverfrorenheit und Sturheit seines älteren Bruders genauso wie eine gewisse Skrupellosigkeit. Zudem begegnete Axel allen Menschen mit äußerstem Misstrauen, er wirkte niemals so charmant wie Konrad. Zwar hatte er seine Ohren überall und kriegte viel mit, aber er schwieg darüber, machte den Mund nicht auf und missverstand Vieles. Er fühlte sich immer ungerecht behandelt und glaubte, von unserer Mutter nicht die gleiche Anerkennung zu bekommen wie Konrad.

Weil er nie richtig durchblicken ließ, was eigentlich mit ihm los war, was ihn störte und warum er stets so unzufrieden war, nannten wir ihn »Quiem«, was ihn sehr erboste. Das Wort ist wahrscheinlich eine familieneigene oder regionale Erfindung. Für uns beschrieb es Axels missvergnügte, fast verstockte Art, die wir als »verquiemt« abtaten. Das Leben war für alle hart, sodass sich niemand weiter um Axels persönliche Empfindlichkeiten kümmerte –, und er ließ auch niemanden an sich heran.

Konrad war selbstbewusst und legte sich seine Wahrheiten so zurecht, wie er sie gerade brauchte. Und Unwahrheiten und Schummeleien waren ihm nur schwer nachzuweisen. Manchmal hatte er Axel bei seinen Bettelgängen heimlich mitgenommen, obwohl unsere Mutter das strikt untersagt hatte. Er war ihr zu jung, und sie hatte schon genug Angst um ihren großen Sohn.

Wenn Konrad Axel unbemerkt mitnahm, ließ er ihn die ganze Arbeit machen und lieferte dann die Lebensmittel mit markigen Sprüchen bei unserer Mutter ab. Sie war Konrad so dankbar, dass sie ihn Axel gegenüber sogar als verantwortungsbewusstes Vorbild hinstellte. Dem platzte vor Zorn fast der Kragen. Aber natürlich konnte er nicht sagen, wie es in Wirklichkeit abgelaufen war – er war ja ohne Mutters Erlaubnis mitgegangen.

Einmal brach es dann doch aus ihm heraus, und unsere Mutter wurde furchtbar ärgerlich. Sie stauchte Konrad kräftig zusammen. Aber für längere Auseinandersetzungen mit den beiden Halbstarken war sie längst zu krank. Die ständigen Schmerzen raubten ihr alle Energie, und Medikamente gab es keine.


**Meine Mutter und ich**

Konrad war und blieb ein Angeber, wenn auch ein äußerst sympathischer, dem alle immer wieder auf den Leim gingen. Was mich jedoch am meisten mit ihm verband: Für ihn zählte nur ein einziger Mensch im Leben – und das war unsere Mutter. Auch er liebte sie abgöttisch und versuchte, ihr zu helfen, wo er nur konnte. Axel dagegen sollte sich im Laufe der Jahre mehr und mehr unserem Vater zuwenden. Er konnte unserer Mutter nicht verzeihen, dass sie immer wieder auf Konrad hereinfiel. Aber unser Vater glänzte durch Abwesenheit.


## Der Mann auf dem Passbild

Lange Zeit wusste niemand, wo er sich aufhielt, und ob er überhaupt lebte. Ich konnte mich überhaupt nicht an ihn erinnern. Niemand hatte je mit mir über ihn gesprochen, und so interessierte er mich auch nicht. Er spielte keine Rolle in meinem Leben, er schien überhaupt nicht zu existieren.

Das Einzige, was ich von ihm kannte, war ein Passfoto, das in einem kleinen Messingrahmen auf einem Tischchen in der Ecke der Wohnküche stand. Manchmal, wenn mir langweilig war, hockte ich mich davor und betrachtete dieses Gesicht mit den hohen, breiten Wangenknochen. Über der Oberlippe hatte er ein eckiges, kleines Bärtchen stehenlassen, mit einem schmal ausrasierten Strich in der Mitte. Es wirkte viel zu klein in diesem großen Gesicht. Das Gesicht selbst kam mir alt vor.

Es war ein fremder Mann, der mich da, ohne ein Lächeln, aus dem Bilderrahmen anstarrte. Auch seine Augen wirkten fremd auf mich. Kein Gefühl konnte ich mit ihnen verbinden, nichts Lebendiges in ihnen entdecken.

Immer wieder schaute ich das Bild an und versuchte, darin etwas zu finden, das mit mir zu tun haben könnte, aber es gab nichts. Keine Ähnlichkeiten, keine Erinnerungen –, und so hakte ich das Kapitel »Vater« in meinem Leben zunächst einfach ab.


## Luftmaschen

Ob meine Mutter ihren Ehemann vermisste, darüber machte ich mir als Kind keine Gedanken. Dass wir vier ohne die Unterstützung unseres Vaters so ziemlich aufgeschmissen waren in jener Zeit, war mehr als deutlich. Dazu kam, dass meine Mutter natürlich auch Sehnsucht nach ihrer heilen, wohlgeordneten und gesicherten Welt in Danzig hatte, aus der sie, wie so viele Flüchtlinge, abrupt herausgerissen worden war.

Die Menschen um uns herum in Kaltennordheim konnten das nicht verstehen, sie lebten ja nach wie vor in ihrer Heimat, hatten weder den Einmarsch der Russen erlebt noch das flammende Inferno eines brennenden Danzig und keine Flucht mit vier Kindern über Hunderte von Kilometern.

An Regentagen und langen, dunklen Abenden saß meine Mutter handarbeitend auf dem Sofa und hing ihren Erinnerungen an ihr altes Leben nach. Sooft ich durfte, leistete ich ihr Gesellschaft und verbrachte so die schönsten Stunden mit ihr. Sie strickte an Pullovern für Konrad und Axel. Die Jungs wuchsen so schnell, dass meine Mutter immer wieder die zu kurz gewordenen Ärmel ihrer Pullover aufribbeln und neue Teile anstricken musste.

Um mich zu beschäftigen, hatte sie mir eine Häkelnadel gegeben und gezeigt, wie man damit einfache Luftmaschen häkeln konnte. Ich nahm meine Aufgabe sehr ernst, wollte mich nützlich machen, es ihr gleich tun. Also häkelte ich endlose Bänder. Hin und wieder stand ich auf und legte so ein Band der Länge nach quer durch die ganze Wohnküche, um seine Länge zu messen. Meine Mutter lobte mich, und ich war stolz und glücklich. Diese friedliche und stille Zeit gehörte nur uns beiden.

Im Nachhinein stellte ich irgendwann fest, dass meine Mutter die kunstvoll gehäkelten Bänder immer wieder aufribbelte, wenn ich abends endlich im Bett war. Auch Wolle war ein knappes Gut damals. Als ich dahinterkam, war ich trotzdem tief enttäuscht. Wenn ich auch bemüht war, das Problem mit der Wollknappheit zu verstehen, wollte ich doch so gerne meinen Beitrag leisten. Also begann ich am nächsten Tag unverdrossen von vorn.

Im Winter zog mich meine Mutter morgens an – das ging schneller –, denn in unseren beiden Zimmern war es immer lausig kalt. Geheizt wurde überhaupt nur die Wohnküche, da wir kaum Brennmaterial hatten. Die Jungen suchten zwar im Wald nach Holz, aber das taten andere auch.

Meine Mutter setzte mich zum Anziehen auf den Küchentisch. Wie alle Kinder saß ich natürlich nicht still, sondern hampelte und zappelte herum und erzählte ihr ununterbrochen Geschichten, während sie mir das Leibchen auf dem Rücken zuknöpfte, an dem die langen Strümpfe per Gummiband festgemacht wurden. Wenn ich dies alleine versuchte, erwischte ich meistens einen Knopf auf falscher Höhe. Dann saßen die Strümpfe unterschiedlich hoch. Immer wieder waren sie auch einfach zu kurz geworden, dann endeten sie kurz über dem Knie und ließen die Oberschenkel frei. In der kalten, feuchten Luft scheuerte dann Haut auf Haut, sodass alles rot und wund wurde und ich mich kaum noch zu bewegen wagte.

Als ich eines Tages gerade wieder auf dem Küchentisch saß, entdeckte ich, dass über mir in der Küchenlampe die Glühbirne fehlte. Verwundert und neugierig steckte ich zwei Finger in die Öffnung, so schnell, dass meine Mutter mich nicht mehr daran hindern konnte. Ein kräftiger elektrischer Schlag durchfuhr mich. Entsetzt brüllte ich auf.

Meine Mutter tröstete mich und legte einen wunderbaren, großen Verband um meine ganze Hand – obwohl doch gar nichts zu sehen war. Stolz zog ich damit in den Kindergarten und bekam die entsprechende Bewunderung und Anteilnahme der anderen Kinder. Kaum hörten abends Konrad und Axel von meinem Unglück, lachten beide Brüder mich aus und ärgerten mich tagelang damit. Wie immer zeigten ihre Gemeinheiten Wirkung: Ich schämte mich sehr und fühlte mich klein und dumm.

Besonders, weil mir durch den furchtbaren elektrischen Schlag noch ein anderes Missgeschick passiert war. Ein kleiner Pups war mir entfleucht, was Axel zu meinem Unglück mitbekommen hatte. Er erzählte Konrad davon, und die beiden amüsierten sich köstlich über ihre kleine Schwester – und nutzten meine Bestürzung zudem, um eine neue Tischordnung durchzusetzen.

Unser Esstisch hatte an einer Stelle einen schwarzbraunen Fleck. Der Abdruck unseres Bügeleisens. Immer wieder kam es bei den Mahlzeiten zum Streit darum, wer an diesem Platz zu sitzen hatte. Bisher hatte ich mich dagegen wehren können. Doch nach meinem Malheur fühlte ich mich so scheußlich, dass ich die neue Sitzordnung ohne Widerstand hinnahm. Tagelang hatte ich kaum Appetit, wenn ich nur das Grinsen meiner Brüder sah – bis meine Mutter endlich energisch durchgriff. Danach herrschte erst mal wieder Ruhe, aber der Platz mit dem Fleck war von nun an meiner.


*Blitzblanke Schuhe*


Unsere Schuhe zu putzen war die Aufgabe der Jungs. Ich hatte ihnen oft dabei zugesehen und war mir sicher, dass ich dies auch längst konnte. Eines Tages war unsere Mutter damit einverstanden, dass ich wenigstens mal versuchen durfte, meine Schuhe alleine zu putzen.

Korrekt bereitete ich alles vor, wie ich es bei Axel und Konrad beobachtet hatte: Ich legte ein Stück Zeitungspapier mitten in der Wohnküche aus und stellte die kleine Holzfußbank bereit und den Putzkasten daneben. Dann setzte ich mich und begann zunächst damit, meine braunen Halbschuhe mit einer harten Bürste vom groben Schmutz zu befreien. Danach öffnete ich die Schuhcremedose und begann gründlich und genussvoll, die Schuhe damit einzureiben. Sehr genussvoll sogar.

Meine Mutter saß strickend auf dem Sofa und beobachtete von dort aus mein Tun. Ab und zu erinnerte sie mich daran, dass ich die Creme nicht zu dick auftragen dürfe, das sei Verschwendung, und die Schuhe würden sonst auch nicht blank werden.

Ich antwortete mit einem selbstbewussten »Ja, Mutti, ich weiß doch! Ich habe bei Konrad und Axel schon so oft zugesehen. Ich mache es wirklich richtig«. Währenddessen verteilte ich die weiche Masse hingebungsvoll auf dem Schuhleder. Noch einmal und noch einmal. Es machte einfach Spaß, die glitschige Creme aufzutragen, und es ging auch so wunderbar leicht.

Meine Mutter runzelte die Stirn, ließ mich aber weitermachen. Erst als die Dose komplett leer war, verkündete ich stolz: »Fertig!« Meine Mutter erwiderte: »Na, dann putz die Schuhe noch schön blank, sie sollen richtig glänzen.« Ich putzte und putzte, doch ich hatte die Schuhe derart dick eingecremt, dass einfach kein Glanz aufkommen wollte.

Dann reichte es mir. Ich hatte keine Lust mehr, und die Arme taten mir weh. Immer wieder fragte ich, ob es nun genug sei, aber meine Mutter schüttelte den Kopf und antwortete: »Nein, Putti, sie glänzen noch nicht, da musst du mehr bürsten. Vielleicht hast du doch ein bisschen zu viel Schuhcreme genommen. So geht es jedenfalls nicht. Du weißt selbst, wie blank sie bei deinen Brüdern immer sind.«

Also bürstete ich weiter. Es war eine harte Arbeit. Langsam stieg Verzweiflung in mir auf. Ich hatte längst verstanden, dass es mein eigener Fehler war, den ich nun auszubaden hatte. Aber ich hatte es doch auch besonders gut machen und der ganzen Familie zeigen wollen, dass ich schon groß war und zu etwas nütze. Und zugegeben: Das Verteilen der Creme hatte mir fast so viel Freude gemacht wie mit »Eierpampe« zu spielen. Ich hatte einfach nicht aufhören können.

Meine Mutter ließ nicht locker trotz der Tränen, die irgendwann kullerten. Sie war eine kluge Frau, und ich sollte meine Erfahrungen selbst machen. So zeigte sie mir auch, welche Konsequenzen manches hatte. Den ganzen Abend bürstete ich an den Schuhen herum und war zum ersten Mal in meinem Leben richtig froh, als ich endlich ins Bett gehen »durfte«.

Meine Mutter konnte hart bleiben, aber sie hatte auch Verständnis für all meine Freuden und Nöte und tröstete mich, wenn es nötig war. An eine Situation, in der ich ihren Zuspruch dringend brauchte, erinnere ich mich ganz besonders deutlich: Den ganzen Tag über hatte ich draußen gespielt und dabei völlig die Zeit vergessen. Plötzlich musste ich furchtbar nötig auf die Toilette, aber es fand sich weit und breit keine Gelegenheit.

Also schnell ab nach Hause, denn bis dahin war es ein weiter Weg. Ich hastete, rannte und kam total außer Atem in unserer Wohnung an. Aber nun hatte ich es ja schon fast geschafft. Ich flitzte ins Schlafzimmer, holte den verhassten braunen Nachttopf unterm Bett hervor, riss in höchster Not meine Hose herunter – und genoss die sich in meinem Körper ausbreitende Entspannung.

*Puh*, dachte ich, *gerade noch mal gut gegangen.*

Blankes Entsetzen packte mich dann am nächsten Morgen beim Aufwachen. Alles, mein Bett, mein Nachthemd, alles war pitschnass! Ich konnte es nicht fassen. Dabei hatte ich mich so beeilt! Völlig verstört und beschämt, blieb ich einfach ganz still liegen und stellte mich schlafend.

Für gewöhnlich war ich morgens sehr früh wach und nervte die ganze Familie, weil ich mich langweilte. An diesem Tag kam meine Mutter immer wieder ganz leise an mein Bett und wunderte sich, dass ich noch schlief. Besorgt fühlte sie meine Stirn, sprach mich leise an, aber ich »schlief« wirklich sehr tief an diesem Morgen.

Es war fast Mittag als es meiner Mutter schließlich zu bunt wurde. Mit einem »Na, dann bist du wohl krank, und wir werden mal Fieber messen« klappte sie meine Bettdecke zurück. Sofort brach ich in Tränen aus. Ich schämte mich so sehr, war aber auch erleichtert, dass das lange Stillliegen nun endlich ein Ende hatte.

Meine Mutter schimpfte nicht. Sie nahm mich in ihre Arme, hörte sich ruhig und geduldig meinen Traum an und tröstete mich. Meinen Brüdern verbot sie strengstens, auch nur einen Kommentar zu diesem Vorfall abzugeben. Sie richteten sich danach. Das Thema »Toilette« war eben ein wunder Punkt in diesen Jahren in Kaltennordheim.

## Ein Tag als Gänseliesel

Im Dorf gab es viele Gänse, die gehütet werden mussten. Ich bat meine Mutter immer wieder um Erlaubnis, diese Aufgabe übernehmen zu dürfen und versuchte, ihr mit allen Mitteln klarzumachen, dass ich dann auch etwas dazuverdienen würde. Aber sie war der Meinung, ich sei noch zu klein dafür.

Dessen ungeachtet beschloss ich eines Tages, es dennoch mit dem Gänsehüten zu probieren. Ich hatte nämlich einen »echten« Gänsejungen kennengelernt. Der war nur wenig älter als ich und wollte mir das Nötigste beibringen. Also marschierte ich an einem schönen Sommermorgen zu ihm hin.

Die Gänse im Dorf hatten auf mich immer einen ganz friedlichen Eindruck gemacht. Allerdings hatte ich sie auch noch nie so richtig aus der Nähe gesehen. Als ich nun Bekanntschaft mit ihnen schloss, schienen sie mir viel größer zu sein, als ich sie in Erinnerung hatte. Ich beobachtete, wie der Junge die Gänse mit seinem Stock langsam auf eine Wiese zutrieb. Unterwegs blieben die Tiere immer wieder stehen, um etwas Gras zu fressen, dann ging es weiter. Alles schien ganz einfach zu sein. Nach einer Weile überließ er mir seinen Stock – und trollte sich für eine Weile ins Dorf.

Ich war mir der großen Verantwortung bewusst, hielt den Stock sehr fest in meiner Hand und ließ die Gänse nicht aus den Augen. Es waren ganz schön viele. Ich weiß nicht warum, aber plötzlich sah mich eine Gans mit ihren großen, ernsten Augen von der Seite an. So als sei ich daran schuld, dass sich ihr eigentlicher »Chef« vom Acker gemacht hatte. Wütend fing sie an zu schnattern und kam, wild mit den Flügeln schlagend und fauchend, auf mich zu.

Nach und nach folgten ihr nun auch alle anderen: schnatternd, fauchend und zischend, einfach furchterregend, mit weit aufgerissenen Schnäbeln, um damit nach mir zu schnappen. Entsetzt ließ ich meinen Stock fallen, machte auf dem Absatz kehrt und raste los. Sie folgten mir. Ich schrie vor Angst, rannte immer weiter, stolperte in einen Graben und krabbelte hastig und schlammverschmiert auf der anderen Seite die Böschung empor – die Gänse verfolgten mich noch immer. Irgendwann landete ich endlich völlig aufgelöst und tränenüberströmt bei meiner Mutter. Hier war ich in Sicherheit!

Ich erinnere mich nicht mehr an ihre Worte, weiß aber noch, dass sie mich nicht bestrafte. All die Aufregung und meine Angst seien schon Strafe genug gewesen, meinte sie.


*Falscher Alarm*

Unserer Mutter ging es gesundheitlich immer schlechter. Zunächst hatte ich dies kaum bemerkt. Wahrscheinlich wollte ich es wohl auch nicht wahrhaben. Meistens wurde ich zum Spielen nach draußen geschickt, wenn die Gemeindeschwester zu ihr kam, um ihr Spritzen zu geben. Bald musste sie sie täglich kommen.

Eines Tages war ich wieder einmal mit meiner Mutter allein zu Hause. Wie so oft, baute ich mir aus Tisch, Bügel- und Ärmelbrett ein Puppenhaus, füllte es mit kleinen Holzscheiten vom Herd, mit Steinen, Knöpfen und ähnlichen Dingen. Währenddessen beschrieb ich ihr und mir selbst in den schillerndsten Farben, was sich in meinem Häuschen zutrug.

Nach einer Weile fiel mir auf, dass sie nicht mehr antwortete. Anstatt nachzufragen oder mein Spiel durch Kommentare zu bestärken, begann sie immer lauter zu stöhnen. Erstaunt kam ich unter dem Tisch hervor und sah in ihr schmerzverzerrtes Gesicht. Sie saß sehr gerade auf dem Sofa und presste beide Arme an ihren Bauch, während sie ganz langsam zur Seite kippte.

Ich war entsetzt. Nur zwei Gedanken hatten in diesem Moment in meinem Kopf Platz: *Meine Mutti stirbt!* Und: *Was soll ich bloß tun?*

Wie der Blitz lief ich zu ihr, umarmte, küsste sie, dann rannte ich aus der Wohnküche, schloss fest die Tür hinter mir und lehnte mich schwer atmend von außen mit dem Rücken dagegen. Nach einem kurzen Augenblick drehte ich mich um und sah durch das Schlüsselloch. Sie bewegte sich. Ich riss die Tür auf, rannte wieder zu ihr hin und umarmte sie erneut und lief wieder hinaus. Mein Herz klopfte wie verrückt.

*Sie stirbt! Sie stirbt jetzt! Das geht doch nicht, das darf doch nicht sein! Sie stirbt einfach, ich muss ihr noch einmal auf Wiedersehen sagen!*

Voller Panik machte ich so weiter, rannte zu ihr ins Zimmer hinein und wieder hinaus, vier bis fünf Mal vielleicht.

Endlich ließ dieser schlimme Anfall einer Gallenkolik nach. Meine Mutter konnte sich wieder vorsichtig aufsetzen. Sie rief mich zu sich, legte sanft den Arm um mich und fragte behutsam: »Sag mal, Putti, was hast du da eben eigentlich gemacht? Warum bist du immer wieder raus- und reingelaufen?« Ich antwortete mit tränenerstickter Stimme: »Ich dachte, du musst jetzt sterben, und das hätte ich nicht aushalten können!«

Bald darauf musste meine Mutter für ein langes Vierteljahr ins Krankenhaus. Konrad und Axel blieben allein in der Wohnung. Mich nahm Tante Irene zu sich. Bei ihr fühlte ich mich sicher und geborgen. Aber rückblickend weiß ich doch, dass ich meine Mutter sehr vermisste. Nur Tante Irenes einfühlsamem Umgang war es zu verdanken, dass diese Zeit ohne meine Brüder, vor allem aber ohne meine Mutter, friedlich und erträglich für mich war.

Inzwischen war ich sechs Jahre alt geworden und wurde eingeschult. Tante Irene hatte uns Kinder gut darauf vorbereitet. Jeder hatte zum Abschluss der Kindergartenzeit ein eigenes Buch gebastelt, in das alle Faltarbeiten und gemalten Bilder eingeklebt wurden, die wir im Laufe der Zeit hergestellt hatten. Ich war sehr stolz auf mein Buch und schenkte es gleich meiner Mutter.

Die Einschulung fand im April 1948 statt. In der Rhön herrschte immer ein raueres Klima als anderswo, und es war fast noch Winter. Zum Abschluss unserer Kindergartenzeit führten wir ein Spiel auf nach dem Lied: »Schneeflöckchen, Weißröckchen«. Ich war mit großer Begeisterung dabei. Den Schluss fand ich besonders schön, denn wir durften aus Zeitungspapier zusammengeknüllte »Schneebälle« in die Zuschauermenge werfen.

Trotz meiner Freude über die Aufführung und der Aufregung über den anstehenden Schulbeginn wurde dieser Tag eine Enttäuschung für mich. Alle Kinder hatten bunte Schultüten, nur ich bekam eine kleine braune Papiertüte mit klebrigen Bonbons in Form von Apfelsinen- und Zitronenscheiben.

Auch meine Mutter schien traurig zu sein. Sie brauchte mir nichts zu erklären. Ich wusste ja, dass wir für solche Dinge überhaupt kein Geld hatten. Obwohl ich das einsah, weinte ich, allerdings erst abends im Bett, ganz heimlich und leise vor mich hin. Es war das erste Mal, dass ich unsere persönliche Situation als Benachteiligung, ja als ungerecht empfand.

In die Schule ging ich gern, da ich ein wissbegieriges Kind war und kontaktfreudig. Nur an eine Begebenheit erinnere ich mich, die dazu führte, dass ich mich weigerte, weiter zur Schule zu gehen: Auf meiner linken Hand fing eines Tages eine Warze an zu wachsen. Zuerst war es nur eine, winzig, kaum sichtbar, aber schon sehr bald wurden es immer mehr. Es sah hässlich aus, wie sie sich da auf meinem Handrücken zu einem kleinen Warzenberg zu türmen begannen. Die Kinder fragten immer wieder, was das sei und riefen schließlich: »Ih, ih, wie ekelig, so viele Warzen!«

Weinend ging ich zu meiner Mutter und weigerte mich zornig, am nächsten Tag in die Schule zu gehen. Sie verstand meinen Kummer und versprach für Abhilfe zu sorgen. In Kaltennordheim gab es eine »Zauberfrau«, die Warzen »besprechen« konnte und ähnliche Dinge. Meine Mutter hatte von ihr gehört und suchte sie auf. Bei dieser Sache ging es sehr rätselhaft, ja wunderlich zu. Es musste Vollmond sein, und ein schwarzer Zwirnsfaden spielte eine Rolle. Obwohl ich selbst nie bei der Zauberfrau war, verschwanden meine hässlichen Warzen nach kurzer Zeit und kamen nie wieder.

Ungefähr im gleichen Zeitraum geschah eines Tages noch etwas anderes ganz Wunderbares: Wir bekamen ein Care-Paket aus Amerika. Mir wurde erklärt, dass amerikanische Familien auf diese Weise versuchten, deutsche Familien ein bisschen zu unterstützen. Von wem es kam, habe ich nie herausgefunden, aber der Inhalt des Pakets war das absolut Größte für mich. Neben einigen Grundnahrungsmitteln enthielt es eine für damalige Zeiten ganz moderne Puppe, mit Schlafaugen, offenem Mund und einem Nuckelfläschchen. Gab man der Puppe zu trinken, pinkelte sie die Hose nass. Außerdem hatte sie wunderschöne, weiche Anziehsachen. Ich nannte sie Adelheid. Alle Kinder in der Schule beneideten mich glühend um Adelheid, doch nur Sigrid, meine sanfte Freundin, durfte mit ihr spielen.

*Der Fremde*

In unserer Familie gab es ganz bestimmte Regeln für jeden Einzelnen von uns, die in Kriegszeiten und auch danach überlebenswichtig waren und von uns allen gleichermaßen immer und überall eingehalten wurden. Meine Regel, die ich vollkommen verinnerlicht hatte, war, dass ich sofort ganz laut zu schreien und herumzutoben hatte, um Aufmerksamkeit zu erregen, wenn ein fremder Mann sich unserer Mutter näherte. Zum Glück war es seit Danzig nie wieder dazu gekommen. In Kaltennordheim war das Leben ruhiger und auch ungefährlicher geworden.

Eines Tages, ich kam vom ungeliebten Mittagsschlaf aus dem Schlafzimmer in die Küche, sah ich meine Mutter, wie sie mitten im Raum stand, umarmt von einem fremden Mann. Sie hielten sich fest in den Armen, ganz friedlich und still. Doch mir fiel sofort die Regel ein, mich überkam eine wahnsinnige Angst, und ich brüllte und schrie wie am Spieß, trampelte auf dem Holzfußboden herum und warf mich auf die Erde. Einen Moment später sprang ich auf und begann fuchsteufelswild und verzweifelt, auf den Mann einzuschlagen und nach ihm zu treten.

Meine Mutter riss sich von ihm los, hielt mich fest, legte beschwörend ihre Hand auf meinen Mund und redete beruhigend auf mich ein. Schluchzend presste ich mich an sie und ließ sie nicht mehr los. Es dauerte eine ganze Weile, ehe ich so weit ruhig geworden war, dass ich verstehen konnte, was sie mir da sagte. Dieser Mann war mein Vater.

Ich konnte, ich wollte nicht verstehen. Wo war er so plötzlich hergekommen, dieser Mann, der mein Vater sein sollte? Er stand da, mitten in unserer Wohnküche und schaute mich an. Vielleicht, wahrscheinlich sogar, hat er auch mit mir geredet, aber das weiß ich nicht mehr. Ich erinnere mich nur noch an meine Furcht und Panik.

Meine Mutter versuchte zu vermitteln, zu erklären, aber ich wollte nur, dass er wieder verschwindet. Seine plötzliche Anwesenheit war ein Schock für mich. Etwas später konnte man mir dann wenigstens begreiflich machen, dass niemand im Dorf etwas von seinem Auftauchen erfahren durfte. Wegen der Denunziationsgefahr in der damaligen Zeit hätte es für die ganze Familie tödlich enden können.

Ich hatte verstanden: Dieser Vater, der so plötzlich in unserer Küche stand, den ich nicht kannte, und über den ich auch nichts wissen wollte, bedeutete für unsere Familie Gefahr und Bedrohung. Ein Grund mehr, ihn nicht zu wollen. Er sollte abhauen. Dazu gab es für mich nichts weiter zu sagen.

Noch in derselben Nacht sollte mein Wunsch in Erfüllung gehen. Er verschwand so plötzlich, wie er gekommen war. Ich war erleichtert. Nun war alles wieder in Ordnung.

Erst Jahre später erzählten mir meine Brüder, was damals wirklich geschehen war: Unserem Vater war mit zwei Kameraden die Flucht aus dem Gefangenenlager gelungen. Sie mussten die Weichsel durchschwimmen, wobei sie von Soldaten entdeckt und beschossen wurden. Einer der Männer wurde tödlich getroffen. Mein Vater und der andere Kamerad blieben unverletzt und konnten entkommen.

Mein Vater gelangte bis nach Bielefeld und ließ uns über das Rote Kreuz suchen – mit Erfolg. Dann war er heimlich zu uns nach Kaltennordheim in die russische Zone gekommen, um mit unserer Mutter unsere Flucht in den Westen zu planen. Auch unsere Schwester Lilo kam kurz vor unserer Flucht nach Kaltennordheim zurück, um uns bei den Vorbereitungen zu helfen.

# DIE FLUCHT (1949)

Obwohl die Grenze scharf bewacht war und auf Flüchtlinge geschossen wurde, versuchten viele Menschen auf diesem Weg in den Westen zu gelangen. Genau wie auch wir. Niemand in Kaltennordheim durfte von unserer Flucht etwas ahnen. Mitzunehmen hatten wir nichts. Dennoch musste alles bis ins kleinste Detail geplant sein.

Konrad war inzwischen 16 Jahre alt. Er kannte sich im Grenzgebiet am besten aus. Er machte sich – mit unserer Mutter – zuerst auf den weiten Weg durch den Wald. Sie konnte damals kaum selbst laufen, wurde immer wieder von Koliken heimgesucht, sodass er sie auf einem kleinen Handwagen hinter sich herzog.

Lilo, knapp 20 Jahre alt, sollte Axel und mich bis ins letzte Dorf vor der Grenze bringen und sich dort mit uns bis zum Abend auf einem Bauernhof verstecken. Dann war geplant, dass Axel und ich unseren Weg alleine weitergingen. Zwei Kinder, die ohne jegliche Begleitung von Erwachsenen über die Grenze gingen, wirkten weniger verdächtig. Lilo wollte im Schutz der Nacht mit einer Flüchtlingstruppe über die Grenze gehen. So war es besprochen. Ich wusste aber von alledem nichts.

## Angstvolle Abenteuer

*Mein letzter Tag in Kaltennordheim*

Mein letzter Tag in Kaltennordheim verlief wie alle anderen Tage auch. Bis zum Dunkelwerden spielte ich mit meiner geliebten Puppe auf den Wiesen am Bach. Ich hatte mal wieder total die Zeit vergessen, sodass Axel mich gegen Abend suchen musste. Von ihm angetrieben ließ ich in der Eile meine Adelheid am Bach liegen. Erst zu Hause fiel mir auf, dass ich die Puppe vergessen hatte. Also hasteten Axel und ich noch einmal zurück zu den Wiesen und suchten nach ihr, doch sie war und blieb verschwunden. Ich war verzweifelt und konnte nicht aufhören zu weinen.

Dazu kam, dass unsere Mutter und Konrad nicht mehr da waren. Lilo klärte uns kurz darüber auf, was los war und was am nächsten Tag auf uns zukommen würde. *Eine Flucht*, hämmerte es in meinem Kopf. Axel und ich waren sprachlos. Dann folgten viele angstvolle Fragen. Lilo gab uns klare und strenge Anweisungen darüber, wie wir uns auf der Flucht zu verhalten hatten.

In dieser Nacht fand niemand von uns viel Schlaf. Ich trauerte um meine Puppe, denn mir war klar, dass ich sie nie wiederbekommen würde. Doch letzten Endes überwog meine Angst vor all dem Neuen meine Trauer.

Ein paar Stunden musste ich doch geschlafen haben. Am Morgen wurden wir sehr früh von Lilo geweckt. Die Sonne war noch nicht aufgegangen. Um zu frühstücken waren wir eigentlich viel zu aufgeregt, aber Lilo bestand darauf. Dann ging es los. Wir nahmen nichts mit, lediglich Lilo trug eine braune, verknitterte Tüte, in der unsere Papiere und etwas Geld waren.

Der Weg führte an Sigrids Haus vorbei. Ich warf einen raschen Blick hinauf zu ihrem Fenster. Gerne hätte ich mich verabschiedet, aber das ging natürlich nicht. Schon liefen wir weiter über die Felda-Brücke und die Landstraße bis zur weißen Pforte des Kindergartens. Dort sollten wir warten. Ich überlegte, was wohl die anderen Kinder und Tante Irene zu diesem Abenteuer sagen würden.

Kurze Zeit später hielt neben uns ein Lastwagen. Der Fahrer stieg aus, flüsterte kurz mit Lilo, klappte seinen Fahrersitz hoch und legte Lilos braune Tüte darunter. Dann bedeutete er uns mit knapper Handbewegung, einzusteigen. Es ging alles sehr schnell. Wir guckten noch einmal die Straße hinunter, aber kein Mensch war zu sehen. Dann fuhren wir los. Axel saß in der Mitte, ich auf Lilos Schoß. Niemand sprach, unsere Angst war greifbar in der Kabine des Lastwagens. Ich schaute aus dem Fenster, Kaltennordheim lag bereits hinter uns, die Landschaft flog an uns vorüber. Es war meine erste Fahrt mit einem Auto.


*Zehn Kilometer Ewigkeit*

Bis zum Ziel waren es eigentlich nur gute zehn Kilometer. Wir hatten erst eine kurze Strecke zurückgelegt, da stieß der Fahrer plötzlich in die Stille hinein einen lauten Fluch aus – und trat gewaltig auf die Bremse. Aus dem Unterholz rechts der Landstraße waren zehn bis fünfzehn Russen aufgetaucht und standen nun mit ihren Maschinengewehren im Anschlag direkt vor dem Lastwagen. Der Fahrer zischte uns mit zusammengebissenen Zähnen zu, Lilo und Axel sollten ganz ruhig bleiben und möglichst nicht reden.

»Aber die Kleine hier, die soll lachen, herumkaspern und Faxen machen – als Ablenkungsmanöver!«

Dann öffnete er die Fahrertür, sprang hinaus und begrüßte die Soldaten. Er redete russisch mit ihnen. Sie lachten freundlich und zeigten auf die Ladefläche, hängten ihre Gewehre um und sprangen hinten auf den Wagen.

Unser Fahrer kam zurück, stieg ein, knallte die Tür zu, und weiter ging es. Sie seien harmlos, meinte er, wollten nur ein Stück mitfahren. Doch wir waren wie erstarrt.

Die Soldaten klopften immer mal wieder von hinten gegen das kleine Fenster an der Rückseite der Fahrerkabine, winkten mir zu und schnitten Grimassen. Lilo hielt mich so fest, dass ich mich kaum bewegen konnte. Mit unbeweglichem Gesicht raunte sie mir wieder zu: »Los, lach, mach Fratzen, sei lustig, sie nehmen uns sonst mit.«

Ich versuchte mein Bestes, aber es klappte nicht sehr gut. Ich hatte solche Angst, das Echo des Satzes »sie nehmen uns sonst mit« hallte in meinem Kopf nach. Hätte das Ganze länger gedauert, wäre ich in Tränen ausgebrochen. So habe ich nur, ohne es selbst zu merken, auf Lilos Schoß gepinkelt. Doch zum Glück gaben die Soldaten dem Fahrer schon kurze Zeit später ein Zeichen und stiegen aus.

Wir fuhren nur noch ein kleines Stück, dann war der einsame Bauernhof erreicht. Unser Fahrer hielt. Ich beobachtete, wie Lilo ihn mit Geld aus der braunen Tüte bezahlte. Gleich darauf wendete er und fuhr zurück.

Der Hof schien ziemlich groß zu sein. Niemand war zu sehen. Sofort verschwanden wir in der Scheune und versteckten uns weit hinten im Stroh. Viel später kam eine Frau mit einer Schüssel voll Essen herein, die sie einfach auf dem Boden abstellte. Lilo flüsterte uns zu, wir sollten ganz leise sein, huschte zu der Bäuerin hin und bezahlte auch sie.

Wie wir die Zeit bis zum frühen Abend in diesem Versteck verbrachten, was wir taten oder sprachen, daran fehlt mir jede Erinnerung. Nur die Angst ist geblieben. Ich spürte sie auch später immer wieder. Ich spüre sie noch heute, wenn ich zu lange schweigen muss.


*Mit Axel allein unterwegs*

Gegen sechs Uhr abends war es so weit. Axel und ich mussten allein weiter. Lilo kam wirklich nicht mit uns. Wir Kinder sollten vom Hof aus auf einem schmalen Schotterweg Richtung Wald gehen. Unmittelbar hinter dem schmalen Waldstück verlief die Grenze mit Schlagbaum und einem Wachhaus. Um diese Zeit war Wachwechsel, und es war anzunehmen, dass die Soldaten wenig Interesse an zwei Kindern hatten, die allein und ohne Gepäck auf die andere Seite wollten. Falls sie uns anhalten und fragen würden, hatte Lilo uns eingebläut, zu antworten, dass unser Vater drüben im Ort arbeite und wir ihn abholen dürften.

Wir gingen los, Lilo blieb zurück und sah uns nach. Um die Soldaten im Notfall freundlich zu stimmen, hatten wir ein Stück Speck und Zwiebeln dabei, die Axel in der rechten Hand trug. Links hielt er mich mit hartem Griff. Wir waren beide wie gelähmt vor Furcht. Übelkeit machte sich in meiner Magengegend breit. Ich zitterte und bemühte mich gleichzeitig, mir nichts anmerken zu lassen. Sobald ich aber nur damit begann, mir auszumalen, dass »sie uns vielleicht mitnehmen« könnten, schlotterte mein ganzer Körper.

Axel ließ mich immer wieder aufsagen, was ich den Soldaten antworten sollte, aber ich war so aufgeregt, dass ich zunächst nur ein Stottern herausbrachte. Das machte ihn nur noch nervöser. Er drückte meine Hand immer fester, um mich zu zwingen, das Richtige zu sagen – gleichzeitig versuchte er damit, seine eigene Angst in den Griff zu bekommen. Vor Schmerz stiegen mir die Tränen in die Augen, Zorn machte sich in mir breit, dann wieder die Angst, man könne uns etwas anmerken. Ich schaffte es, nicht zu weinen. Immer wieder wiederholte ich monoton, was mir zu sagen aufgetragen worden war. Irgendwann klappte es dann auch.

Wir erreichten die Grenze. Die Wachposten wurden beim Anblick der zwei Kinder tatsächlich nicht misstrauisch. Sie stellten ihre Fragen, und wir erzählten ihnen genau, was wir uns gemerkt hatten. Sie nahmen die Lebensmittel an sich und scheuchten uns mit einer Handbewegung unter dem Schlagbaum durch, ohne sich weiter für uns zu interessieren.

Das war's. Vor uns lag nun nur noch der gerade, lange Schotterweg. Rechts und links kein Baum, kein Strauch, nur nacktes

Ackerland. Ich bildete mir ein, die Blicke der Soldaten in meinem Rücken zu spüren. Jetzt liefen meine Tränen, ich konnte nicht mehr anders. Am liebsten wäre ich losgerannt. Axel spürte das, drückte wieder mit aller Kraft meine Hand und zischte wütend: »Du blöde Ziege, geh normal weiter oder willst du, dass die uns abknallen?« Das saß. Nicht weniger ängstlich, aber steif wie Marionetten gingen wir bis zum Ende des Weges.

Das erste große Haus, das im freien Westen in unser Blickfeld trat, war eine Gaststätte. Hier sollten wir uns alle wiedertreffen. So lautete der Plan.

Vorsichtig näherten wir uns der Tür und drückten behutsam die Klinke zur »Gaststube« herunter. Trübes Licht erhellte den verqualmten Raum nur mäßig. Überall saßen und standen Menschen zusammen, vorwiegend Männer, in leise Gespräche vertieft. Beim Öffnen der Tür wurde es still im Raum. Alle schauten gespannt in unsere Richtung.

An einem Tisch hinten in der Ecke sah ich unsere Mutter und Konrad. Schluchzend stürzte ich auf sie zu und in ihre Arme. Ich kletterte auf ihren Schoß, schlang beide Arme um ihren Hals und fühlte mich erstmals nach diesem langen Tag wieder sicher.

Axel und Konrad begrüßten sich wie Erwachsene. Keiner von beiden frotzelte herum. Auf der hölzernen Bank lag mein blaugeblümtes Kuschelkissen. Ich griff danach und schlief erschöpft ein. Die anderen warteten unruhig auf Lilo. Gesprochen wurde kaum. Die Anspannung blieb für alle zu groß.

Es wurde eine lange Nacht. Lilo kam erst in den frühen Morgenstunden. Ihre Flüchtlingsgruppe war von russischen Soldaten aufgebracht worden. Es hatte Schüsse und Verletzte gegeben, aber Lilo hatte es geschafft.

Am nächsten Morgen fuhren wir alle zusammen mit dem Zug weiter in Richtung Westen, unserer neuen Heimat entgegen. Die Fahrt ging über viele kleine Dörfer und Städte. Axel kannte alle die Ortsnamen auswendig. Neben den Bahngleisen sahen wir immer wieder Häuser, die trotz des Krieges unbeschädigt geblieben waren. Unsere Mutter sagte: »Einmal in meinem Leben möchte ich noch in so einem Haus wohnen.«

## Flüchtlingslager

An die erste Zeit in den Flüchtlingslagern erinnere ich mich kaum. Unsere Stationen waren ein Lager in Gießen, dann ging es nach Elverdissen, nach Siegen, und am Ende landeten wir in Ennigloh. Vielleicht auch in anderer Reihenfolge.

### Heimatlos

Wahrscheinlich war es nötig, dass wir immer wieder weiterzogen, weil unsere Mutter unter den jeweiligen Bedingungen nicht hätte überleben können. Einmal wurden wir in eine Baracke aus Presspappe einquartiert. Bei Regen weichte das Dach langsam durch. Wir stellten Töpfe auf, um das Wasser aufzufangen. Und dennoch waren wir froh, diese kleine Hütte eine Weile ganz für uns zu haben und nicht mit so vielen Menschen auf engstem Raum zusammenleben zu müssen. Das hätte unsere Mutter nicht ausgehalten. Neben unangenehmen, aber weniger bedrohlichen Plagen wie Wanzen, Läusen oder Krätze grassierten in den Lagern auch ansteckende Krankheiten wie Typhus oder Ruhr.

Ich spielte auf dem eingezäunten Lagergelände. Meine Brüder ließen mich weitgehend in Ruhe. Sie hatten mit sich selbst zu tun. Lilo kümmerte sich um unsere Mutter, die sich nicht mehr selbst versorgen konnte. Aber auch in den Lagern gab es keine Medikamente für sie.

Ich verstand nicht, wie es um meine Mutter stand. Für mich war, wie für jedes andere Kind, selbstverständlich, dass meine Mutter immer für mich da sein würde. Liebevoll, allgegenwärtig und stets bereit, mir zuzuhören. Sie würde immer Verständnis für meine Sorgen aufbringen, mich ernst nehmen und mir helfen. Sie würde da sein, mich trösten, streicheln und einfach in die Arme nehmen.

Vielleicht kam es daher, dass meine Mutter so krank und ihre Aufmerksamkeit für mich begrenzt war; vielleicht auch daher, dass meine großen Geschwister zu viele eigene Sorgen und nur wenig Zeit für mich hatten; bestimmt lag es auch an dem Verlust meiner Freundin Sigrid und meiner Puppe Adelheid; jedenfalls hegte ich den großen Wunsch, noch eine kleine Schwester, zu bekommen. Ich wünschte mir so sehr jemanden, um den ich mich kümmern, den ich lieb haben konnte.

Ich nervte meine Mutter und überhaupt alle damit. Einmal streute ich sogar heimlich abends unsere ganze Wochenration Zucker aufs Fensterbrett. Damals glaubten wir Kinder, dass, wenn man Zucker auf die Fensterbank streute, der Klapperstorch kam, den Zucker fraß und wusste, dass hier ein Baby erwünscht war.

Das mit dem Zucker brachte mir viel Ärger ein, denn Zucker war eines der kostbarsten Nahrungsmittel. Aber was weg war, war weg, und wir mussten die ganze lange Woche ohne Zucker auskommen.

Zum Trost bastelte Lilo mir aus einem alten Pappkarton einen Puppenwagen, den ich an einer Strippe hinter mir herziehen konnte. Aus Lumpen gab es eine Puppe dazu. Glücklich trottete ich tagelang damit über den Lagerhof, bis sich der Karton im Regenmatsch auflöste.

Ansonsten hatte der Krieg auch in mir seine Spuren hinterlassen. Für immer tief in mir vergraben lagen dumpfe Erinnerungen an explodierende Bomben, Granaten und Brände. Ich hatte Dinge gelernt, die Kinder meiner Generation lernen mussten, wenn sie überleben wollten. Zum Beispiel wusste ich, dass, wenn das Sirren einer abgezogenen Handgranate in der Luft zu hören war, man nur wenig Zeit hatte, bis sie explodieren und alles um sie herum in der Luft zerreißen würde. Gerade so viel Zeit, um bis zwanzig zu zählen und zu rennen, zu rennen, zu rennen – und sich dann möglichst in eine Mulde oder einen Bombentrichter zu schmeißen. Meine Brüder hatten das unzählige Male mit mir durchexerziert.

Es mag aus heutiger Sicht grotesk wirken, aber wenn kein Puppenwagen aus Pappe oder anderes notdürftig zusammengesuchtes Spielzeug zur Hand war, ließen wir Lagerkinder uns bei unseren Spielen auch von diesen Übungen »inspirieren«.

Im Radio spielten sie zu dieser Zeit immer wieder den Schlager »Marianndl«. Ganz klar, das war »mein Lied«, allein für mich geschrieben. Manchmal dröhnte es aus den Lautsprechern des Lagers über das Gelände, und die Leute grölten mit. Ich fühlte mich in diesen Momenten irgendwie sehr stolz und glücklich.


## Der Anfall

Wie lange unsere Lageraufenthalte insgesamt gedauert haben, weiß ich nicht mehr genau. Aber an die letzte Flüchtlingsunterkunft in Ennigloh kann ich mich noch gut erinnern.

Dort gab es direkt hinter dem Bahngelände eine große Lagerhalle, in die wir mit vielen anderen Flüchtlingen einquartiert wurden. Den ganzen Tag und die ganze Nacht hörten wir die Züge fahren. Das ließ mich immer wieder an unsere eigene lange Reise während der Flucht denken.

Die Halle war stets überfüllt. Lärmende, halb verhungerte Menschen in abgetragenen Kleidern saßen mit teilnahmslosem Blick herum oder schlurften durch die endlosen Gänge aus dreistöckigen Holzbetten. Diese waren notdürftig aus grobem Holz zusammengezimmert worden. Wir holten uns manchen Splitter daran.

Als fünfköpfige Familie hatten wir vielleicht fünf Quadratmeter für uns und versuchten, diesen winzigen Bereich mit Militärwolldecken abzuschirmen, von denen jede Person eine erhielt.

Niemand besaß hier etwas, alle froren und hungerten. Diebstähle, Streit und Schlägereien waren an der Tagesordnung. Wir

Kinder mussten bei jedem Wetter raus, durften uns nur zu den kargen Mahlzeiten und zum Schlafen in der Halle aufhalten. Sonst wären der Lärm, die Unruhe und das ständige Gewusel noch schlimmer gewesen. Außerdem hatte niemand Zeit, sich um uns Kinder zu kümmern. Alle versuchten, zu überleben und so schnell es nur irgend ging, hier heraus und in eine Wohnung zu kommen.

Einmal, als ich gerade zum Essen hereingekommen war, hörte ich schon am Eingangstor der Halle einen ungewohnten Lärm. Je näher ich unseren fünf Quadratmetern kam, desto lauter wurde er. Neben uns hatte man eine junge Frau mit drei kleinen Kindern einquartiert. Die Decken zu ihren Betten waren heruntergerissen. Die Frau saß auf der Erde und schlug mit einem Kochlöffel wild auf ihren einzigen Kochtopf ein. Dabei stieß sie gellende, unverständliche Schreie aus.

Dann verdrehte sie plötzlich die Augen, ihr Oberkörper fiel zur Seite auf die Erde und krampfte sich zusammen. Aus ihrer Kehle kamen gurgelnde Geräusche, ihr ganzer Körper zuckte wild hin und her und bäumte sich auf. Bei alledem waren ihre Kleider hochgerutscht, und ich sah, dass sie sich in die Hose gemacht hatte. Eine erwachsene Frau.

Ich war völlig verstört. Laut fing ich an zu weinen. Plötzlich war meine Schwester da, griff nach mir und zog mich schnell in unsere Ecke. Aufgelöst kroch ich zu meiner Mutter ins Bett. Sie versuchte mir zu erklären, was ein epileptischer Anfall ist. Aber mein Entsetzen war zu groß, um zu verstehen. Auch die Tatsache, dass ich dieselbe Frau schon wenig später wieder ganz normal mit ihren Kindern sprechen sah, konnte daran nichts ändern.

Bald danach verließen wir dieses Lager. Es war Ende 1949.

# BÜNDE IN OST-WESTFALEN
## Die Stadt auf der anderen Seite des Bahnhofs
### (1949-1950)

Auf der anderen Seite des Bahnhofs lag die Stadt Bünde. *Hier hat es keinen Krieg gegeben*, dachte ich, als wir das Lager verließen. In Bünde waren keine Bomben gefallen, deshalb sahen wir nirgends kaputte Häuser. Die Menschen hier hatten alles gut überstanden.

Ein Grund, warum niemand etwas mit den Flüchtlingen zu tun haben wollte, war das Lager. Es war ein Schandfleck für die Stadt, genauso wie seine Bewohner. Aber zu allem Übel gab es äußerst unbequeme Auflagen für die Bünder Bürger, denen man sich nicht entziehen konnte: Wohnraumkontrollen. Durch sie wurde festgelegt, wer wie viel Platz für Flüchtlinge zur Verfügung stellen musste.

Natürlich fragte man die Bünder nicht, ob sie das wollten. Aber sie schienen sich auch nicht zu fragen, ob Leute, wie meine Familie, gerne in Flüchtlingslagern oder den Häusern fremder Menschen leben wollten.

Wir bekamen zwei Zimmer in der Winkelstraße zugewiesen. Eines Tages waren wir einfach da, unsere kranke Mutter, Lilo, Konrad, Axel und ich.

### Winkelstraße Nr. 10

Die Winkelstraße war eine ruhige Straße mit vielen Laubbäumen. Die Häuser, ein- oder zweistöckig, waren keine Villen wie unser Haus in Danzig, aber gut gepflegt. Jedes Haus hatte seinen kleinen Garten mit Blumen, Beerensträuchern und Gemüsebeeten hinterm Haus. Oft auch eine begrünte Gartenlaube für gemütliche Stunden zum Plaudern an Sommernachmittagen. Gerne züchtete man in dieser Gegend auch seine eigenen Tauben. Das Stadtzentrum, das hauptsächlich aus der Bahnhofstraße und der Eschstraße bestand, war nicht weit entfernt.

Das graue Haus, in dem wir von nun an wohnen sollten, hatte sogar drei Stockwerke. Es war zur Straße hin von einer niedrigen Steinmauer umgeben, die mit einem stabilen Holzzaun abschloss. Durch die weiße Eingangspforte betrat man einen schmalen Vorgarten mit Büschen und Grünpflanzen, die auch im Schatten gediehen. Der Vorgarten lag zur Nordseite und war auch im Sommer angenehm kühl. Eine Treppe mit Eisengeländer führte sechs oder sieben Stufen zur großen Haustür hinauf.

Die Haustür war stets abgeschlossen. Uns wurde mitgeteilt, dass wir den mit Steinplatten angelegten Seitenweg ums Haus herum zum Hintereingang zu benutzen hatten. Direkt neben dem Hintereingang führte eine Treppe in die Waschküche und den Keller.

Auch hinter diesem Haus gab es einen Garten. Ein riesiger alter Apfelbaum spendete Schatten, aber die Boskoop-Äpfel waren sauer. Beerensträucher und Blumen säumten eine frische, grüne Rasenfläche. Statt der üblichen Gemüsebeete umschloss auf der linken Seite eine etwa drei Meter hohe, korrekt beschnittene Buchenhecke ein steinernes Hühnerhaus mit reichlich Auslauf für den kräftigen Hahn und seine große Hühnerschar. Alles machte einen soliden und gepflegten Eindruck. Zum Spielen hätte sich dieser Garten wunderbar geeignet. Ich kannte ja nur die im Sommer staubigen und im Winter matschigen Höfe der Lager. Aber leider war das Spielen hier nicht erlaubt.

Nur nahe dem Hintereingang hing an einer Teppichstange eine Holzschaukel. Auch ein Brunnen war da, mit einer dick bemoosten Abdeckplatte. Darauf sollte ich später oft mit Heike, der Jüngsten des Hauses, sitzen.

Die untere Etage des Hauses bewohnte der Zahnarzt Dr. Hans Leuthner mit seiner Frau Herta und drei Kindern: Renate, Ernst Friedrich und Heike. Während die beiden älteren Geschwister, so wie Lilo und Konrad fast schon erwachsen waren, war Heike, genauso wie ich, sechs Jahre alt.

Leuthners hatten ein Hausmädchen namens Gertrud, das täglich zu ihnen kam. Außerdem wohnte noch die immer ernsthafte und strenge Diakonisse, Schwester Hildegard mit im Haus. Sie war eine Verwandte oder enge Freundin der Familie und schon älter. Eine graue Eminenz, die Frau Leuthner stets beratend zur Seite stand. Mich schien sie nicht besonders zu mögen.

Folgte man der Treppe, die mit einem roten Kokosläufer ausgelegt war, bis in den ersten Stock, lief man auf eine schlichte weiße Tür zu. Dahinter lagen unsere zwei Räume. Die Toilette auf halber Treppe teilten wir uns fortan mit Opa Leuthner und seiner unverheirateten Tochter, Tante Lusian, die ihrem alten Vater den Haushalt führte. Zusammen mit Dackel Fritzi, der ein bisschen hinterlistig war, wie ich später noch erfahren sollte, bewohnten die beiden die übrigen vier Räume im ersten Stock. Noch eine Etage höher hatte sich ein großes zahntechnisches Labor eingemietet, mit dem Herr Leuthner zusammenarbeitete.

Als wir einzogen, besaßen wir jeder lediglich unsere Militärdecke aus dem Lager und dazu drei Matratzenteile, auf die wir unsere kranke Mutter legten. Ansonsten waren unsere Räume leer – aber immerhin gehörten sie uns alleine, und wir hatten hier unsere Ruhe.


*Heike Leuthner – eine Prinzessin*


Am ersten Tag in der neuen Bleibe schien ich allen immer nur im Weg zu stehen. Kurzerhand schickten meine Geschwister mich nach draußen. Gedankenverloren saß ich auf dem Flur vor unserer Tür und schaute der Nachmittagssonne zu, deren Strahlen von draußen auf die Jugendstilscheiben von Opa Leuthners

Eingangstür fielen. Das bunte Glas schimmerte wunderschön. Vorsichtig fuhr ich mit meinen Fingern auf den Mustern entlang.

Als hätte er nur darauf gewartet, kläffte und knurrte Dackel Fritzi hinter verschlossener Tür wie verrückt los. Kurz darauf wurde sie auch schon aufgerissen, und Opa Leuthner schwang drohend seinen Krückstock.

»Hau ab!«, brüllte er mich an. »Verschwinde, Gesindel!« Und fügte noch verächtlich hinzu: »Ich habe es ja gewusst!«

Genauso schnell wie sich die Tür geöffnet hatte, flog sie krachend wieder zu. Dann war es still im Haus, sehr still. Das Einzige, was ich hören konnte, war das wilde Pochen meines Herzens. Ich war zu Tode erschrocken.

*Gesindel,* hatte er mich genannt. *Aber wir sind doch kein Gesindel,* dachte ich traurig und fühlte mich sehr unbehaglich. Verstört schlich ich die Treppe hinunter.

Im Parterre öffnete sich plötzlich eine andere Tür. Ein Mädchen guckte heraus. Sie war etwas kleiner als ich. Prüfend warf sie mir einen Blick von der Seite zu, dann ging sie mit erhobenem Kopf hinaus in Richtung Garten. Unsicher schob ich mich langsam durch die halb offene Tür hinter ihr her ins Freie.

*Ob sie hier wohnt?,* fragte ich mich im Stillen. *Das wäre ja toll. Dann könnten wir zusammen spielen.* Am Brunnen war sie stehen geblieben. Ich stellte mich dazu. Keiner von uns sagte ein Wort, stumm beobachteten wir uns gegenseitig. Ich war sehr neugierig auf dieses Mädchen, gleichzeitig fühlte ich noch den Schrecken von vorhin in den Gliedern. Ich versuchte, mir vorzustellen, wie es wäre, wenn sie meine Freundin würde.

Während ich sie ansah und so überlegte, rutschte mein Daumen gewohnheitsmäßig und wie von selbst in meinen Mund. Ich merkte es im selben Augenblick und wurde knallrot, meine Hand zuckte zurück. Schnell schaute ich zu ihr hin. Sie hatte es gesehen. Ich schämte mich fürchterlich. Für den Bruchteil einer Sekunde huschte aber ein kleines Lächeln über ihr Gesicht, dann wurde sie sofort wieder ernst. Das machte mir Mut.

»Kennst du das auch?«, fragte ich vorsichtig. Das Mädchen nickte. Nun lachte sie richtig. Damit war der Bann gebrochen. Wir schoben beide unsere Daumen in den Mund und setzten uns auf die Vordertreppe. »Ich heiße Marianne«, sagte ich. »Heike«, antwortete sie. Eine ungleiche Freundschaft begann.

*Drei Wurstbrote*

Heike war ein paar Monate jünger als ich und ebenfalls der Nachzügler in ihrer Familie. Als sie mich am Tag unserer ersten Begegnung mit in ihre Wohnung nahm, hantierte ihre Mutter gerade in der Küche. Sie bereitete mit ihrer jungen Hausangestellten Gertrud das Abendessen vor. Ich mutmaßte, dass Heikes Mutter ungefähr im Alter meiner Mutter sein musste. Sie war eine herzliche Frau und begrüßte mich freundlich.

Heike erzählte ihrer Mutter lebhaft, was sie schon alles über mich erfahren hatte. Ihre Mutter sagte nichts, sie lächelte mich einfach an. Das hatte ich in den letzten Wochen nicht bei vielen Menschen erlebt. Ich begann, Vertrauen zu fassen. Nach einer Weile stellte sie mir, nun selbst ganz interessiert, die eine oder andere Frage. Nebenbei schob sie mir kommentarlos ein Holzbrettchen mit einem dick belegten, in Häppchen geschnittenen Wurstbrot hin. Ich bekam große Augen, mir wurde ganz heiß, und das Wasser lief mir im Mund zusammen.

»Iss ruhig, du hast doch bestimmt Hunger«, sagte sie in der ihr eigenen selbstverständlichen Art. Fragend blickte ich ihr ins Gesicht, um mich zu vergewissern, ob sie es wirklich ernst meinte. Sie nickte mir aufmunternd zu und meinte: »Du kannst ruhig Tante Herta zu mir sagen.«

Wie gut das Wurstbrot roch. Ich hatte tatsächlich einen Riesenhunger, aber das flaue Gefühl im Magen war ja nichts Besonderes für mich. Lilo, Konrad, Axel und ich, wir alle hatten ständig Hunger, und selten gab es so viel, dass wir richtig satt wurden.

Auch an diesem Tag hatte es noch nichts zu essen gegeben. Ich schluckte, dann begann ich immer zwei Häppchen auf einmal in meinen Mund zu stopfen. Schweigend schauten Heike, ihre Mutter und Gertrud mir beim Essen zu. Nach wenigen Minuten war mein Brettchen leer. Tante Herta schob mir ein zweites Brot herüber und stellte noch ein Glas Milch dazu. Wieder guckte ich sie ungläubig an. Wieder nickte sie freundlich. Ich kaute und kaute, zwischendurch nahm ich große Schlucke Milch. Zum Sprechen hatte ich keine Zeit. Auch Heike sagte kein Wort, sondern stand nur staunend neben mir.

Als ich nach dem dritten Brot endlich satt war, schickte Tante Herta uns nach draußen zum Spielen. »Aber lauft nicht mehr zu weit weg, der Vati kommt gleich zum Essen aus der Praxis.«

Beim Hinausgehen fragte ich Heike vorsichtig: »Was ist eine Praxis? Was arbeitet dein Vati denn?« und erfuhr, dass ihr Vater Zahnarzt war. Das vornehme Wort »Vati« kam mir etwas schwer über die Lippen. Ich hatte zwar auch einen Vater, aber der hieß bei uns einfach »Papa«. Er war nie da, deshalb spielte er eigentlich auch keine Rolle. Ich nahm mir fest vor, meine Mutter zu fragen, ob wir überhaupt noch einen Papa hatten, und wo der eigentlich die ganze Zeit war.

Es war ein warmer Sommertag. Heike und ich setzten uns wieder auf die Stufen der Vordertreppe und hatten uns unendlich viel zu erzählen, lutschten zwischendurch an unseren Daumen und lachten gemeinsam darüber. Heike kannte das Gerede der Erwachsenen, dass man in unserem Alter schon viel zu groß dafür sei genau wie ich. Aber wir brauchten eben unsere Daumen trotzdem noch.

Während wir so auf den Stufen saßen und auf ihren »Vati« warteten, war ich ganz neugierig geworden. Nach der Erfahrung mit Heikes Mutter war ich sicher: Bestimmt war auch ihr »Vati« so nett wie Tante Herta. Endlich bog ein großes, grünes Auto um die Ecke und fuhr auf die Garageneinfahrt.

»Das ist mein Vati«, sagte Heike. Ich dachte, sie würde ihm zur Begrüßung entgegenlaufen, aber sie blieb neben mir sitzen.

Die Fahrertür klappte, und ein älterer Mann kam mit langen Schritten auf uns zu. Im Gegensatz zu seiner Frau lächelte er keineswegs. Er wirkte eher streng, ja geradezu abweisend. Heikes Vater sah mich kurz und kritisch von der Seite an und ging, ohne mich weiter zu beachten, ins Haus. »Kleine, komm rein!«, sagte er nebenbei zu seiner Tochter. Heike stand auf, rief mir noch ein «Tschüss, bis Morgen« zu und verschwand im Haus.

So deutlich ich die Herzenswärme von Heikes Mutter gespürt hatte, so spürte ich die Ablehnung ihres Mannes, ohne dass ich verstand, was er gegen mich hatte. Es war nicht so, dass ich derartige Reaktionen wie von Heikes »Vati« oder auch von Opa Leuthner nicht schon öfter erlebt hatte. Dennoch machten sie mich immer wieder traurig. Nur zu gerne hätte ich solche Erlebnisse in Kaltennordheim oder in den Lagern zurückgelassen.

Bald wurde auch ich nach oben gerufen.


*Putti gegen den Rest der Welt*

An diesem Abend konnte ich es kaum erwarten, meiner Mutter von Heike, Tante Herta und den drei Wurstbroten zu erzählen. Als sich Lilos Aufmerksamkeit auf Axel und Konrad richtete, die gerade mal wieder damit anfingen, sich wegen irgendeiner Kleinigkeit zu prügeln, nutzte ich die Gelegenheit und huschte ins Nebenzimmer.

In einer Ecke des Raumes auf den Matratzen lag meine Mutter. Als ich das Zimmer betrat, hörte ich sie leise stöhnen, aber sie wurde sofort still, als sie mich bemerkte. Ich schlüpfte unter ihre Wolldecke, und sie nahm mich in die Arme. Ich erzählte, was ich an diesem Tag mit Heike erlebt hatte. Auch, dass Heikes Spitzname »Kleine« sei, während mich ja alle »Putti« riefen. Außerdem erklärte ich ihr, dass ich sehr glücklich über Heike war und sie nun meine Freundin wäre. Von Opa Leuthner und von Heikes Vater sagte ich nichts. Ich wollte meine Mutter nicht traurig machen.

Stattdessen fragte ich nach meinem Vater. Meine Mutter erklärte mir, dass er eine Arbeit bei den englischen Soldaten gefunden hatte. Dort würde er auch wohnen und zu essen bekommen. Es gab ihn also noch, stellte ich diesmal erleichtert fest. Wie andere Kinder hatte auch ich einen Vater. Mehr wollte ich nicht wissen. Dass er nicht bei uns war, störte mich nicht weiter. Erschöpft von den Aufregungen des Tages, zufrieden und satt wie noch nie, schlief ich neben ihr ein.

Später, als es dunkel geworden war, kamen auch meine Geschwister herein, um sich schlafen zu legen. Jeder breitete seine Decke auf dem Holzfußboden aus und deckte sich mit einer zweiten Decke zu. Licht hatten wir nicht in diesem Raum. Auch Möbel gab es keine, aber wenigstens steckten wir nicht mehr im Lager.

Nach ein paar Tagen gab es in unserer Wohnküche einen weißen alten Küchenschrank, vier Holzstühle, einen Tisch und einen Herd. Fließendes Wasser hatten wir nicht, stattdessen standen neben dem Herd zwei Blecheimer. Lilo erklärte, dass in dem einen klares Trinkwasser sei, weshalb wir diesen Eimer sehr sauber halten müssten. In dem anderen wurde das Schmutzwasser gesammelt. Bei der Gelegenheit ermahnte sie uns, die Toilette unbedingt äußerst sauber zu halten. Auch sollten wir niemals zu lange dort sitzen, weil wir sie uns ja mit Opa Leuthner und Tante Lusian teilten. Doch die Vorstellung, auf dem Weg zur Toilette Opa Leuthner zu begegnen, sorgte dafür, dass ich nie viel Zeit auf dem Örtchen verbrachte.

Unserer Mutter ging es von Tag zu Tag schlechter. Sie konnte nicht mehr aufstehen und gab Lilo Anweisungen, wie sie alles zu handhaben hatte. Regelmäßig kam Tante Herta zu uns nach oben. Aus ihrem Hausrat versorgte sie uns mit ein bisschen Wäsche und Handtüchern.

Um mich kümmerte sie sich weiterhin besonders. Oft gab sie mir in ihrer Küche zu essen und zu trinken. Ich sollte mich jedoch nicht so oft in ihrer Wohnung aufhalten. Höchstens bei schlechtem Wetter, wenn Heike hartnäckig darauf bestand, erlaubte sie uns, drinnen zu spielen. Mittags und abends, wenn der »Herr Doktor« erwartet wurde, hatte ich selbstverständlich zu verschwinden. Darüber wurde nicht groß gesprochen.

Die Mahlzeiten nahm Familie Dr. Leuthner gemeinsam im vornehmen Esszimmer ein, und das Hausmädchen servierte. Einmal hatte Heike mich durch einen Türspalt hineinsehen lassen. Ich war beeindruckt. Auf einem großen weichen Teppich stand ein eingedeckter Esstisch mit silbernem Tafelservice und weißen Stoffservietten. Um den Tisch herum sah ich gepolsterte Stühle, schwere Gardinen hingen bis zum Fußboden herab. So vornehm war es noch nicht einmal bei Sigrid in Kaltennordheim gewesen.

Heike selbst hatte alles zum Spielen, was sich ein Kind nur wünschen konnte. Sie schlief in einem Himmelbett und hatte viele Puppen mit hübschen Anziehsachen, einen Korb-Puppenwagen, der damals gerade ganz modern war und auch noch eine Puppenstube. Dann gab es einen Bauernhof mit Tieren, Rollschuhe, Schlittschuhe, ein Fahrrad, einen Roller, einen Bollerwagen, einfach alles. Ich dagegen besaß nichts, nicht einmal mehr meine geliebte Adelheid.

Inzwischen gingen Heike und ich gemeinsam in Bünde zur Schule und in dieselbe Klasse. Es war meine dritte Einschulung innerhalb des ersten Schuljahres. Die erste hatte noch in Kaltennordheim stattgefunden, die zweite vom Lager aus in Ennigloh, und nun kam ich in meine dritte erste Klasse. Ich ging nach wie vor gern zur Schule und hatte keinerlei Schwierigkeiten mit dem Lernen. Im Gegenteil, es machte mir großen Spaß.

Heike tat sich schwerer damit, sie war weniger wissbegierig und oft krank. Vor allem verstand sie sich nur mäßig mit unseren Mitschülern. Es kam häufig vor, dass ich sie anderen Kindern gegenüber verteidigen musste. Ich prügelte mich sogar für sie.

Im Laufe der Zeit begann ich jedoch, mehr und mehr zu verstehen, was die anderen Kinder für ein Problem mit Heike hatten: Ungeachtet der »Schätze« und »Reichtümer«, die sich in ihrem Spielzimmer häuften, hatte Heike außer mir nämlich keine Freundinnen. Anfangs wunderte ich mich darüber, aber bald schon sollte ich sie besser kennenlernen.

Heike teilte ungern und erlaubte anderen Kindern nur, mit ihren Sachen zu spielen, wenn sie sich ganz ihren Wünschen fügten. Ständig wollte sie das Sagen haben. Oft war sie unberechenbar und launisch. Ich versuchte, damit klarzukommen, denn die anderen Kinder durften nicht mit mir spielen, weil ich ja das »dreckige Flüchtlingskind« war.

Eigentlich war ich selten schmutzig. Meine große Schwester war inzwischen eine ausgebildete Kinderkrankenschwester und hatte einen ziemlichen Sauberkeitsfimmel entwickelt. Dennoch wurde ich in der Schule oft beschimpft. »Dreckspack«, riefen manche Kinder hinter mir her oder »Flüchtlingspack, haut endlich ab«. Das machte mich unheimlich wütend. Ich rannte hinter den Kindern her und verprügelte, wen ich erwischte. Damit machte ich mir natürlich auch keine Freunde, und so blieben Heike und ich meistens alleine.

Noch häufiger als Wut überkam mich eine große Traurigkeit. Ich versuchte, immer wieder Gründe für die Ablehnung der Leute zu finden. Ich wusste, ihr Verhalten war ungerecht und spürte die Ohnmacht, nichts dagegen unternehmen zu können. Ich fühlte mich sehr alleine.

An besonders schlimmen Tagen, wenn sogar Heike sich mit den anderen Kindern gegen mich verbündete, weil ich nicht getan hatte, was sie wollte, wünschte ich mir Brüder, die mich verteidigten und beschützten, aber *meine* Brüder lachten mich immer nur aus und ärgerten mich beinahe mehr als die fremden Kinder. Ja, sie schienen sich sogar über meine Wut und Hilflosigkeit zu amüsieren.

In meiner Verzweiflung baute ich vor allem auf Konrad, der freundlicher war als Axel, aber immer erst gegen Abend nach Hause kam. Er nutzte jede Gelegenheit, zu arbeiten, um uns mitzuversorgen. Wenn er kam und mich auf der Straße spielen sah, pfiff er schon von Weitem nach einer bekannten Schlagermelodie: »Die Geiß, die Geiß, die stinkt nach Scheiß, wenn ich ihr in den Haaren reiß!« Auf Axel musste ich gar nicht erst hoffen.

Beide Brüder nannten mich inzwischen Geiß, weil ich oft zickig wurde und mich gegen sie wehrte. Ich war nicht mehr die friedliche kleine Putti von früher. Ich war älter geworden. Oft wusste ich nicht, wohin mit meiner Wut und ging beim erstbesten Anlass in die Luft.

Etwa wenn ich Konrad pfeifen hörte. Dann kochte ich vor Zorn und raste wie eine Wilde die Winkelstraße hinauf, ihm entgegen, und er fing mich fröhlich mit seinen langen Armen auf. Er hatte nur Spaß machen wollen, freute sich sogar auf mich. Aber ich versuchte zornig, ihn zu kratzen, zu beißen, zu spucken, zu treten oder an seinen Haaren zu reißen. Er hielt mich weit von seinem Körper entfernt, und selten erwischte ich ihn. Er war inzwischen 17 Jahre alt und schon 1,90 Meter groß – und amüsierte sich köstlich über mich.

Alles, was ich tun konnte, war dann nur noch meinem unheimlichen Zorn Luft zu machen und ihn laut anzuschreien. Meistens endete so ein Anfall mit Tränen der Verzweiflung. Das machte dann Konrad ärgerlich. Er brüllte mich an, ich solle sofort aufhören, zu plärren. Aber das konnte ich im Augenblick des Zorns nicht. Er verpasste mir Ohrfeigen oder trat mir so lange in den Hintern, bis ich still war und meine Wut herunterschluckte.

In solchen Situationen fühlte ich mich von meiner ganzen Familie verraten. Schließlich ging es diese blöden Brüder doch etwas an, warum ich so war, wie ich war. Statt ihrer Solidarität erfuhr ich immer wieder, wie sehr ich allen lästig war, wie wenig sie in der Lage waren, sich auch nur ein bisschen in mich hineinzuversetzen. Im Gegenteil, ich war ihr Spielball, und mit ihren kleinen Gemeinheiten und »Piesackereien« arbeiteten sie wahrscheinlich viel von ihrem eigenen Frust ab.

Lilo interessierte das alles nicht. Sie hatte genug damit zu tun, uns Geschwister, aber vor allem unsere Mutter zu versorgen. Zu ihr konnte ich mit meinen Problemen nicht mehr gehen.

In meinem Kummer setzte ich mich oft auf die oberste Stufe der Treppe, die zum Wäscheboden hinaufführte. Hier im Dunklen, wo mich niemand sah, nuckelte ich an meinem Daumen und wünschte mir nur eins: wieder ein Baby zu sein, dass alle lieb hatten.

## Der Krankenwagen

Als ich eines Tages aus der Schule kam, stand ein grauer Krankenwagen vor dem Haus. Zwei Sanitäter schoben gerade eine Trage hinein. Auf dieser Trage lag meine Mutter.

Lilo kam eilig mit einer Tasche aus dem Haus gelaufen. Als sie mich sah, sagte sie kurz angebunden: »Geh nach oben, die Tür ist offen, und Axel kommt bald aus der Schule. Mutti geht es sehr schlecht, wir bringen sie ins Krankenhaus.«

Fassungslos stammelte ich: »Aber wieso denn?« Als mir der Ernst der Lage langsam bewusst wurde, begann ich zu schreien: »Nein, nein, ich muss mit, unbedingt!« Kurzerhand versuchte ich, hinten zu meiner Mutter in das Auto zu klettern. Lilo zog mich zurück.

»Bist du verrückt? Das geht nicht. Kinder dürfen da nicht mitfahren. Wir bringen sie doch nur ins Krankenhaus. Du kannst sie später besuchen.«

Doch ich hatte solche Panik, dass ich mich nicht beruhigen konnte: »Mami«, schrie ich, »Mamilein, lass mich nicht alleine. Nimm mich mit! Ihr könnt mich doch nicht einfach hier lassen. Ich muss mit! Sie ist doch meine Mutti!«

Einer der Sanitäter versuchte zuerst, mich festzuhalten, während der andere mit Lilo ins Auto stieg, aber ich riss mich erneut los und versuchte, ins Auto zu klettern.

»Mach kein Theater!«, rief Lilo mir ärgerlich zu. »Geh endlich hoch, du hörst doch, du kannst hier nicht mit. Es ist auch gar nicht genug Platz im Wagen!«

Ich krallte mich mit beiden Händen an der Tür fest, Tränen liefen über mein Gesicht, und ich versuchte, mit aller Kraft ein Bein in den Türspalt zu klemmen. Der Sanitäter zog mich weg. Ganz ruhig und freundlich sagte er zu mir: »Warte hier, wir kommen sowieso zurück. Das Bünder Krankenhaus ist überfüllt, es wird deine Mutter sicher nicht aufnehmen. Sie muss in ein größeres Krankenhaus. Wir holen dich ab, bevor wir sie nach Bielefeld ins Krankenhaus fahren.«

Ich weinte schrecklich, nickte aber stumm. Was sollte ich schon tun?

Inzwischen hatten sie die Türen des Wagens geschlossen, der Mann war zu Lilo und meiner Mutter ins Auto gestiegen. Langsam entfernte sich der Krankenwagen.

Da packte mich erneut die Verzweiflung: Ich rannte hinter dem Fahrzeug her und rief immer wieder laut: »Mami, Mami, meine liebe Mami!« Aber der Krankenwagen fuhr immer schneller und verschwand schließlich aus meinem Blickfeld. Schluchzend ging ich zurück zum Haus und setzte mich auf die Bordsteinkante, wartend und hoffend, dass sie zurückkommen und mich mitnehmen würden.

Irgendwann kam Axel nach Hause. Ich erzählte ihm, was geschehen war. Diesmal versuchte er sogar, mich zu trösten. »Komm mit hoch, vielleicht haben wir noch was zu essen«, lockte er mich. Aber ich ließ mich nicht locken und nicht trösten. Und zum ersten Mal in meinem Leben verspürte ich keinen Hunger. Ich wollte hier sitzen bleiben, um auf keinen Fall das zurückkommende Auto zu verpassen. Nichts war mir in diesem Moment wichtiger.

Axel hatte schließlich aufgegeben und sich nach oben verzogen. Etwas später kam Heike und versuchte, mich zum Spielen zu überreden. Aber ich wollte nicht. Stumm blieb ich sitzen, wo ich saß. Es wurde Abend. Wind kam auf, am Himmel zogen dunkle Wolken. Dann brach ein kräftiges Gewitter los. Bei jedem Blitz und Donnergetöse zuckte ich zusammen und hielt mir Augen und Ohren zu. Es regnete wie aus Eimern, ich wurde pitschnass. Obwohl ich panische Angst vor Gewittern hatte, rührte ich mich nicht vom Fleck. Ich durfte das Auto mit meiner Mutter auf gar keinen Fall verpassen.

Axel brüllte aus dem Fenster: »Komm endlich rauf, du blöde Geiß, die haben dich ausgetrickst!« Ich zitterte vor Kälte, reagierte aber nicht. Ich wartete weiter. Sie mussten einfach zurückkommen – mussten, mussten, mussten! Sie hatten es versprochen.

Es schien eine Ewigkeit vergangen zu sein, als Tante Herta mit einem großen Badetuch herausgelaufen kam. Sie legte es mir um die Schultern und sagte: »Nun komm, Putti, du bist ja klatschnass. Du wirst noch krank werden, wenn du länger hier draußen sitzen bleibst. Deine Mutti ist längst im Krankenhaus. Die Ärzte helfen ihr und werden etwas gegen ihre Schmerzen tun.«

Wieder begann ich zu weinen, der ganze Kummer brach aus mir heraus, während ich mich frierend an Tante Herta klammerte. Sie nahm mich mit in ihre Küche und gab mir heiße Milch mit Honig zu trinken. Anschließend zog sie mir die nassen Sachen aus, steckte mich in eins von Heikes hübschen Nachthemden, brachte mich nach oben und legte mich auf das Matratzenlager meiner Mutter.

Ich weinte noch lange vor mich hin und machte mir große Sorgen um meine Mutter. Ich hatte Angst, dass sie nun sterben könnte, ohne dass ich sie noch einmal gesehen hatte. Axels Worte »Die haben dich ausgetrickst« klangen mir im Ohr, und ich wusste, er hatte recht. Ich, die kleine Doofe, hatte ihnen geglaubt. Es war eine Gemeinheit! Irgendwann schlief ich dann erschöpft ein. Dies war der schlimmste Tag in meinem bisherigen Leben gewesen.


**Allein zu viert**

Von dieser Zeit an lebten wir vier Geschwister allein in der Wohnung. Lilo hatte das Sagen. Konrad, der in Kaltennordheim als

Ältester und Vertrauter unserer Mutter die Familienangelegenheiten geregelt hatte, fühlte sich sicherlich zurückgesetzt. Das bedeutete Streit – und für Axel und mich selten etwas Gutes. In ihrer Rivalität zueinander versuchten die beiden Ältesten ständig, uns zu erziehen.

*Der ganz alltägliche Wahnsinn*

Es gab wenig zu lachen und noch weniger zu essen – meistens Pellkartoffeln mit Margarine oder Bratkartoffeln. Manchmal einen Maggi-Brühwürfel oder saure Milch mit Zucker. An manchen Sonntagen machte Lilo roten oder grünen Wackelpudding, über den wir uns etwas Dosenmilch gießen durften. Das war für alle ein Hochgenuss. Ansonsten kannten wir keine gemeinsamen Mahlzeiten. Jeder machte sich sein Essen selbst aus dem, was er gerade fand. Ich auch. Meistens hatte ich aber trotz meines Hungers keine Lust dazu. Mir war es schon zu mühsam, die Kartoffeln zu schälen.

Lieber wartete ich, bis Tante Herta mir etwas zu essen gab. Sie hob ihre Reste für mich auf oder machte mir ein Brot. Für sie hatte mein ständiger Hunger den Vorteil, dass Heike in der Küche mit mir zusammen aß. Am vornehmen Familientisch im Esszimmer machte sie immer viel Theater. Selten schmeckte ihr, was auf den Tisch kam. Mein ständiger Hunger war ihr fremd. Sie war in ihrem Leben stets satt geworden.

Meine Brüder nutzten das Thema Essen, um mich zu kontrollieren und zu sanktionieren. Besonders Konrad hatte eine gemeine Art, mich zu überwachen. Erst fragte er ganz freundlich, ob ich an diesem Tag schon etwas gegessen hatte. Auf mein »Na klar, Pellkartoffeln« hakte er nach: »Geiß, sag mir die Wahrheit, hast du wirklich gegessen?« Ganz ruhig stellte er seine Frage mindestens zwei, drei Mal.

Sobald ich sein Misstrauen spürte, beteuerte ich hoch und heilig, dass ich wirklich gegessen hatte. Um glaubwürdiger zu erscheinen, schilderte ich ihm, wie lästig mir das Abpellen der Kartoffeln gewesen war und dass sie immer wieder an meinen Fingern geklebt hätten. Daraufhin zog er kommentarlos den Mülleimer hervor – und wurde plötzlich sehr wütend.

»Und wo sind die Schalen? Wo der schmutzige Kochtopf?«, fragte er scharf. Bevor ich noch antworten konnte, bekam ich – zack, zack – rechts und links eine Ohrfeige und musste sofort »bei abgeschlossener Tür« ins Bett. Selbst am helllichten Tag brachte ich Stunde über Stunde im Nebenzimmer zu.

Ich sah ein, dass ich es nicht anders verdient hatte. Dies war die gerechte Strafe für meine Lügen, meine Unehrlichkeit. ... und dass ich noch so blöde war, mich überführen zu lassen.

Im Bett war es entsetzlich langweilig. Ich nuckelte an meinem Daumen, kratzte mit den Fingernägeln an der Wand und auf dem Fußboden herum, begann die Nähte des Bettzeugs auseinander zu pulen oder starrte ganz einfach an die Decke.

Sobald aus der Küche kein Geräusch mehr zu hören war, hüpfte ich aus dem Bett, stellte mich ans Fenster und blickte sehnsüchtig hinaus. Vor Langeweile begann ich, die Fensterscheiben mit Spucke zu bemalen. Sahen mich meine Brüder von unten am Fenster stehen, kamen sie hochgeflitzt, und es gab Fußtritte und Ohrfeigen.

Axel hatte andere Gemeinheiten auf Lager als Konrad. Eine seiner Lieblingsmethoden, mich zu piesacken, war, mich aufs Bett oder den Fußboden zu werfen, sich auf mich zu knien und mir dann so lange das Kopfkissen aufs Gesicht zu drücken, bis ich glaubte, zu ersticken. Ich wurde fast verrückt und hatte Todesangst, schlug und trat voller Verzweiflung wild um mich.

Manchmal hielt er mich auch fest, nahm meine Nase in seinen Mund und schmierte mir mit der Zunge Spucke in meine Nasenlöcher. Das war so eklig, dass ich mich fast übergeben musste.

Dann wieder las er mir abends im Bett aus »Grimms Märchenbuch« vor oder erzählte mir eine ausgedachte Geschichte.

Umsonst und aus reiner Geschwisterliebe tat er dies nicht. Bei meinen Geschwistern hatte alles seinen Preis. Für die Lesestunde musste ich ihn tagsüber bedienen, kleine Handreichungen machen, ihm zuhören, beziehungsweise zustimmen, gerade so, wie er bei Laune war.

## Die Mauer

Selten waren Axel, Konrad und ich mal gemeinsam auf der Straße. Wenn doch, dann fiel ihnen immer etwas ein, was sie gemeinsam an mir ausprobieren konnten. Ich wusste, was ihre »Experimente« mit mir anging, waren das die wenigen Augenblicke, in denen sich meine Brüder einig waren. In dieser Hinsicht hatte sich seit unserem Weggang aus Kaltennordheim nichts geändert.

Eines Tages, als wir zu dritt draußen waren, griff Konrad nach mir und hob mich auf eine etwa zwei Meter hohe Mauer, die eine kleine Maschinenfabrik auf der gegenüberliegenden Straßenseite unseres Hauses umgab. Ich wollte nicht, hatte Angst, aber Konrad schob mich hinauf und sagte bloß: »Geh los und heul nicht, du blöde Geiß. Da hinten am anderen Ende steht Axel. Wenn du bei ihm ankommst, kannst du wieder runter, ansonsten bleibst du die ganze Nacht da oben.«

Lachend gab er mir einen Schubs, damit ich mich in Bewegung setzte. Ich heulte, wusste aber, er würde hart bleiben und versuchte daher, auf der Mauer entlangzubalancieren. Ich schwankte und kroch deshalb lieber auf allen vieren weiter. Endlich bei Axel angekommen, streckte ich ihm hilfesuchend meine Arme entgegen und rief: »Bitte, fang mich auf, ich habe Angst, es ist so hoch!« Aber Axel trat lachend zwei Schritte zurück und kommandierte: »Los, los, marsch zurück zu Konrad. Du wirst ganz schnell lernen, deine Angst zu verlieren.«

Wäre ich meinen Brüdern gegenüber nicht so misstrauisch gewesen, dann wäre ich in diesem Augenblick eigentlich gesprungen. Und Axel hätte mich vermutlich wirklich auf die Straße fallen lassen.

So jagten sie mich hin und her, von einem zum anderen. Heulend musste ich immer wieder auf der Mauer entlangbalancieren, bis ihnen die ganze Sache endlich zu langweilig wurde. Abends erzählte ich Lilo von »der Mauer«. Sie verprügelte erst Axel und ging dann auf Konrad los. Es artete in einen wilden Kampf aus. Geschirr zerbrach, Stühle fielen um, meine Geschwister kugelten sich auf dem Boden. Dann kippte der Wassereimer um, alles schwamm. Sie schrien und beschimpften sich aufs Übelste. Konrad war zwar kräftiger als Lilo, aber sie war maßlos wütend. Axel trat mit den Füßen um sich und versuchte, jeden zu beißen, den er erwischen konnte. Ich verkroch mich in der Ecke hinter dem Küchenschrank.

Plötzlich flog die Tür auf. Opa Leuthner schwang seine Krücke und brüllte los. Dackel Fritzi kam kläffend ins Zimmer geschossen, trat dann aber bei dem Getümmel jaulend und mit eingezogenem Schwanz schnell wieder den Rückzug an. Tante Lusian blickte ihrem Vater neugierig über die Schulter, hielt sich jedoch kopfschüttelnd im Hintergrund. Nach einem kurzen, aber heftigen Tobsuchtsanfall zog sich Opa Leuthner mit lautem Türenknallen zurück.

Die Störung von außen zeigte Wirkung. Die beiden Großen sahen sich zwar giftig an, aber es flogen keine Gegenstände mehr. Axel verschwand im Nebenzimmer. Ich kroch aus meiner Ecke und schlich mich auf meine Dachbodentreppe. Solche Situationen gab es bei uns täglich und aus den geringsten Anlässen. Am häufigsten stritten sich Lilo und Konrad. Aber auch zwischen Konrad und Axel flogen die Fetzen. Und wenn es galt, einen Sündenbock zu finden, verprügelten Konrad oder Lilo einfach Axel oder mich.

Eines Tages beschloss Axel, sich einen Drachen zu bauen. Er war ehrgeizig und sehr geschickt. Niemand wusste, woher er sich das entsprechende Material dafür besorgt hatte. Geklaut war es sicher nicht. Dazu war Axel zu moralisch.

Es dauerte ziemlich lange, bis er fertig und mit seiner Arbeit zufrieden war. Das Ergebnis ließ sich sehen, der Drachen war ein Prachtstück. Er hatte einen langen, bunten Schwanz. Auch seitlich und an der Spitze war er bunt mit Bändern verziert. Nie hatte ich etwas Schöneres gesehen.

Nahe der Winkelstraße lagen einige abgemähte Kornfelder. Hier traf er sich mit anderen Jungs, die dort ebenfalls ihre Drachen steigen ließen. Doch so einen Drachen wie Axel hatte niemand. Er sah nicht nur toll aus, er stieg auch auf Anhieb hoch in den Himmel hinauf und flog einfach spitze.

Natürlich waren Heike, einige andere Kinder und ich auch dabei. Alle bewunderten Axels Drachen. Ich war stolz auf meinen Bruder. Ihm gehörte dieses herrliche Wundertier, er hatte ihn ganz alleine gebaut, und ich war die Schwester dieses Drachenbauers! Endlich bot sich mir eine Gelegenheit, etwas Anerkennung bei Heike und den anderen Mädchen zu finden.

»Gleich darf ich ihn fliegen lassen«, prahlte ich, »passt mal auf.« Ich rannte hinter Axel her, hielt ihn am Pullover fest und bettelte darum, den Drachen auch einmal fliegen lassen, ja wenigstens ihn mal kurz halten zu dürfen. Doch Axel schüttelte mich ab. Ich versprach ihm mein ganzes Abendbrot, bettelte und bettelte, bis es ihm plötzlich reichte: »Mann, hau ab, blöde Geiß! Du bist viel zu dämlich dafür. Das ist nur was für Kenner. Verschwinde, aber schnell und lass mich in Ruhe!« Mit einem Tritt in meinen Hintern bekräftigte er seine Meinung.

Ich stolperte und fiel hin. Alle lachten mich aus. Ich wurde knallrot und biss mir auf die Lippen. Beschämt verzog ich mich auf meine Bodentreppe.

*Ich hasse euch alle*, dachte ich. *Und besonders hasse ich Axels Gemeinheiten. Warum kann er nicht mal anders sein?*

In meiner Familie hatte jeder gelernt, zu teilen, aber das war weit vor dem Krieg gewesen – und nun wohl in Vergessenheit geraten. Konrad war inzwischen stolzer Besitzer eines Radios, das er sich von seinem mühsam verdienten Geld gekauft hatte. Eigentlich musste er seinen Lohn komplett bei unserem Vater abgeben, aber das sah er nicht mehr ein. Jede Woche zweigte er einen Teil des Geldes ab und sparte.

Das Radio stand ganz oben auf unserem Küchenschrank. Nur er durfte es anfassen. Manchmal, wenn er nicht gerade sauer auf mich war, setzte Konrad mich neben den Brotkasten auf die Ablage des Küchenschranks und stellte sein wunderbares Zaubergerät für mich an.

Es gab Kinderfunk, aber ich liebte auch Schlager wie »Machen wir's den Schwalben nach, bau'n wir uns ein Nest« oder »Über's Jahr, wenn die Kornblumen blüh'n…«.

Bei diesen Melodien schmolz ich dahin und sang bald alle Lieder lautstark mit. An die Texte erinnere ich mich noch heute.


*Wasserspiele*

Die Schule, die mir viel Spaß machte, und die Spiele mit Heike in der Winkelstraße lenkten mich davon ab, dass unsere Mutter im Krankenhaus lag.

Wenn ich nett zu Heike war, tat, was sie wollte, nur mit ihr spielte, mich bemühte, ihre beste Freundin zu sein, durfte ich ihre Rollschuhe benutzen. Ständig waren meine Knie und Ellbogen aufgeschlagen und blutig. Bevor eine Wunde verheilen, der Schorf abfallen konnte, gab es neue Abschürfungen, aber das machte mir nicht viel aus. Ich wollte richtig gut Rollschuh fahren können, das war das Wichtigste, und ich schaffte es letztlich auch.

Nach wie vor liebte ich auch Spiele mit Wasser. Sie erinnerten mich an die Felda und »meinen Bach« in Kaltennordheim. Neben dem Feld, auf dem Axel seinen Drachen steigen ließ, gab es einen kleinen Wassergraben. Eines Tages entdeckten Heike und ich die Quelle, die ihn speiste. Ohne einen für uns ersichtlichen Grund sprudelte das Wasser einfach aus der Erde. Ein Wunder! Wir fanden dieses Phänomen so faszinierend, dass wir beide anfingen, zu graben.

Mit den Füßen im Graben stehend und nass natürlich, buddelten wir uns mit Steinen, Stöcken und unseren bloßen Händen tiefer und tiefer ins Erdreich hinein. Aber auch nach anstrengenden Arbeitsstunden kamen wir nicht hinter des Rätsels Lösung. Gegen Abend zogen wir erschöpft, aber auch ganz erfüllt von unserem Abenteuer nach Hause.

Es sollte Heikes schwärzester Tag werden, denn sie bekam zum ersten Mal eine Tracht Prügel von ihrem Vater. Natürlich waren wir total verdreckt und durchnässt zu Hause angekommen. Heike hatte einen nagelneuen Trainingsanzug angehabt. Ich bekam sowieso Prügel, und als Lilo später hörte, dass ich die arme Heike angestiftet hatte, schlug sie mich gleich noch ein zweites Mal. Aber diesmal machte ich mir nicht viel daraus, denn ich dachte:

*Endlich hat es sie – Heike – auch mal erwischt.* Und: *Schließlich habe ich sie nicht gezwungen, mitzumachen.*

Ein gewisses Gefühl von Gerechtigkeit ließ mich an diesem Abend befriedigt einschlafen. Ein Gefühl, das sich bald wiederholen sollte.


*Mein erstes Zeugnis*


Wenn ich aus der Schule kam, war oben bei uns niemand zu Hause, und so ging ich mit Heike zusammen zu Tante Herta in die Küche. An diesem Tag hatte sie schon gespannt auf uns gewartet – wir hatten unsere ersten Zeugnisse bekommen. Wir saßen in der Küche, und sie las beide Zeugnisse laut vor. Dabei stellte sich heraus, dass meines viel besser war als das von Heike. Tante Herta lobte mich, ich wurde knallrot vor Stolz. Irgendwie verstand ich die Sache zwar nicht so richtig, denn die Schule hatte mich bisher keine Mühe gekostet, und die Hausaufgaben waren mir immer genauso lästig gewesen wie Heike. Irgendwie musste ich ein unverschämtes Glück mit diesem Zeugnis gehabt haben.

Nachdem Tante Herta fertig war mit lesen, ging sie ins Wohnzimmer und kam mit einer Tafel Schokolade zurück. Sie gab Heike einen Riegel davon. Mir gab sie das Doppelte. Ich war sprachlos. Zum einen, weil ich noch nie zuvor Schokolade gegessen hatte. Zum anderen, weil ich kaum fassen konnte, dass ich für etwas so gelobt wurde, obwohl es ja nichts Besonderes war. Ich hatte jedenfalls nichts wirklich dafür getan. Vor Begeisterung konnte ich gar nicht aufhören, zu lachen. Immer wieder drückte ich abwechselnd Tante Herta und Heike und bedankte mich überschwänglich.

Erst da bemerkte ich, wie still Heike war. Sie war ärgerlich. Sobald sie konnte, zog sie mich mit sich nach draußen. Ich versuchte, sie zu trösten, aber sie blieb beleidigt und sagte schließlich: »Von meiner Oma bekomme ich morgen sogar eine ganze Tafel Schokolade, und zwar nur für mich alleine. Die sieht dein Zeugnis nämlich überhaupt nicht!«

Ich war betroffen, fühlte mich schuldig. Vor allem aber sah ich mal wieder einem scheußlich langweiligen Sonntag entgegen. Denn trotz Heikes launischer Art waren die Sonntage ohne sie schlimm und kaum auszuhalten. Ich hatte niemanden zum Spielen und besaß nichts, womit ich mich hätte beschäftigen können.

Nach dem Mittagessen, manchmal sogar schon vormittags, stieg die ganze Familie Leuthner in schönen Sonntagskleidern in ihr Auto und fuhr nach Bad Oeynhausen, um dort die Großeltern zu besuchen. An diesem Sonntag hatte Heike ihre etwas dünnen Haare zu Zöpfen frisiert und trug prachtvolle Schleifen im Haar. Um ihre Zöpfe beneidete ich sie seit Langem glühend. Und jetzt noch diese Schleifen!

Immer wieder hatte ich meine Schwester gebeten, ja darum gebettelt, meine Haare auch wachsen lassen zu dürfen. Monatelang war sie standhaft geblieben.

»Dein Theater und Geheule beim Haarewaschen reicht mir schon«, hatte sie gesagt. »Und überhaupt, Haare waschen über einem Wassereimer und die Wasserschlepperei von der Toilette die Treppe hoch. Nein! Das lade ich mir nicht auch noch auf, Schluss damit!«

Eines Tages musste ich dann doch einen günstigen Augenblick erwischt haben. Sie stimmte zu. Meine Haare reichten inzwischen schon bis zu den Schultern, man konnte sie gerade zwei oder drei Mal flechten, aber es fehlte das Geld für den Friseur. Natürlich verlor ich später regelmäßig die Zopfspangen, und die Haargummis rissen kaputt. Niemals sah ich so ordentlich aus wie Heike. Meine dichten Haare rutschten beim Spielen und Toben aus den Spangen. Die Wäsche war eine Qual. Die Augen brannten scheußlich dabei. Beim Kämmen ziepte es mächtig, denn Lilo war nicht zimperlich. Es musste eben alles immer schnell gehen. Dennoch, ich war sehr stolz auf meine kleinen Zöpfe.

Am Sonntag nach den Zeugnissen hatte ich mich nur wieder den ganzen Nachmittag vorm Haus herumgedrückt und darauf gewartet, dass Heike aus Bad Oeynhausen zurückkäme. Niemand war draußen zu sehen gewesen. Die Straße war wie ausgestorben. Alle anderen Kinder waren wie immer mit ihren Eltern spazieren gegangen oder im Auto ausgefahren.

Am frühen Abend bog endlich das Leuthnersche Auto in die Garageneinfahrt. Hinten aus dem Wagen stieg Heike in einem neuen rosa Organdy-Kleid. Wie eine Prinzessin sah sie aus. Dennoch erkannte ich sie zunächst kaum: Ihre Zöpfe waren weg. Einfach abgeschnitten. Mir blieb buchstäblich der Mund offen stehen. Stolz zeigte sie ihren neuen Pagenkopf und drehte sich vor mir hin und her.

»Siehst du«, sagte sie dann, »hier ist die Tafel Schokolade von meiner Oma, und sie hat erlaubt, dass ich endlich meine Zöpfe abschneiden durfte. Alles für mein schönes Zeugnis!«

Ich sagte nichts dazu, dachte wieder nur einmal: *Das soll also meine beste Freundin sein? Niemals! Die wird niemals meine richtige Freundin.*

Voller Zorn zog ich mich auf die Bodentreppe zurück. Ich wollte sie nicht mehr sehen.

Vierzehn Tage später ließ auch ich meine geliebten Zöpfe abschneiden.


*Der wichtigste Tag in meinem Leben*

Dann kam ein ganz besonderer Tag, viel wichtiger als der Tag unserer ersten Zeugnisse. Wir Geschwister zogen unsere ordentlichsten Sachen an. Unser Vater war gekommen. Aber seinetwegen putzten wir uns nicht heraus. Er wollte mit uns allen ins Krankenhaus nach Bielefeld fahren, zu unserer Mutter.

Die Fahrt mit dem Bus dauerte fast eine Stunde. Ich war so aufgeregt, dass ich nicht stillsitzen konnte und handelte mir für meine Zappelei diverse Kopfnüsse von Axel ein. Er verteilte sie so geschickt, dass seine Gemeinheit von den anderen gar nicht bemerkt wurde.

Aber heute war mir alles egal. Endlich ging es zu Mutti. Ich hatte ihr so viel zu erzählen und sie so schrecklich vermisst über diese lange Zeit. Nur sie verstand mich, nur sie hatte mich lieb. Immer hatte sie mir zugehört, und nie war sie gemein zu mir gewesen.

Vor dem Krankenhaus durfte ich einen kleinen Blumenstrauß für sie aussuchen. Nach langem Überlegen und Suchen entschied ich mich für rosa Tausendschönchen, die sie sehr liebte.

Dann ging es hinein. Die Krankenhausflure schienen endlos. Meine Aufregung wurde immer größer. Am liebsten wäre ich einfach losgerannt. Endlich standen wir vor der richtigen Tür. Unser Vater trat zuerst ein. Wir sollten langsam und ruhig einer nach dem anderen nachkommen. Doch das hielt ich nicht aus, drängelte mich an den anderen vorbei, stürmte zum Bett meiner Mutter und schlang vor Freude juchzend beide Arme um ihren Hals. Tränen der Freude und der Erleichterung liefen über mein Gesicht, doch das merkte ich gar nicht. Endlich war ich wieder bei ihr.

Unser Besuch durfte nicht lange dauern. Dafür war sie zu schwach. Doch einmal stand sie kurz ein bisschen auf und setzte sich an den Tisch. Ich blieb die ganze Zeit nah bei ihr, drückte mich immer wieder an sie und streichelte vorsichtig ihre weißen Hände mit den blauen Adern darauf.

Während sich die anderen unterhielten, war ich nur damit beschäftigt, meine Mutter sehr genau zu betrachten. Ich war so glücklich in diesem Moment. Dann, als sie wieder ins Bett ging, stellte ich fest, dass sie größer als mein Vater war. Das war mir noch nie aufgefallen. Ihr Haar war schwarz, nur vereinzelt von weißen Fäden durchzogen, und dünner war es geworden. Sie hatte es zu einem Zopf geflochten.

Mir fiel auf, dass ihre dunkelbraunen, fast schwarzen Augen genauso aussahen wie meine eigenen, während Axel und Konrad blaugrüne und Lilo hellbraune Augen hatten. Ihr Gesicht wirkte sehr ernst, fast streng, dennoch war es für mich das liebste und beste Gesicht auf der Welt. Unser Vater, der sie täglich besuchte, da er in einer Kaserne nicht weit entfernt vom Krankenhaus wohnte, hielt sich während unseres Besuchs zurück, er sprach kaum.

Axel, Konrad und Lilo hatten reichlich von Problemen zu berichten. Auch ich mischte mich mit Beschwerden ein. Wir alle hatten den üblichen Zettel bei uns, auf dem wir schon zu Hause die größten Ungerechtigkeiten notiert hatten, um sie mit ihr besprechen und ihr Urteil einholen zu können.

Ernsthaft wies sie die Jungs wegen ihrer Streitigkeiten zurecht. Lilo gab sie Hinweise, wie sie die schwierige Aufgabe, uns alle zu versorgen und zu erziehen, einigermaßen bewältigen könne. Mich ermahnte sie, liebevoll, höflich und freundlich zu sein.

Jeder durfte zehn Minuten mit ihr ganz alleine sein, während die anderen vor der Tür zu warten hatten. Ich bemerkte nicht viel von ihrer Not und ihren Sorgen. Seit sie im Krankenhaus lag, und ich sie nur noch selten sehen konnte, war ich mit ihren Schmerzen und den Gedanken an einen baldigen Tod nicht mehr so häufig konfrontiert worden. Am meisten litt ich in meinem chaotischen Flüchtlingskind-Dasein unter ihrer Abwesenheit.

In ihren Gesprächen mit uns war sie wie immer. Ob sie aufgrund ihres nahenden Todes verzweifelt war, ob sie Angst hatte oder sich ebenfalls einsam fühlte im Krankenhaus, wusste ich nicht. All das ließ sie uns nicht spüren.

Irgendwann kam eine Schwester mit Spritzen und Medikamenten herein. Für uns das Signal zum Aufbruch. Ich umarmte und küsste meine Mutter wieder und wieder, konnte mich einfach nicht trennen, wollte noch nicht gehen, aber unerbittlich schob unser Vater mich von ihrem Bett fort. Bald waren wir draußen und auf dem Weg zum Bus.

Gefühle zu zeigen war bei uns nicht üblich. Ich fiel damit immer wieder aus dem Rahmen und handelte mir dadurch die Missachtung meiner drei Geschwister und unseres Vaters ein. Auf dem Nachhauseweg versuchten Axel und Konrad zunächst, mich durch Blödeleien und Witze von meinem Trennungsschmerz abzulenken. Als das nicht gleich half, wurden sie sauer. Es folgten Sprüche wie »Hör endlich auf zu plärren, du blöde Geiß, du gehst uns auf die Nerven!« oder einfach nur »Schnauze«. Schlimmer waren jedoch ihre Drohungen: »Das nächste Mal bleibst du zu Hause, du wirst nicht einmal erfahren, wenn wir wieder zu ihr hingehen.« Vor Angst, dass sie das tatsächlich tun könnten, verstummte ich – und steckte meinen Daumen in den Mund. Unterwegs und zu Hause wurde nicht mehr von unserer Mutter gesprochen.

Abends im Bett sah ich durch die gardinenlosen Fenster auf das rote Dach der Maschinenfabrik gegenüber. Auf der Dachkante ließ sich abends regelmäßig eine Amsel nieder. Nach den Besuchstagen im Krankenhaus, wenn ich freiwillig gleich im Bett verschwand, um mit meiner Traurigkeit allein zu sein, schien mir diese Amsel das einzig Vertraute und Tröstliche auf der Welt zu sein. Gerne wäre ich auch ein Vogel gewesen, frei zu fliegen wohin und zu wem ich wollte.

## Stippvisiten

Seit unsere Mutter fort war, kam unser Vater in Abständen von drei bis vier Wochen zu uns. Von seinen Besuchen waren wir alle nicht gerade begeistert. Den Jungs drohten Strafen, denn Lilo berichtete ihm regelmäßig von all ihren Streitereien und dem Blödsinn, den sie anstellten. Für mich war mein Vater nach wie vor ein Fremder. Im Gegenzug dazu war es für ihn, als existierte ich gar nicht. Die Einzige, die sich mit ihm verstand, war Lilo.

### Das obligatorische Fußbad

Wenn unser Vater zu uns kam, brachte er immer einen alten Koffer voller schmutziger Wäsche mit, die Lilo sofort wusch und bügelte, denn unser Vater hatte wenig Zeit. Während sie seine Wäsche machte, führten beide ausführliche Gespräche miteinander. Er saß in langen Unterhosen an unserem Küchentisch und nahm ein Fußbad. Lilo schnitt ihm die Nägel. Wir anderen hatten die Klappe zu halten oder noch besser, zu verschwinden.

Lilo notierte täglich alle Frechheiten und Unverschämtheiten, die wir uns während seiner Abwesenheit leisteten und überreichte unserem Vater bei seinen Besuchen dann die Liste. Nach dem Fußbad mussten Axel und Konrad einzeln antreten.

Der alte Herr zog seinen Ledergürtel aus dem Hosenbund, und dann setzte es Prügel. Er war sehr brutal. Konrad traf es stets am schlimmsten. Dass ich für ihn scheinbar nur Luft war, hatte zumindest den Vorteil, dass er mich nicht verprügelte.

Versteckt im Nebenzimmer, litt ich mit Konrad und Axel, obwohl ich ihnen so oft die Prügel gewünscht hatte. Doch wenn ich sie nebenan stöhnen und brüllen hörte, konnte ich es kaum aushalten. Leise wimmerte ich vor mich hin: »Mutti, Mami, Muttilein, hilf uns, es ist so schlimm!«

Laut meinen Geschwistern haben unsere Eltern eine glückliche Ehe geführt und sich immer Kinder gewünscht. Lilo erzählte mir einmal, dass wir Kinder ihr größtes »Hobby« waren. Sonntagmorgens durften wir zu ihnen ins Bett kommen. Sie unterhielten sich mit den Großen über alles Mögliche, gingen auf viele ihrer Fragen ein, spielten auch mit mir, und jeder konnte aufstehen, wann er wollte.

Lilo blieb stets am längsten im Bett und schmökerte in den Büchern unserer Mutter. Sonntags gab es Süßigkeiten, Lilo liebte Rumkugeln. Später gingen wir alle zusammen in ein sehr vornehmes Sanatorium und besuchten dort die alte, demente Mutter unseres Vaters. Er liebte sie sehr und behielt diese Besuche bis zu ihrem Tod bei.

Ich denke heute, dass meine Mutter die harten Sanktionen unseres Vaters, hätte sie davon erfahren, niemals gebilligt hätte.

Meistens blieb unser Vater nicht über Nacht, da er zurück zum Dienst musste. Er wohnte ja in der Kaserne. Von dort brachte er Konserven, Lebensmittel und manchmal sogar frisches Obst mit. Einmal schleppte er eine ganze Kiste kleiner Apfelsinen an. Ich hatte noch nie eine Apfelsine gesehen, geschweige denn gegessen und durfte mich davon bedienen. Ich aß so viele davon, dass mir schlecht wurde.

Meine Schwester versuchte, alle Vorräte einzuteilen, aber unser ständiger Hunger machte das nahezu unmöglich. Besonders die Jungs wuchsen und wuchsen in einem rasanten Tempo und waren dabei doch so mager, fast unterernährt.

Irgendwann war es unserem Vater gelungen, auch einige alte Möbel zu organisieren. Jeder besaß nun ein eigenes Bett. Es gab Töpfe und andere Hauswirtschaftsgeräte. Die nötigsten Dinge eben.

Ungeachtet dieser kleinen Verbesserungen und des zusätzlichen Essens, für das unser Vater sorgte, mochte ich ihn nach wie vor nicht. Ich hatte Angst vor ihm und verschwand, sobald er auftauchte. Er schob mich sowieso einfach beiseite wie einen lästigen Hund. Manchmal empfand ich das auch als enttäuschend, denn ich gehörte doch dazu.

Wenn er kam, musste ich ihn mit einem Kuss auf die Wange begrüßen und höflich »Guten Tag, Papa« sagen. Beim Abschied war es dasselbe »Auf Wiedersehen, Papa.« Ich tat es widerwillig, aber ich tat es. Sonst sprach er kein einziges Wort mit mir. Meine drei Geschwister nannten ihn irgendwann nur noch den »Alten«.


### Bis aufs Messer

In ihrem Beruf als Säuglingsschwester hatte Lilo keine Chance gehabt, eine Arbeit zu finden, deshalb ging sie, wie viele andere Frauen in Bünde, in eine Zigarrenfabrik. Sie arbeitete bis zu zwölf Stunden täglich an sechs Tagen die Woche. Konrad jobbte, wie unser Vater, irgendwann auch bei der britischen Militärregierung. Der Lohn wurde damals wöchentlich und bar ausgezahlt.

Lilo hatte eine Freundin gefunden, die Lotti hieß und die sie manchmal mit nach Hause brachte. Konrad machte sich seinen Spaß daraus, die beiden ständig anzupöbeln und dumme Sprüche abzulassen. Als er Lotti eines Abends regelrecht beleidigte, wurde Lilo so wütend, dass sie nach einem Küchenmesser griff und es nach Konrad warf. Konrad, nicht weniger einfallsreich, schnappte sich die nächste Gabel vom Tisch und ging damit auf Lilo los. Dann jagte er die beiden »Weiber« aus der Wohnung.

Lilo fiel polternd die Treppe hinunter. In ihrem Oberarm steckte die Gabel, das Küchenmesser in Konrads Wade. Opa Leuthner tobte und brüllte wegen des Krachs, Dackel Fritzi kläffte eifrig mit. Plötzlich schrie auch noch der »liebe Vati« mit donnernder Stimme von unten herauf.

Ich heulte vor Entsetzen und bangte wieder einmal um unser aller Leben. Ich konnte die ständigen Streitereien nur schlecht ertragen und mischte mich oft schreiend ein. Ich hatte Angst, dass sie sich doch noch eines Tages gegenseitig totschlagen würden. Und außer ihnen hatte ich doch niemanden.


*Der schlimme Zahn*

Eines Nachts wachte ich auf und hatte furchtbare Zahnschmerzen. Zuerst glaubte ich, es sei ein böser Traum, aber die Schmerzen nahmen immer mehr zu. Als ich es gar nicht mehr aushalten konnte, weckte ich Lilo.

»Am besten ist es, wenn du weiterschläfst, dann merkst du nichts von den Schmerzen«, lautete ihr »guter Rat«. Sie wickelte mir noch einen Schal um den Kopf, dann legte sie sich wieder hin. Natürlich konnte ich nicht wieder einschlafen und jammerte und heulte den Rest der Nacht vor mich hin, während meine Geschwister schliefen.

Endlich kam der Morgen. Meine Wange puckerte und war dick angeschwollen. »Bevor du in die Schule gehst, bittest du Tante Herta um eine Tablette«, war alles, was Lilo sagte. »Wenn ich von der Arbeit komme, gehen wir zu Dr. Leuthner.«

Entsetzen packte mich bei dem Gedanken an einen Zahnarztbesuch – und dann noch bei dem »Vati«. Über Zahnärzte hatte ich von anderen Kindern in der Schule schreckliche Geschichten gehört. Selbst Heike machte Theater und hatte Angst davor. Vor allem aber wollte ich auf keinen Fall zu Dr. Leuthner.

Lilo musste sehr früh zur Arbeit in die Fabrik. Auch Axel ging bereits vor mir zur Schule. Übermüdet und noch immer aufgelöst von meinen Schmerzen, ging ich zu Tante Herta. Sie tröstete mich und gab mir eine halbe Tablette, bevor Heike und ich uns auf den Schulweg machten. Die Tablette half über die Schulzeit und den Vormittag hinweg, aber dann ging es wieder los.

Laut jammernd und zwischendurch auch jaulend und schreiend, legte ich mich mittags freiwillig aufs Bett und wartete verzweifelt auf Lilo, die endlich kommen und mir helfen sollte. Ich drückte den Schal ans Gesicht und schob vorsichtig die Zähne gegeneinander. Dann legte ich einen Finger an den schlimmen Zahn und versuchte, mir durch zartes Daraufbeißen Linderung zu verschaffen. Es half alles nichts.

Am späten Nachmittag war Lilo dann endlich da. Ich lag verheult und mit laufender Nase auf dem Bett. Meine Wange war noch weiter angeschwollen, und der Zahn schmerzte entsetzlich. »Komm«, sagte Lilo, »wir gehen gleich los. Er wird dir den Zahn sicher herausziehen können, und dann ist alles vorbei.«

Ihre Worte brachten das Fass zum Überlaufen. Ich fing wie verrückt an zu schreien, schlug wild mit den Armen um mich und trampelte mit den Beinen auf meinem Bett herum. In höchster Tonlage und wie am Spieß kreischte ich: »Nein, nein, ich will nicht! Es tut so furchtbar weh! Da darf keiner anfassen! Der darf nicht an meinen Zahn ran! Nein, nein, nein!«

Lilo verschlug es für einen Moment die Sprache, dann hatte sie genug! Sie packte mich fest an den Schultern, holte aus und schlug mir rechts und links ins Gesicht. Ein betäubender Schmerz durchzuckte meine schlimme Wange. Doch ich kam gar nicht dazu, aufzuschreien. Lilo hatte meine Schultern losgelassen und schlug mit aller Kraft auf meinen Körper ein, egal, wo sie mich traf.

»Du dummes, hysterisches Balg!«, brüllte sie dabei laut. »Du bist wohl verrückt geworden! Das treibe ich dir aber ein für alle Mal aus! Du bekommst Prügel, bis du deinen Zahn vergisst und sofort normal wirst!«

Ich kreischte, schrie und strampelte unter ihren Schlägen weiter, bis ich irgendwann völlig erschöpft liegen blieb, mich nicht mehr wehrte, nur noch nach Atem rang.

Lilo hatte sich so in ihre Wut hineingesteigert, dass sie noch einige Male auf mich einschlug und immer wiederholte: »Ich treibe es dir aus, ich prügel es alles aus dir heraus, du Aas«, bevor sie endlich von mir abließ. Ich wimmerte leise vor mich hin.

»Los, wasch dein Gesicht«, sagte sie nun etwas ruhiger, aber sehr bestimmt. »Wir gehen.«

Meine Angst vorm Zahnarzt hatte sie nicht aus mir herausgeprügelt. Aber der Zahn machte mich fertig. Ich tat, was sie von mir verlangte. Wir gingen los. Unterwegs merkte ich, dass der Zorn immer noch in ihr kochte. Vorsichtshalber sprach ich kein Wort. Vor Angst und Schmerzen war meine Kehle ohnehin wie zugeschnürt.

In der Praxis von Dr. Leuthner war kurz vor Feierabend nicht viel los. Bald ging die Tür des Sprechzimmers auf, und Renate, Heikes große Schwester, die bei ihrem Vater als Sprechstundenhilfe arbeitete, rief mich herein. Ich konnte sie ebenso wenig leiden wie »den Vati«, denn beide ignorierten mich zu Hause oder scheuchten mich selbst im schönsten Spiel fort, sobald sie mich in Heikes Gegenwart sahen. Für sie war ich nur ein »dreckiges Flüchtlingsbalg«. Ich spürte ihre Ablehnung schmerzlich und verschwand deshalb sobald sie auftauchten. Hier war ich ihnen ausgeliefert. Der Zahn klopfte und puckerte ununterbrochen.

Lilo war mit den Worten »Wage ja nicht, Theater zu machen« ungerührt im Wartezimmer sitzengeblieben und hatte nach einer Zeitschrift gegriffen. Ich spürte, wie Panik in mir hochkroch, verstärkt durch den scharfen Praxisgeruch. Aber Lilos Blick sprach Bände. Renate schob mich in das Behandlungszimmer hinein und auf den großen Stuhl. Als sie mir stumm ein Tuch umband, zitterte ich bereits am ganzen Körper.

Nun trat »Herr Doktor« persönlich ein und an mich heran, warf einen kritischen Blick auf mein Gesicht und sagte, ohne mich auch nur zu begrüßen: »Na, dann mach mal den Mund auf.«

Doch ich krampfte beide Hände fest um die Stuhllehnen, presste die Lippen zusammen und schüttelte den Kopf. Herr Leuthner zog die Augenbrauen hoch und klang schon etwas ungeduldiger: »Nun los, mach auf, wir haben hier nicht ewig Zeit für dich.«

Ich schüttelte entschlossen den Kopf. Vom Zahn spürte ich in diesem Augenblick nichts mehr, es war die Angst, die mich auffraß. Aber Dr. Leuthner schien sich mit so bockigen Kindern wie mir bestens auszukennen.

»Das haben wir gleich, mein Herzchen«, sagte er, und seine große Hand drückte mit geübtem Griff meine Kiefergelenke auseinander, sodass mein Mund unter dem unerwarteten Schmerz ganz von alleine aufging. Ich war zutiefst empört, aber schon fuhren seine widerlich dicken Finger in meinen Mund, um meinen schlimmen Zahn zu befühlen, während in der anderen Hand ein gefährlich aussehender Haken blitzte. Da biss ich mit aller Kraft zu.

»Au, verdammt, du blödes Gör!«, brüllte er.

Eine Ohrfeige klatschte in mein Gesicht. »Herr Doktor« hatte genug von mir.

»Raus mit der, aber schnell, soll sie doch sehen, wo sie bleibt. Bei mir braucht sie nicht wieder zu erscheinen!« Schon stand ich im Wartezimmer vor meiner Schwester. Renate informierte sie verärgert.

Lilos Zorn flammte sofort wieder auf. Sie schubste mich regelrecht auf die Straße, sodass ich hinfiel.

»Jetzt kannst du heulen so viel du willst. Dein blöder Zahn interessiert mich überhaupt nicht mehr. Das hast du dir selber eingebrockt. Jaule bloß nicht herum, sonst schlage ich dich windelweich!«

Wütend zerrte Lilo mich den ganzen Weg hinter sich her und sprach kein Wort mehr mit mir. Ich schwieg. Ja, ich war ein so schlimmes Kind, hatte so viele Leute zornig gemacht. Aber ich hatte einfach nur so schreckliche Angst gehabt und war wie betäubt vor Schmerzen. Da ist es einfach alles so gekommen. Und nun fing der Zahn schon wieder an. Es wurde eine schlimme Nacht. Alle ignorierten mich. Niemand hatte auch nur ein bisschen Mitleid oder ein freundliches Wort für mich übrig.

Kaum war Lilo am nächsten Morgen aus dem Haus, rannte ich noch im Nachthemd verzweifelt zu Tante Herta hinunter. Sie telefonierte gleich mit ihrem Mann und ging dann noch einmal mit mir in die Praxis. Sie blieb die ganze Zeit über bei mir, hielt meine Hand und nickte mir ermutigend zu. Ohne jeden Kommentar zog ihr Mann mir meinen schlimmen Zahn. Es war überstanden, ganz ohne Panik.

In den darauffolgenden Wochen putzte ich meine Zähne freiwillig äußerst gründlich.

## Weidmanns

Konrad, der ja nicht mehr bei uns wohnte, kam häufig zu Besuch. Eines Tages brachte er Ingeborg mit. Sie war ein sanftes, freundliches Mädchen in seinem Alter, und sie hatte einen Klumpfuß, wie man damals sagte. Ingeborg wohnte nicht weit von uns, gleich in der nächsten Querstraße. Konrads Interesse an ihr war nicht sehr groß, vielleicht war es auch Mitleid, aber Ingeborg kam nun öfter zu uns. Manchmal nahm sie mich mit zu sich nach Hause. Ihre Mutter war eine große, warmherzige Frau, einen Vater gab es nicht. Dafür aber Alexander, ihren kleinen, knapp dreijährigen Bruder. Ich war vom ersten Augenblick an von ihm begeistert.

Ich ging nun regelmäßig zu den Weidmanns. Sie wohnten in ihrem eigenen Haus. Es sah zwar alt und etwas renovierungsbedürftig aus, aber es gehörte ihnen. Und rundherum breitete sich ein Gemüsegarten aus, den ich bald lieben lernte. An der Rückseite zum Garten hin befand sich auch hier eine gemütliche Sitzecke von grünen Hecken umsäumt. Am Zaun zur Straße hin wuchsen die herrlichsten Blumen in allen möglichen Farben. Wunderschön sah alles aus.

Frau Weidmann war bei jedem Wetter im Garten und Alexander immer in ihrer Nähe. Ich fand schnell Kontakt zu diesem friedlichen, blondgelockten Jungen. Sobald ich auftauchte, lachte und quiekte er vor Freude und streckte mir seine dicken Ärmchen entgegen. Stundenlang spielte ich mit ihm in der Sandkiste und durfte abends mit ins Haus kommen, um ihn zu füttern und ins Bett zu bringen. Zum Einschlafen sang ich ihm meine Kinderlieder vor, die ich von Tante Irene aus dem Kindergarten kannte.

Frau Weidmann sah diesen Kontakt zwischen ihrem Alexander und mir gerne. Auch Ingeborg freute sich, denn sie hatte plötzlich viel mehr Freizeit, weil Alexander bald ganz auf mich fixiert war, und sie ihren kleinen Bruder nicht mehr ständig hüten musste. Am allerglücklichsten über meine neue Bekanntschaft mit diesem freundlichen, kleinen Kerlchen war jedoch ich selbst. Endlich hatte ich jemanden, dem ich all meine Liebe geben konnte, mit dem ich zärtlich sein durfte.

In meiner Familie war so etwas, wie gesagt, ja nicht »üblich«. Frau Weidmann dagegen fand meine Zuneigung zu ihrem Alexander wunderbar und war begeistert von mir. Bald durfte ich an den Nachmittagen mit ihm im Kinderwagen losziehen und meine eigenen Wege gehen. Ich nahm diese neue verantwortungsvolle Aufgabe sehr ernst. Man akzeptierte mich, ja, man brauchte mich sogar. Ich war glücklich.

Pünktlich nach der Schule klingelte ich regelmäßig bei Weidmanns. Zuerst bekam ich einen Teller Mittagessen, dann durfte ich im Garten an die herrlichen Beerensträucher gehen und so viel davon essen, wie ich konnte. Es gab rote, gelbe und schwarze Johannisbeeren, Stachelbeeren, Himbeeren, Tomaten, Gurken und verschiedene Obstbäume.

Wenn Alexander von seinem Mittagsschlaf aufgewacht war, holte ich ihn alleine aus seinem Bettchen und zog ihn an. Frau Weidmann packte uns große Butterbrotpakete mit guter Wurst für den Spaziergang ein. Sie kannte meinen ständigen Hunger längst und hatte vollstes Verständnis dafür. Ab jetzt hatte ich nicht mehr das Gefühl, auf barmherzige Spenden angewiesen zu sein. Nein, ich verdiente mir mein Brot selbst.

Alexander war das Größte und Schönste auf der Welt, was ich mir vorstellen konnte. Ich hütete ihn wie meinen Augapfel. Ich fuhr mit dem Kinderwagen wirklich nur auf den Bürgersteigen, überquerte die Straßen nur vorschriftsmäßig. Ließ ich ihn herumlaufen, achtete ich auf jeden seiner tapsigen Schrittchen. Ich wachte über seinen Schlaf im Kinderwagen, schützte ihn vor Regen und Sonne und brachte ihn pünktlich abends um sechs Uhr nach Hause zurück.

Ein großer Wunsch war in Erfüllung gegangen. Selbst »ein Baby sein«, das konnte ich und das wollte ich ja eigentlich auch nicht mehr. Dieser kleine Junge stillte meine große Sehnsucht nach Liebe und Zuneigung. Er liebte mich, so wie ich war.

Neben Weidmanns wohnte ein Mädchen aus meiner Klasse, Renate. Als Nachbarinnen unterhielten sich ihre Mutter und Frau Weidmann öfter über den Gartenzaun hinweg. Nun ging Renate manchmal mit mir, wenn ich den Kleinen spazieren fuhr. Vorher hatte sie nie mit mir gespielt, aber jetzt durfte ich sogar hin und wieder zu ihr nach Hause kommen. Wir freundeten uns vorsichtig an. Frau Weidmanns Einstellung mir gegenüber musste einige Vorurteile bei Renates Eltern abgebaut haben, denn sie begannen, mich als ganz normales Kind zu sehen, während sie Renate vorher angewiesen hatten, stets Abstand zu mir zu halten.

Auch Heike nahm ich manchmal, an Tagen, an denen wir uns gut verstanden, mit zu den Weidmanns. War sie aber gemein zu mir, ging ich allein. Endlich hatte auch ich etwas ganz für mich, das ich liebte und teilen konnte – aber nicht musste.

## Das Dosenmilch-Unglück

Lilo war von der Arbeit aus direkt zu unserer Mutter ins Krankenhaus gefahren, Konrad war auch nicht da, sodass Axel und ich an diesem Abend allein zu Hause waren. Wir hatten Hunger und langweilten uns.

In unserer Wohnküche sitzend, ließ Axel seinen Blick gelangweilt über unsere spärliche Einrichtung schweifen. »Wollen wir die Dose Glücksklee-Milch klauen, die da noch im Regal steht?«, fragte er plötzlich. Ich überlegte nicht lange und stimmte zu.

»Du musst aber deine Klappe halten und darfst nichts sagen«, meinte er, »sonst verprügelt sie uns. Wenn sie die Dose sucht, und wir beide wissen von nichts, dann denkt sie, sie hätte sich geirrt.«

Ich versprach es.

Also machte Axel sich daran, die Büchse zu öffnen. Er ließ mich zuerst trinken. Aber schon nach wenigen kleinen Schlucken musste ich ihm die Dose übergeben, obwohl doch die Hälfte davon eigentlich mein Anteil war. Ich beschwerte mich lautstark. Er setzte die Dose ab, wischte sich genüsslich den Mund und meinte, ich sei doch sowieso zu blöde, die Menge richtig einzuschätzen. Dann trank er den ganzen Rest in einem Zug aus.

Das fand ich nun aber gemein von ihm. Streit bahnte sich an. Axel saß mir am Küchentisch gegenüber, spielte mit der leeren Dose in der Hand und grinste mich an: »Sag Feigling zu mir, und ich schmeiße dir die Büchse an den Kopf.«

Ich war wütend genug, um sofort auf diese Provokation einzugehen und rief so laut ich konnte: »Feigling, blöder Feigling, das traust du dich ja doch nicht! Du traust dich nie, nie, nie!«

Das Nächste, was ich spürte, war ein stechender Schmerz an meinem Kopf. Axel hatte sich sehr wohl getraut, mit einem Auge gezielt, ausgeholt und die Büchse voller Wucht gegen meinen Kopf geworfen. Das hatte ich nicht für möglich gehalten. Voller Zorn und Empörung brüllte ich laut auf und presste mit schmerzverzerrtem Gesicht beide Hände an die Stelle. Damit musste ich Axel wiederum einen furchtbaren Schreck eingejagt haben. Er sprang auf, rannte zur Besteckschublade und griff nach dem großen Brotmesser.

»Nein, nein, ermorde mich nicht! Es tut ja gar nicht mehr weh! Ermorde mich bloß um Gottes willen nicht!«, rief ich. Denn als ich sah, dass er mit dem Messer auf mich zukam, wurde mir angst und bange.

Verächtlich zischte er: »Du blödes Aas, ich tu dir doch gar nichts. Ich will damit nur die Beule kühlen.« Beruhigt nahm ich meine Hände herunter. Sie waren voller Blut. Es rann mir durch die Haare ins Gesicht und tropfte auf die Erde.

Nun bekamen wir beide es wirklich mit der Angst zu tun. Einerseits weil uns das viele Blut beunruhigte, andererseits weil wir definitiv Prügel von Lilo kriegen würden, wenn sie in diesem Moment in der Tür stünde. Ich fing an zu weinen. Axel versuchte, beruhigend auf mich einzureden. Was sollten wir tun? Immer wieder presste er das lange Brotmesser auf die Platzwunde, aber das half nicht. Es war inzwischen auch schon ganz blutverschmiert.

Endlich hatte Axel einen Einfall. »Das Wasser, ja mit dem Wasser wird es gehen. Du musst genau tun, was ich sage, und alles aushalten!«

Ich war skeptisch. Es tat ja gar nicht so weh, nur das Blut, das viele Blut hörte nicht auf zu laufen. Axel zog den Eimer mit dem sauberen Wasser hervor und erklärte: »Da musst du den ganzen Kopf hineinstecken und so lange drinbleiben, bis du keine Luft mehr bekommst!« Ich fand das nicht gut, hatte aber auch keine bessere Idee. Also tat ich, was er mir sagte. Nach einigen Sekunden schnellte ich mit dem Kopf wieder aus dem Wassereimer, prustend und schnaubend, aber er drückte mich gleich wieder hinunter.

»Das reicht noch lange nicht« war alles, was ich noch hörte.

Hustend und spuckend kam ich wieder hoch. »Ich bekomme wirklich, ganz ehrlich keine Luft mehr, glaub mir! Du wirst mich ersäufen«, stammelte ich verzweifelt. Das Wasser hatte sich rot gefärbt.

Axel ließ mich triefend stehen, schnappte den Eimer, lief damit die Flurtreppe hinunter, schüttete ihn in die Toilette aus und brachte neues Wasser. Diese Prozedur wiederholten wir vier oder fünf Mal. Endlich ließ die Blutung nach. Ich war fix und fertig. Vorsichtig versuchte er, meine Haare mit einem Handtuch zu trocknen, aber auch das war bald blutverschmiert. Wir waren erschöpft und am Ende unserer Weisheit.

Nun galt es, sich eine Taktik für Lilo einfallen zu lassen. Axel transportierte mich erst mal ins Bett, räumte auf und wischte die letzten Blutspuren weg. Dann setzte er sich zu mir. Er war freundlich. Das machte ihn schon verdächtig.

»Du«, sagte er, »wir haben beide gleich viel Schuld an allem. Die Büchse Milch haben wir gemeinsam geklaut und halbe-halbe ausgetrunken. Wärst du anschließend nicht so blöde gewesen, mich ›Feigling‹ zu nennen, hätte ich dir die Dose natürlich nicht an den Kopf geschmissen.«

Ich wollte protestieren, aber er winkte nur ab und sprach weiter: »Sie schlägt uns beide windelweich, wenn wir nicht eine gute Ausrede finden.«

Ich wusste zwar, dass Axel dummes Zeug erzählte, aber was Lilo anging, hatte er recht. Also nickte ich. Und Axel hatte sich auch bereits eine Lösung ausgedacht.

»Du sagst, du hast im Bett herumgetobt, bist herausgefallen und dabei mit dem Kopf gegen die Bettkante geschlagen. Ich habe dir geholfen, alles sauber gemacht, und nun ist alles wieder gut. Wenn sie dich morgen früh kämmt und das blutige Handtuch findet, erzählen wir ihr diese Geschichte.«

Trotz seiner sanften Worte merkte ich, dass er versuchte, mich für dumm zu verkaufen.

»Das ist unverschämt von dir. Das mache ich so nicht mit! Wenn sie das hört, verprügelt sie mich alleine, und du bist fein raus!«

»Aber Geiß, Geißchen, eine andere Möglichkeit gibt es wirklich nicht. Außerdem kann sie dich gar nicht schlagen, weil du doch das Loch im Kopf hast. Wenn du es ihr genau so erzählst,

bekommst du morgen von mir auch ein großes Stück Pfefferminzbruch.«

Ich überlegte. Diese Versuchung war wirklich groß. Pfefferminzbruch war etwas unheimlich Gutes, gepresste rosa-weiße
Zuckermasse mit Pfefferminzgeschmack. Und nur Axel kam da
irgendwie dran. Er hatte eine geheimnisvolle Quelle aufgetan.
Mir war nie gelungen, sie ausfindig zu machen. Oft genug hatte
er vor meinen Augen genüsslich riesengroße Stücke Pfefferminzbruch hin und her geschwenkt – und dann doch alles alleine
gegessen. Ich hatte gebettelt – meine Seele hätte ich für ein win-
ziges Stückchen verkauft –, hatte bis zum letzten Moment ge-
hofft, dass er nicht so gemein sein würde. Aber natürlich war er
es doch.

Feixend hatte er den allerletzten kleinen Bissen zwischen
seine klebrig glänzenden Lippen gesteckt, mit offenem Mund
gekaut, um mir genau zu zeigen, wie gut sein halbzerkauter
Pfefferminzbruch war – und mir am Ende die Zunge herausgestreckt. In solchen Augenblicken überkam mich ein unheim-
licher Zorn auf ihn. Ich spuckte, versuchte, gegen sein Schienbein zu treten oder griff blitzschnell nach seinen Haaren. Aber
er drehte sich geschickt weg oder trat blitzschnell einige Schritte zurück und haute einfach ab, sodass ich mit meiner Wut im
Bauch alleine blieb. Gegen solche Gemeinheiten war ich machtlos, dagegen kam ich einfach nicht an.

Nun bot er mir freiwillig Pfefferminzbruch an. Sogar ein großes Stück. Das alleine hätte mich schon stutzig machen müssen.
Aber da er ja auch in einer Notlage und auf meine Solidarität
angewiesen war, so dachte ich, konnte es diesmal klappen.

Obwohl ich so ein komisches Gefühl hatte, das mich warnte,
wollte ich es nicht wahrhaben. Ich wollte nur noch diesen süßen, herrlichen, weiß rosa Pfefferminzbruch, spürte ihn schon
förmlich auf meiner Zunge zergehen. Endlich einmal ein richtig
großes Stück davon. Das Wasser lief mir im Mund zusammen.
Und was Heike erst für Augen machen würde.

Später, als Lilo endlich kam, erzählte ich ihr die vereinbarte Geschichte. Sie war gleich misstrauisch, fragte mehrmals nach, ob das wirklich alles so gewesen sei. Mit meinem allerunschuldigsten Blick sah ich sie an und versicherte: »Ehrlich Lilo, du kannst es mir wirklich glauben, es stimmt genau. Frag doch Axel.«

»Na gut!«, antwortete sie. »Aber komm mir ja nicht später an und erzähl mir etwas anderes. Dann ist eine Tracht Prügel fällig. Und das meine ich völlig ernst.«

Ich wusste, dass sie es ernst meinte. Mir war auch klar, dass sie Axel und mir kein Wort geglaubt hatte.

Drei Tage lang versuchte ich danach, meinen Pfefferminzbruch einzutreiben. Ohne Erfolg. Axel lachte mich einfach aus. Unverschämt war das. Er machte sich ungeheuer lustig über meine angebliche »Blödheit«. Ich hätte ihn am liebsten umgebracht, so wütend war ich. Schließlich ging ich ihn bei Lilo verpetzen.

Sie hielt ihr Versprechen und verprügelte uns beide der Reihe nach ganz furchtbar mit dem Kochlöffel – bis er zersplitterte. Axel bekam außerdem kein Abendbrot, musste schon vor mir ins Bett. Am helllichten Nachmittag und bei abgeschlossener Schlafzimmertür. Ich durfte in der Küche bleiben.

Dann war Lilo mit ihrer Freundin Lotti spazieren gegangen, um sich von uns »widerlichen Bälgern« zu erholen. Vorher hatte sie mir noch zwei Brote mit Teewurst hingestellt, während Axel »Kohldampf schieben« musste.

Axel litt im Nebenzimmer, aber er litt anders als Konrad oder ich. Ihm schien es nicht so viel auszumachen, wenn man ihn isolierte. Er fand immer etwas, womit er sich beschäftigen konnte. Entweder machte er stundenlang Hausaufgaben, wobei er sehr ordentlich, ja pedantisch vorging. Niemals hätte er eine verwischte Schrift oder einen Klecks in seinem Heft akzeptiert. Lieber entfernte er ganze Seiten und schrieb sie neu. Außerdem las er gerne und vergaß dabei die Welt um sich herum. Ich hasste und bewunderte ihn gleichzeitig für diese Fähigkeiten, die mir so ganz fern waren. Ich war viel zu lebhaft, emotional und interessiert daran, was sich in der Welt um mich herum ereignete.

Auch an diesem Tag litt Axel nicht darunter, allein im anderen Zimmer sitzen zu müssen, sondern ganz einfach unter seinem Hunger. Er wusste, dass Lilo mir Stullen zum Abendbrot gemacht hatte und schimpfte nebenan laut vor sich hin. Gerade so, dass ich es hören konnte.

»Dieses blöde Blag ist an allem schuld. Die bringt nur Ärger und ist dabei ihr Fressen nicht wert. Warum haben unsere bekloppten Alten bloß dieses Balg noch in die Welt gesetzt? Die müssen verrückt gewesen sein. Darunter muss unsereins nun leiden.«

Es waren die üblichen zornigen Sprüche, die ich von beiden Brüdern seit Langem kannte. Und doch: Sie taten so weh, immer und immer wieder. Ich konnte nichts dagegen machen, ich schaffte es einfach nicht, mich gegen diese Verletzungen zu schützen. Ich verstand nicht, dass es nicht darum ging, etwas »besser« zu machen, sondern nur darum, dass sie mich benutzten, um sich abzureagieren. Ich konnte natürlich »nichts dafür«. Ich war einfach das schwächste Glied in der Kette.

Doch damals saß ich auf der Erde, mit dem Rücken gegen die verschlossene Zwischentür gelehnt und grübelte. Warum war es immer meine Schuld? Worin lag mein Fehler? Irgendetwas an mir war falsch, musste falsch sein, aber ich konnte einfach nicht herausfinden, was es war.

Es tat mir ja leid. Ich wollte nicht so sein. Wenn ich nur gewusst hätte, was sie an mir nicht mochten, ich hätte mich geändert. Mich überkam mal wieder die große Verzweiflung, ich konnte nur noch weinen. Unter diesen Tränen und mit ohnmächtiger Wut im Bauch schrie ich durch die Tür: »Was ist es denn? Was mache ich denn nur immer wieder falsch? Was ist so verkehrt an mir? Wie soll ich denn sein, damit ich endlich richtig bin?«

Wie sonst auch die anderen beiden antwortete Axel aus dem Nebenzimmer: »Hau einfach ab! Lass mich bloß in Ruhe! Du gehst mir auf die Nerven! Und hör mit der blöden Fragerei auf, das gehört auch zu diesen Sachen!«

Solche Antworten halfen mir nicht weiter. Sie enthielten keine Erklärungen, waren nur gegen mich gerichtet. Das machte alles nur noch schlimmer. Alles, was ich spürte, war diese Front meiner Geschwister gegen mich.

Manchmal, an friedlicheren Tagen, bekam ich von ihnen zu hören: »Es gibt nur eine vernünftige Sache an dir, nämlich dein runder Hintern, in den wir mal kräftig hineintreten können.« Dabei lachten sie blöde.

Mein Hintern war mir egal. Für den konnte ich nichts. Der war einfach, wie er war und ganz und gar unwichtig. Was ich nicht akzeptieren konnte, war, dass es an mir sonst nichts Brauchbares geben sollte als meinen Po. Wenn ich schon draußen und in der Schule nur »das dreckige Flüchtlingsbalg« war, wollte ich wenigstens von meiner eigenen Familie anerkannt werden. Wenigstens von ihnen, wir gehörten doch zusammen.

Auch an diesem Abend konnte ich Axels Beleidigungen irgendwann nicht mehr ertragen. Ich hatte die Nase voll von seinem Geschimpfe. Es musste doch irgendetwas geben, womit sich der Frieden wieder herstellen ließe – oder wenigstens so etwas wie Waffenruhe.

»He«, sagte ich zur Tür gewandt, »ich gebe dir die Hälfte von meinem Brot ab. Es ist sogar Teewurst darauf. Sag mir nur, wie wir die zu dir reinbekommen?«

Nach einem Moment der Stille kam seine Antwort: »In der obersten Schublade vom Küchenschrank liegt Paketschnur. Binde sie anständig am Brot fest, mach das Fenster auf und pendele es zu meinem Fenster herüber. Aber stell dich nicht wieder zu dämlich an!«

Ich hatte verstanden. Mit dem Finger bohrte ich also neben der Kruste ein Loch in die Stulle, fädelte die Schnur hindurch und knotete sie vorsichtig fest. Anschließend öffnete ich das Küchenfenster, zog einen Stuhl heran und kniete mich zitternd auf die Fensterbank.

*Es ist doch ganz schön tief,* ging mir durch den Kopf, *hoffentlich stürze ich nicht ab. Vielleicht ist man dann sogar tot?*

Axel hatte ebenfalls sein Fenster geöffnet, und langsam begann ich, unter seiner Regie, das Brot in seine Richtung zu pendeln. Er versuchte, danach zu greifen. Ein paar Mal klappte es fast, aber eben nur fast. Nach einer Weile wurde er wieder wütend.

»Mann, du blödes Aas«, rief er, »du bist wirklich zu allem zu doof. Nun mach schon, ich warte und habe Kohldampf!«

Ich gab mir die größte Mühe, wollte unbedingt seine Anerkennung dafür, dass ich die Sache richtig machte. Aber seine Sticheleien machten mich nur nervöser. Ich pendelte und pendelte und versuchte, dabei nicht aus dem Fenster zu fallen. Aber immer wieder schlug das Brot nur an die Hauswand.

Beim nächsten Versuch lehnte ich mich, trotz meiner Angst, noch weiter vor, kam ins Schwanken, griff in letzter Sekunde blitzschnell nach dem Fensterrahmen und klammerte mich fest. *Gerade noch mal Glück gehabt,* dachte ich mit wild pochendem Herzen.

Nicht ganz! Denn ich hatte, bei dem Schreck und dem Versuch, mich selbst zu retten, den Faden losgelassen. Das Brot war aus dem Fenster und nach unten in den Garten gesegelt.

Axel brüllte mich voller Wut an. Heulend machte ich das Fenster zu. Nach draußen, um das Brot wieder heraufzuholen, konnte ich nicht. Lilo hatte nicht nur die Tür zwischen den beiden Zimmern abgeschlossen, sondern auch unsere Wohnungstür.

Ich hörte Axel im Nebenzimmer zetern, mein dummer Fehler ließ mir keine Ruhe. Etwas später glaubte ich dann, eine gute Idee zu haben.

»He, Axel!«, rief ich, »guck mal, ich schiebe dir das andere Brot hier durch den Türspalt durch.«

Er war einverstanden. Vorsichtig schob ich die Stulle an der breitesten Stelle unter der Tür durch. Mit etwas Druck klappte es auch –, nur die Teewurst blieb leider an meiner Seite der Tür hängen. Erschrocken und schuldbewusst wischte ich den weichen Klumpen schnell mit dem Finger ab und schob ihn hinterher.

»Achtung, hier kommt noch die Wurst!«, rief ich.

Axel kündigte mir Prügel an für diese Schweinerei und trat zornig mit dem Fuß auf meine Finger. Weinend versuchte ich, den Schmerz am Finger zu verreiben. Ich hatte Hunger, aber meine Brote waren weg.

*Diesem Blödmann kann man aber auch nichts recht machen.*


## Der letzte Besuch

Der nächste Tag war ein Samstag. Wir fuhren ins Krankenhaus. Unsere Mutter war sehr ruhig und ernst. Es ging ihr nicht gut, dass merkte selbst ich, obgleich meine Freude darüber, sie endlich wiederzusehen, unendlich groß war.

Wieder durfte jeder von uns eine kurze Weile mit unserer Mutter alleine bleiben. Ich saß auf ihrem Bett und durfte mich nicht viel bewegen, weil sie so starke Schmerzen hatte. Sie schien sehr müde zu sein und lächelte nicht wie sonst. Dafür sah sie mich immer wieder lange an. Ich wurde ganz unruhig davon und fragte, ob etwas los sei, aber sie schüttelte nur leicht den Kopf.

»Nein, nein«, antwortete sie, »ich wundere mich nur, wie groß du inzwischen geworden bist.«

Ich nickte stumm. Sie griff in den Nachttisch, holte ihr schwarzes Portemonnaie heraus und schenkte mir ihr ganzes Kleingeld. Es waren 77 Pfennig, ein Vermögen für mich.

»Kauf dir nachher ein schönes großes Eis davon. Das ist für dich ganz alleine«, sagte sie.

Ich weiß nicht mehr, ob ich wirklich ein Eis davon kaufte, ob ich das Geld verloren oder es verschenkt habe. Ich weiß nur noch, dass es ihr letztes Geschenk an mich war.

Es wurde ein sehr kurzer Besuch. Wir hatten noch nicht lange gesprochen, da hieß es schon wieder Abschied nehmen. Bedrückt gingen wir zum Bus. Jeder war mit seinen eigenen Gedanken beschäftigt. Diesmal wurde nicht geredet, nicht gestänkert.

Kaum zu Hause, kam Tante Herta und holte Lilo ans Telefon. Sie musste mit Konrad zusammen sofort noch einmal weg. Da es länger dauern sollte, wollte Tante Herta sich um Axel und mich kümmern.

Sie nahm uns mit nach unten in ihre Wohnung. Axel war noch nie unten gewesen. Ich staunte über sein zurückhaltendes Benehmen. Wir durften mit Heike zusammen am Tisch in der Küche Platz nehmen. Tante Herta kochte für uns. Bratkartoffeln mit Zwiebeln und Gemüse, und für jeden gab es sogar ein großes Stück gebratenes Fleisch. Axel und ich schlugen richtig zu. Das war ein Genuss! Wir konnten uns nicht erinnern, jemals so gut gegessen zu haben. Dazu gab es herrlich prickelnde Zitronenlimonade. So etwas hatte ich noch nie zuvor getrunken. Aber die Krönung war der Nachtisch. Eingemachte Kirschen! Selbst Heike aß richtig viel. Gemeinsam schafften wir das ganze Glas. Tante Herta war freundlich, lustig, lieb und lachte viel mit uns. Ich ahnte noch nicht, wie toll dieser Abend enden sollte.

Nachdem Axel richtig satt war, verschwand er nach oben. Wahrscheinlich war er wütend auf sich selbst, denn er war stolz und nahm ungern »milde Gaben« oder Geschenke an. Das war unter seiner Würde. Aber diesmal hatten der Hunger und die Ungewissheit um unsere Mutter ihn mürbe gemacht. Er war schwach geworden. Das konnte er sich nicht verzeihen. Er saß allein oben in der Küche und schaltete Konrads Radio ein. Der war ja nicht da.

Heike und ich durften zunächst noch lange spielen. Sie hatte so viel Platz in ihrem Kinderzimmer. Tante Herta holte uns sogar die gute Puppenstube vom oberen Regal herunter. An die Puppenstube hatte mich Heike noch nie herangelassen, aber an diesem Abend war auch sie besonders nett und freundlich zu mir. Wir waren ein Herz und eine Seele. Tante Herta blieb die ganze Zeit über bei uns, unterhielt sich mit uns und hatte viel, viel Zeit. So etwas kannte ich von Erwachsenen nicht.

Und dann kam das Allergrößte.

»Sagt mal, möchtet ihr vielleicht heute zusammen schlafen?«, fragte sie uns. »Ihr könntet vorher auch zusammen in die Badewanne gehen, und ich verwöhne euch mal so richtig.«

Mit einem Jubelschrei sprangen wir gleichzeitig auf und umarmten und küssten sie.

»Au ja, das ist toll! Das ist ja herrlich! Wir wollen gleich in die Wanne!«

Sie befreite sich lachend aus unserer ungestümen Umarmung und ging, um das Badewasser einlaufen zu lassen. Ruck, zuck räumten wir ohne Aufforderung das Zimmer auf, zogen alle Sachen aus und hüpften nackend hinter ihr her. Es wurde ein riesiger Badespaß. Ich konnte mich nicht erinnern, jemals gebadet zu haben, und nun saß ich in dieser herrlich großen Wanne, randvoll mit Wasser.

Wir spielten und spritzten und amüsierten uns köstlich mit Quietscheentchen und Zahnputzbechern. Problemlos und ohne Tränen ließen wir uns die Haare waschen, spülten uns gegenseitig und ausdauernd den Schaum aus den Haaren, quiekten, kreischten und lachten. Alles schwamm. Doch Tante Herta schimpfte nicht, meinte nur irgendwann: »Jetzt ist es aber genug.«

Dann rubbelte sie einen nach dem anderen mit einem weichen Badehandtuch ab und brachte frische Nachthemden. Ich durfte eines von Heike anziehen mit kleinen Bärchen darauf. Erst wollte sie meckern, aber ihre Mutter ermahnte sie. Ich sei ihr Gast und zu Gästen müsse man besonders freundlich sein.

Anschließend föhnte und kämmte Tante Herta uns liebevoll die Haare. Auch ein Fön war etwas ganz Neues für mich. Ich genoss die warme Luft auf meiner Kopfhaut, das gleichmäßige Brummen und die sanften Hände von Heikes Mutter, die meine Haare über eine weiche Bürste gleiten ließen. Es war einfach wunderbar. Ich fühlte mich wie eine Prinzessin. Schöner konnte es auf der Welt nicht zugehen.

Inzwischen war es draußen dunkel geworden. Gemeinsam huschten wir in Heikes Bett. Tante Herta brachte ein zweites kuscheliges Federkopfkissen für mich. Wir schmiegten uns aneinander. Dann las sie uns noch eine lange Geschichte vor. Das Ende hörten wir allerdings nicht mehr, der Schlaf überfiel uns. Mein letzter Gedanke war: *Das war der allerschönste Tag in meinem ganzen Leben, wenn es doch nur immer so sein könnte.*

Ich hatte keine Ahnung, warum mir so viel Gutes widerfahren war. Keine Ahnung, dass an diesem Tag meine geliebte Mutter gestorben war. Der »schönste Tag meines Lebens« erschreckte mich im Nachhinein zutiefst. Für lange Zeit quälte mich deswegen ein sehr schlechtes Gewissen.


*Die Brille meiner Mutter*

Der nächste Tag war ein Sonntag. Heike fuhr mit ihrer Familie mal wieder zur Oma nach Bad Oeynhausen. Ich blieb allein, saß Daumen lutschend auf der Bodentreppe und sah hin und wieder auf die Straße. Aber nichts geschah. Niemand war zu sehen. Es war entsetzlich langweilig!

Stattdessen kam ganz unerwartet und außer der Reihe unser Vater vorbei. Es war unruhig bei uns. Ständig hatten die Großen etwas zu besprechen. Mich schickten sie nach draußen. Heute gab es keine Wäsche, kein Fußbad, selbst die sonst fälligen Strafen für Konrad und Axel fielen aus. Sie redeten nur und redeten und redeten, und ich sollte nichts davon hören. Obwohl ich mehrmals versuchte, an der Tür zu lauschen, verstand ich kein Wort und zog bald wieder ab.

Abends fuhr unser Vater wieder. Niemand sagte mir, was eigentlich los war. Nach einer Weile maß ich diesem eigenartigen Tag keine weitere Bedeutung bei. Am nächsten Wochenende kam unser Vater dann schon wieder und blieb sogar einige Tage bei uns. Alle hatten ständig irgendetwas zu tun, und mich schickte man nach unten zu Leuthners.

Der schöne Tag wiederholte sich zwar nicht, aber Tante Herta war nach wie vor besonders lieb zu mir. Sie ließ nicht zu, dass Heike stänkerte. Ich durfte ein zweites Mal unten schlafen, aber es war nicht dasselbe.

Mein Vater kümmerte sich nach wie vor kaum um mich. Mir war das recht, denn er war mir immer noch fremd. Ich konnte die Prügel nicht vergessen, die er Konrad und Axel verpasst hatte. Niemals hatte ich ihn lachen oder auch nur lächeln sehen. Nicht einmal, wenn er uns Essen, Obst oder sogar Schokolade mitbrachte.

Von Tante Herta erfuhr ich ganz nebenbei, dass wir bald umziehen und endlich eine eigene Wohnung bekommen würden. Ich freute mich auf eine eigene Wohnung. Noch war es nicht soweit, aber es wurden bereits Vorbereitungen getroffen und Kisten gepackt. Sobald ich alleine war, nutzte ich die Gelegenheit, in all den Kisten herumzuschnüffeln.

Dabei stieß ich auf die alte Nickelbrille meiner Mutter. Ich probierte sie auf. Zwar konnte ich damit kaum etwas erkennen, aber sie gefiel mir. Schon allein, weil sie meiner Mutter gehörte. Vorsichtshalber versteckte ich sie unter meiner Matratze. Nach vielleicht drei Wochen rutschte sie eines Tages zufällig hervor. Ich hatte sie schon ganz vergessen. Kurzerhand setzte ich sie auf. Kein Kind in meiner Klasse trug eine Brille.

*Was die wohl alle dazu sagen werden?*, überlegte ich.

Auf der Winkelstraße traf ich Renate. Sie war sprachlos bei meinem Anblick.

»Ja, ja«, informierte ich sie eilfertig, »mein Vater war mit mir beim Augenarzt. Er ist nun öfter hier und kümmert sich um alles, weil wir bald umziehen. Diese Brille muss ich tragen. Das hat der Augenarzt zu meinem Vater gesagt. Meine Augen sind eben schlecht.« Ich unterstrich das Ganze mit einer wegwerfenden Handbewegung.

Ich ahnte nur, dass Renate mitfühlend nickte, scharf sehen konnte ich sie nicht. Wir setzten unseren Schulweg gemeinsam fort. Plötzlich blickte Renate mich ganz direkt an: »Sag mal, deine Mutter ist ja nun tot. Das hat meine Mutter mir erzählt.«

Ich stutzte, nahm die Brille ab und überlegte. Ein riesiger Schreck fuhr mir in die Glieder. Ich war ganz durcheinander. *Nein,* beschloss ich jedoch einen Moment darauf, *das kann nicht sein!*

»Doch«, widersprach Renate mir, »meine Mutter arbeitet dort auf dem Friedhof.« Sie wies mit ausgestrecktem Arm in die Richtung, in der der Friedhof lag. Meine Verwirrung war ihr nicht entgangen.

Als mir immer noch die Worte fehlten, bekräftigte sie ihre Aussage noch einmal: »Sie hat es selber gesehen. Ein alter Mann stand am Grab mit drei ziemlich großen Kindern. Das müssen deine Geschwister gewesen sein. Es gab nur einen einzigen Kranz, keine Blumen sonst, und es war ein ganz billiger Sarg. Meine Mutter sagte, so eine traurige Beerdigung hätte sie noch nie gesehen. Alle haben bei uns zu Hause darüber gesprochen.«

»Nein, Renate, meine Mutter ist nicht tot«, brachte ich endlich hervor. Und um mich auch selbst zu überzeugen, fügte ich hinzu: »Sie liegt in Bielefeld im Krankenhaus. Ich war erst am Wochenende bei ihr. Sicher fahren wir Sonntag wieder hin. Nein, nein, das ist ganz unmöglich.«

*Trotzdem,* dachte ich bei mir, *irgendwie ist neuerdings so vieles anders. Unser Vater ist da und schläft sogar manchmal bei uns. Alle sind friedlich, keiner schreit, keiner streitet, keiner prügelt sich. Und ich darf plötzlich viel unten bei Heike spielen. Aber das kann ja gar nicht sein. Das ist unmöglich! Meine Mutter doch nicht. Wir haben ja ganz normal miteinander gesprochen. Sie kann gar nicht tot sein!*

Zu Renate gewandt wiederholte ich meine Gedanken, das machte mich sicherer: »Meine Mutter ist nicht tot! Bestimmt nicht, Renate. Wenn sie tot wäre, müsste ich es ja wissen. Bei der eigenen Mutter weiß man das doch ganz genau. Und sie hätten es mir doch auch gesagt. Außerdem hätte meine Mutter bestimmt ganz viele Blumen und jede Menge Kränze bekommen, und alle Leute, die wir kennen, wären dabei gewesen!« »Wie du meinst«, antwortete Renate nur. Meine Mutter meinte schon, für dich und deine Geschwister müsse es ganz schlimm sein.«

Ich schob meine Brille erneut auf die Nase, zog sie aber gleich wieder etwas herunter, um besser über den Rand sehen zu können. Wir waren an der Schule angekommen, und ich vergaß die ganze Sache. So sicher war ich mir, dass unsere Familie nicht betroffen sein konnte.

In der Schule war ich mit meiner Brille tatsächlich der Mittelpunkt für alle Kinder und Lehrer. Ich war stolz. Niemand sagte »blödes Flüchtlingskind« zu mir.

Der restliche Tag verlief ohne Besonderheiten, allerdings ließ ich die Brille zu Hause lieber in meinem Versteck verschwinden.

Es war Ende Juni und schon richtig Sommer geworden. Draußen blieb es jetzt länger hell, es war herrlich warm. Dennoch rief Lilo mich früher als sonst nach oben. Die anderen Kinder spielten noch eine ganze Weile weiter, aber ich sollte ins Bett, damit bei uns endlich Ruhe einkehrte.

Wie üblich langweilte ich mich und konnte nicht schlafen. Auch meine Amsel saß noch nicht auf ihrem Platz. Lilo rumorte in der Küche herum. Plötzlich fiel mir das Gespräch mit Renate wieder ein. *Ob an der Sache vielleicht doch etwas dran ist?*, fragte ich mich. *Vorsichtshalber kann ich ja noch mal nachfragen. Ist auch ein guter Grund, aus diesem blöden Bett herauszukommen.*

Vorsichtig öffnete ich die Tür. Man wusste bei Lilo nie, wie sie reagieren würde. Axel und Konrad waren nicht da.

»Was willst du denn schon wieder?«, fragte sie bei meinem Anblick, »du siehst doch, ich habe hier noch einen Haufen Abwasch zu erledigen. Verschwinde in dein Bett!«

»Aber ich muss dich etwas ganz Wichtiges fragen. Renate, aus meiner Klasse, hat mir nämlich heute erzählt, unsere Mutter wäre tot. Das ist doch verrückt, nicht wahr, das stimmt überhaupt nicht, oder?«

Zu meinem Erstaunen brüllte sie mich nicht an, sondern wischte sich langsam die nassen Hände an der Schürze ab. Ohne mich dabei anzusehen, ging sie langsam auf den alten Sessel am Fenster zu, setzte sich und meinte: »Komm mal her.« Sie nahm mich auf den Schoß. Das hatte sie noch nie getan. Sie sah zum Fenster hinaus, dann sagte sie leise: »Ja, es stimmt. Mutti ist tot!«

In meinem Kopf überschlug sich alles.

»Nein«, sagte ich ebenso leise, »nein, das glaube ich nicht. Meine Mutti doch nicht! Unsere Mutti? Das stimmt einfach nicht, das stimmt gar nicht, was sagst du denn da?«

»Doch, es stimmt. Du kannst es mir glauben. Vielleicht ist es gut so. Nun hat sie endlich keine Schmerzen mehr. Sie muss nicht mehr leiden. Sie muss sich nicht mehr so quälen. Alles ist für sie jetzt vorbei. Sie hat nun ihre Ruhe.«

*Es stimmte also. Ich konnte es nicht fassen. Meine Mutti war tot.* Tot, tot, tot, unaufhörlich hämmerte dieses Wort in meinem Kopf. Ich wehrte mich mit aller Kraft dagegen, wollte es nicht wahrhaben, aber es hämmerte immer weiter: *Mutti ist tot! Mutti ist tot! Mutti ist tot!*

»Nein«, schrie ich, »nein, das stimmt nicht!«

Etwas zerbrach in mir. Es tat so weh. Tränen schossen mir aus den Augen, rannen über mein Gesicht. Ich schrie und weinte, klammerte mich an Lilos Hals fest, stieß sie im nächsten Augenblick fort, sprang auf, stand zitternd vor ihr und brüllte ihr mein verzweifeltes »Nein« entgegen.

Auch über Lilos Gesicht liefen Tränen. Sie sagte kein Wort, zog mich stumm wieder auf ihren Schoß. Bebend hielt ich mich an ihr fest, schrie laut meinen Schmerz heraus, konnte es nicht fassen. Auf meinem Gesicht mischten sich Tränen mit dem Schnodder aus meiner laufenden Nase. Lilo wischte alles ab, aber es half nichts, gleich lief es weiter, den Hals hinunter bis in den Kragen meines Nachthemdes.

Ich weinte, verschluckte mich in meinem Heulkrampf, hustete, schluchzte. Ich konnte kaum sprechen, als ich sie schließlich in meiner Not ansah und fragte: »Warum denn? Warum ausgerechnet unsere Mutti? Warum nicht eine andere?«

Lilo zuckte nur mit den Schultern. Wir weinten beide und konnten nicht aufhören. Der Schmerz war zu groß.

Draußen war es inzwischen ganz dunkel geworden. Wir saßen immer noch im Sessel, hielten uns verzweifelt aneinander fest und weinten. Ich hatte meine große Schwester noch nie weinen sehen. Sie war immer so stark. Auch konnte ich mich nicht daran erinnern, dass sie jemals zärtlich zu mir gewesen war, mich in den Arm genommen oder gestreichelt hätte. Sie war die »Große«, die stets alles regelte, ordnete und organisierte. Und sie war dabei nüchtern und sehr streng.

Nun klang ihre Stimme weich und behutsam: »Du musst nicht so verzweifelt sein, Putti«, sagte sie, nachdem scheinbar eine Ewigkeit vergangen war. »Unsere Mutter ist zwar gestorben, aber sie ist nicht wirklich ganz fort von uns. Es geht ihr endlich besser. Sie wohnt nun in den Wolken und sieht immer auf uns herab und behütet uns von dort oben aus.«

Staunend lauschte ich ihren Worten. Ein kleines bisschen Hoffnung keimte auf in mir.

»Und in der Nacht? Wo finde ich sie in der Nacht?«

»In der Nacht ist sie auf dem hellsten Stern, den du am Himmel findest. Du kannst zu ihr sprechen, ihr alles erzählen, sie wird dich immer hören.«

Ich saugte Wort für Wort in mich auf. Zuerst kamen sie in meinem Kopf an, und dann sanken sie tief in meine Seele. Eine gewisse Ruhe breitete sich in mir aus. Ich saß ganz still und horchte nach innen. Nach einer Weile rutschte ich vorsichtig von ihrem Schoß, ging ans Fenster und begann den dunklen Himmel abzusuchen. Meine Augen brannten, waren dick und verquollen, aber ich war ruhig.

*Nein, sie ist nicht wirklich fort*, dachte ich. *Sie ist dort oben und passt auf mich auf. Ich werde jetzt zu ihr beten, damit sie weiß, dass ich da bin und sie nie, nie vergessen werde.*

Ohne ein weiteres Wort ging ich ins Nebenzimmer.

Lilo folgte mir, brachte mich zu Bett und wollte mich gerade zudecken, aber ich stand gleich wieder auf.

»So geht das nicht. Mein Bett muss ans Fenster. Ich kann Mutti von dort hinten nicht sehen.«

Gemeinsam rückten wir das Bett auf die andere Seite. Dann erst legte ich mich hin.

*Ja, so ist es gut. So kann ich ihren Stern finden*, dachte ich.

Lilo ging zurück in die Küche. Schluchzend begann ich, die erste Zwiesprache mit meiner toten Mutter zu halten.


## Mein Daumen

Nach dem Gespräch mit Lilo wurde unsere Mutter in der Familie nicht mehr erwähnt. Jeder schien sich mit ihrem Tod allein und auf seine Art auseinanderzusetzen und still zu leiden. Es war wie eine Wand des Schweigens gegen die ich prallte, wenn ich das Thema berührte oder von meiner Trauer überrollt wurde und plötzlich zu weinen anfing. Ich war so einsam damit.

Auf der Straße fielen mir manchmal die neugierigen oder mitleidigen Blicke der Nachbarn auf. Früher hatten sie mich nicht einmal zur Kenntnis genommen. Jetzt war aus dem »Flüchtlingsblag« auch noch beinah ein Waisenkind geworden.

In der Schule wurde der Tod meiner Mutter offiziell und in meinem Beisein meinen Klassenkameraden mitgeteilt. Es war mir äußerst peinlich. Es war eben so geschehen, und ob es nun traurig war oder nicht, es ging niemanden etwas an. Ich wollte hier schon gar nicht mit jemandem darüber sprechen.

Alleine auf meiner Treppe grübelte ich immer wieder darüber nach: *Wie konnte das nur geschehen? Warum habe ich es nicht gemerkt?* Abends war es am schlimmsten. Häufig ging ich freiwillig sehr früh ins Bett, um mit meiner Trauer alleine zu sein. Ich wollte sie mit niemandem teilen. Es war viel zu schlimm, als dass ein anderer Mensch mich hätte verstehen können.

Tagsüber war ich abgelenkt. Wenn ich dann für eine Weile vergessen hatte, dass meine Mutter gestorben war, überfiel mich ein furchtbar schlechtes Gewissen. Ich erschrak über mich selbst, konnte nicht fassen, wie ich so lieblos und böse sein konnte, sie auch nur einen Moment lang zu vergessen. Die Verzweiflung darüber fraß mich fast auf. Ich hatte dann keine Ruhe. Erst auf der Bodentreppe, meinen Daumen im Mund, beruhigte ich mich langsam.

Das Vertrauen zu meinen drei Geschwistern war gänzlich zerbrochen. Sie hatten mir nichts gesagt, hatten mich von der Beerdigung ausgeschlossen. Sie waren zu feige gewesen mich mitzunehmen, weil sie Angst davor gehabt hatten, dass ich schreien und weinen würde. In diesem Punkt hatten sie sogar recht: Ich hätte niemals zugelassen, dass Mutti in einer Holzkiste in einem dunklen Loch versenkt worden wäre, bedeckt mit kalter, schwerer Erde.

Und doch hätten sie mir die Wahrheit nicht vorenthalten dürfen. Ich hatte einen Anspruch auf Wahrheit, auch wenn ich die Kleinste war. Ich hasste sie dafür und bat meine Mutter in jedem Gespräch verzweifelt, dass sie mir verzeihen möge, weil ich sie nicht auf ihrem letzten Weg begleitet hatte. Ich spürte, SIE würde mir verzeihen, aber ich selbst konnte mir nicht verzeihen. Tränen durften höchstens noch im Dunkeln zwischen ihr und mir fließen.

Nach außen blieb ich das lebhafte Kind, das immer viel erzählte und häufig herumalberte, dummes Zeug von sich gab, um damit davon abzulenken, wie es wirklich in mir aussah. Und ohne Daumen ging nun schon gar nichts mehr.

Mit Ermahnungen, Verboten und sogar mit Schlägen war dem Daumenlutschen nicht beizukommen. Trotzdem sollte das Problem »im Interesse aller« behoben werden. Ich war inzwischen acht Jahre alt und wollte ja selbst vernünftig sein. Ich wusste, dass sich Daumenlutschen für ein so großes Mädchen nicht gehörte, aber es klappte einfach nicht. Immer wieder rutschte der Daumen automatisch in meinen Mund. Mal war es der rechte, mal der linke. Dabei riss ich vorsichtig den Fingernagel des jeweiligen Zeigefingers etwas ein und rieb mit dieser angerauten Kante sanft zwischen Nase und Oberlippe hin und her.

In solchen Augenblicken war die Welt um mich herum eine andere. Niemand und nichts kam von außen noch an mich heran. Gedankenverloren konnte ich so vor mich hin träumen. Keine Langeweile, keine Sprüche meiner Brüder, kein Hunger und kein Durst, nicht einmal die schlechte Laune von Lilo tangierten mich in diesem Zustand. In meiner Welt brauchte ich mich weder zu rechtfertigen noch zu verteidigen und schon gar nicht zu kämpfen. Hier gab es nur Elfen und friedliche Tiere, die mir alle wohlgesonnen waren.

Denen brauchte ich nichts zu erklären, sie verstanden mich so. Sie tanzten und spielten mit mir, und meine Mutti war auch immer in meiner Nähe. Alles war ruhig, geschah ohne Worte, in friedlicher Stille – bis eine energische Stimme mich zurückholte, indem sie mich unsanft anfuhr: »Daumen raus!« Begleitet wurden diese Worte von einem leichten Schlag auf den Hinterkopf.

Eines Tages hatte Lilo eine gelbe Tinktur gekauft. Die wurde nun morgens und abends auf meinen Daumen gestrichen. Ich hielt ihn stets bereitwillig hin. Es war ja nötig. Doch so kooperativ ich auch war, so sehr ich mich bemühte, es passierte trotzdem immer wieder mit dem Daumen.

Der Ton meiner Geschwister hatte inzwischen wieder an Härte zugenommen. Auch mir gegenüber. Erwischten sie mich beim Daumenlutschen, schämte ich mich, riss den Daumen aus dem Mund, versteckte ihn schuldbewusst auf dem Rücken und wurde knallrot. Für Axel und Konrad war dies ein weiterer willkommener Anlass, mich zu ärgern: »Blöde Geiß, zu doof zu allem, behalte doch den blöden Daumen mal beim Fressen im Maul, dann haben wir wenigstens auch etwas davon!« Sie verstanden eben rein gar nichts.

Von der Tinktur schmeckte der Daumen gallebitter, aber egal, ich brauchte ihn. Ich nuckelte so lange weiter, bis mein Speichel endlich die gelbe Schicht neutralisiert hatte. Abends banden sie mir beide Hände mit Lappen zu, die an den Gelenken verknotet wurden. Aber ich konnte nicht einschlafen, bevor ich die Knoten gelöst und den Daumen im Mund hatte.

Entnervt und voller Verachtung gaben sie es irgendwann auf. Ich war wieder einmal das »widerborstige, böswillige Balg«. Sie hatten es ja schon immer gewusst. Es war vergebliche Liebesmüh.

Meistens hatte mein Daumen vom Druck der Zähne gelbliche Hornhaut. Auch die Haut unter der Nase war vom ständigen Reiben rot, die Oberlippe angeschwollen, das Nagelbett der Finger entzündet und vereitert. Wildes Fleisch begann rundherum zu wachsen. Es musste mehrfach verätzt werden.

Ich fand mich sehr hässlich und schämte mich für mein Aussehen. Aber mein Daumen war und blieb mein einziger Trost in dieser Welt.

# HUNNEBROCK
## Ein neues Haus, aber kein Zuhause (1950-1952)

Endlich war er da, der Tag, auf den ich so lange und voll Spannung gewartet hatte. Unsere wenigen Sachen, der Hausrat und die Federbetten wurden auf einen offenen Pferdewagen geladen, und dann ging es auf nach Hunnebrock, einem Dorf etwa drei Kilometer von Bünde entfernt.

Ich saß hinten, zwischen unserem Hab und Gut, und schämte mich, weil die Leute uns und unseren spärlichen Besitz so ungeniert ansehen konnten. Am liebsten hätte ich allen die Zunge herausgestreckt. Ein Pferdewagen, so etwas war inzwischen nicht mehr üblich. Aber für mich fing genau mit diesem Pferdewagen ein ganz neuer Lebensabschnitt an.

Bisher war alles schwierig gewesen. Wir waren immer die anderen, die nicht dazugehörten. Jetzt würde alles besser werden. Ein neuer Anfang unter neuen Bedingungen. So stellte ich mir das vor, ja, ich glaubte fest daran.

### Veränderungen

*Der Umzug*

Es war ein heißer Sommertag. Der Wagen zuckelte bald über einen holperigen Feldweg, an Kornfeldern mit leuchtend roten Mohnblumen und blauen Kornblumen vorbei. Dann kam ein kleines Wäldchen. Hier bog der Pferdewagen links ab. Die Bäume lichteten sich bereits nach hundert Metern. Ein flacher Schafstall wurde auf der rechten Seite sichtbar. Gegenüber stand ein altes Haus unter dicken Eichenbäumen.

*Wer da wohl wohnt?*, fragte ich mich.

Das Pferd trabte weiter, aus dem Schatten der Bäume heraus und wiederum an einem Kornfeld vorbei. Der Wagen rumpelte über Steine, Sand knirschte unter den Rädern. Ab und zu schnaubte das dicke Pferd und schlug mit seinem Schweif die Fliegen fort. Die Sonne flimmerte heiß vom Himmel. Die Luft sirrte in der Hitze.

An einer Bank mit drei hohen Pappeln bogen wir rechts ab. Auf beiden Seiten des Feldweges zog sich ein Graben entlang, von wildem Brombeergestrüpp überwuchert. Mir wurde langsam langweilig. Ich ahnte nicht, dass dies demnächst mein täglicher, langer Schulweg sein würde. Für den Moment hatte ich nur Durst. Wir fuhren bestimmt schon eine Stunde.

Rechter Hand des Feldweges standen drei unscheinbare Häuser, links eins. Alle hatten Vorgärten, Rasen, Blumen und einen Zaun rundherum.

*Ob wir hier irgendwo wohnen werden?*, fragte ich mich. Ein Hund bellte. Ich sah einige braune Hühner, eine Katze schlief auf einer Mauer in der Sonne, und hinter einem Fenster bewegte sich eine Gardine.

*Ob es hier Kinder zum Spielen gibt?* Zu sehen war niemand.

Der Bauer vorn auf dem Bock drehte sich zu mir um und rief freundlich: »Gleich sind wir da. Dort vorne wohnt Richard Kohlmann!«

Das war unser neuer Hauswirt. Ich war erleichtert, denn inzwischen hatte ich genug von der langsamen Zockelei mit dem Pferdewagen in der brütenden Hitze. Vor uns kreuzte eine asphaltierte Straße den Feldweg. »Bergstraße« las ich auf dem Straßenschild. Genau an der Ecke stand ein weißes, neues Haus mit leuchtend rotem Dach. Gerade fertig geworden, alles blitzsauber. Rundherum war die Erde noch aufgewühlt. Daneben ein

Haufen Sand, Mauersteine, Arbeitsgeräte. Ein paar lange Bretter führten über den Graben hinweg zur Haustür und zum Kellereingang.

Ein Mann mittleren Alters, in blauer Arbeitshose, Holzschuhe an den Füßen, stellte gemächlich seine Schaufel beiseite und kam auf uns zu, als das Gespann hielt.

Zum Fenster hochblickend rief er mit lauter Stimme: »Gertrud, Gertrud, komm doch mal eben! Sie sind da!«

Man hatte uns also erwartet.

Aus dem Keller tauchte eine sehr dicke, ältere Frau mit großer, dunkler Schürze auf, an der Hand ein kleines blondes Mädchen. Wie ich später erfuhr war sie die ältere Schwester von Richard Kohlmann. Bertha. Sie war unverheiratet und wohnte mit im Haus. Ich hörte sie zu dem Kind sagen: »Komm Lottchen, das sind sie. Wir gucken mal.«

*Wieso gucken die mal?*, überlegte ich, *was gibt es an uns schon wieder zu gucken?*

Ein unangenehmes Gefühl machte sich in mir bemerkbar, ich versuchte, es abzuschütteln.

*Wir wohnen ja ab jetzt hier, da müssen sie wohl mal gucken,* war meine Überlegung, und ich krabbelte vorsichtig vom Wagen herunter.

Vorne ging die Haustür auf, und Gertrud Kohlmann trat in Erscheinung.

»Na, da seid ihr ja endlich«, sagte sie freundlich.

Ich hielt mich unsicher hinter den anderen versteckt, aber sie sah mich und kam lächelnd auf mich zu.

»Och«, kam von ihr, »du bist wohl die Mareanne, stimmt‘s? Dich kenne ich ja noch gar nicht. Die anderen haben sich schon bei uns vorgestellt. Du darfst Tante Gertrud zu mir sagen.«

Ich gab ihr höflich die Hand, machte einen ordentlichen Knicks, wie es sich gehörte, und antwortete: »Ja, aber ich heiße *Marjanne*, nicht *Mareanne*.«

»Halt‘s Maul«, zischte Axel mir zu und trat dabei kräftig gegen mein Schienbein.

Lilo gab mir einen Schubs. Ich wusste überhaupt nicht, was ich falsch gemacht hatte und sah betreten zu Boden. Brennende Röte stieg in mein Gesicht, aber Gertrud Kohlmann schien nichts gemerkt zu haben.

»Na, dann kommt mal alle rein«, sagte sie herzlich. »Dann wollen wir mal gucken.«

Schon wieder »gucken«. Das schien hier so eine Redensart zu sein und hatte gar nichts weiter zu bedeuten.

Über die Bretter gingen wir ins Haus.

### Kohlmanns

Richard Kohlmann war der Chef im Hause. Von kräftiger Statur, aber zurückhaltend. Er sprach nicht viel, hörte ernsthaft zu und stellte hin und wieder eine Frage. Ansonsten beobachtete er uns genau, hatte ich das Gefühl.

Er war der Jüngste von neun Kindern, seine Schwester Bertha die Älteste. Aufgewachsen waren die Kohlmanns weiter unten an der Bergstraße in einem Kotten – einem einfachen Haus ohne Keller und Boden. Die Familie hatte zu der damaligen Zeit ein schweres Leben gehabt. Das neue Kohlmann-Haus hatten sie sich unter anderem leisten können, weil es nach dem Krieg zinsfreie Kredite für alle gab, die bereit waren, Flüchtlinge wie uns in ihrem Haus zur Miete wohnen zu lassen. Zurückzuzahlen waren die Gelder erst nach Auszug der Familie. Außerdem waren die Grundstückspreise nach dem Krieg sehr niedrig, pro Quadratmeter fünfzig Pfennige.

Richard war bereits mit vierzehn Jahren in Bünde in die Lehre gegangen und hatte Drucker gelernt. Er blieb ein Leben lang in derselben Firma. Dort gründete er einen Betriebsrat, engagierte sich in der Gewerkschaft und in der SPD. Auch während der Nazizeit war er genau wie seine Schwester Bertha aktiv in der Partei für Menschenrechte und Freiheit eingetreten und musste dafür viele Repressalien über sich ergehen lassen.

Als wir bei Kohlmanns einzogen, war er gerade zum stellvertretenden Bürgermeister von Hunnebrock gewählt worden. Im Krieg hatte er von Beginn an kämpfen müssen, hatte Stalingrad und sogar die russische Gefangenschaft überlebt. Jahrelang erzählte er immer wieder vom Krieg und seinen schlimmen Erlebnissen. Seine Geschichten beeindruckten mich sehr. »Onkel Richard«, bat ich ihn immer wieder, »erzähle mir vom Krieg.«

Im Gegensatz zu ihrem Bruder hatte Tante Bertha nur kurze Zeit eine Schule besucht. Zu Hause hatte sie ihrer kränklichen Mutter helfen müssen, die vielen Kinder großzuziehen. Sie führte den Haushalt und hatte noch die Zeit erlebt, als die Wäsche im Bach hinter dem Haus gewaschen wurde. Als endlich alle Geschwister aus dem Gröbsten heraus waren, hatte sie gleich angefangen, in einer Fabrik zu arbeiten. Sommers wie winters lief sie den ganzen Weg zur Arbeit und auch zu Hause in groben Holzschuhen.

Von ihrer Art her war sie ihrem Bruder ähnlich, zurückhaltend, von scharfem Verstand, und stets hatte sie eine eigene Meinung. Ihr größtes Problem war und blieb ihr Leben lang, dass sie so dick und rund war und doch so gerne schlank gewesen wäre. Auch geheiratet hätte sie gern, aber dafür war weder Zeit noch Gelegenheit gewesen, und nach dem Krieg waren Männer Mangelware. Vielleicht hatte es auch ein bisschen an ihrer westfälischen Sturheit gelegen. Man brauchte eine Weile, ehe man ihre weiche, mitmenschliche Seite entdeckte.

Tante Gertrud kam aus einem anderen Dorf. Ihre Eltern besaßen eine eigene kleine Zigarrenfabrik. Sie hatte eine Ausbildung als Bürogehilfin gemacht, war eigentlich schon verlobt gewesen, aber ihr zukünftiger Mann war tödlich verunglückt. Später lernte sie Richard kennen, und beide respektierten einander. Bald war die Hochzeit beschlossene Sache.

Im Gegensatz zu den Kohlmanns war Tante Gertrud sehr gläubig erzogen worden. Doch da die angeheiratete Familie nichts mit der Kirche am Hut hatte, schränkte auch sie sich in dieser Hinsicht ganz und gar ein, passte sich an und widersprach nicht. Denn sie hatte Tante Bertha gleich mitgeheiratet. Ich habe sie als sehr warmherzig und hilfsbereit in Erinnerung.

Lottchen, ihre Tochter, war nach der Hebamme genannt worden, denn die Geburt war langwierig und schwer gewesen. Sie war ungefähr zwei Jahre alt, als ich sie kennenlernte. Ein schmales, zartes, blondes und sehr verwöhntes kleines Mädchen.

*Eigene Wände*

Das war unser Einzug in Hunnebrock. Kohlmanns wohnten unten, wir oben. Wir hatten nun wirklich eine richtige, eigene Wohnung für uns alleine. Unser Vater hatte einen »Lastenausgleich« bekommen. Was auch immer das bedeutete, ich hatte keine Ahnung, aber es ging um Geld, so viel verstand ich, und dass wir darum nun sogar eigene Möbel besaßen. Später erfuhr ich, dass Flüchtlinge, die selbst oder durch Zeugen glaubhaft darlegen konnten, was sie in ihrer Heimat besessen hatten, diesen Lastenausgleich in Form von Geld für die nötigsten Anschaffungen bekamen. Unser Vater hatte ein zusammengewürfeltes Sammelsurium an Möbeln wahrscheinlich billig zusammengekauft oder geschenkt bekommen. Er war eben immer noch der kluge Kaufmann, der er schon früher war.

Von dem kleinen dunklen Flur führten vier Türen in unsere Wohnräume: Es gab ein Wohnzimmer sogar mit einem Teppich, auf dem ein dunkler Esstisch mit fünf gepolsterten Stühlen rundherum stand. Unter der schrägen Wand stand ein Sofa. Gegenüber ein wuchtiges Büffet mit Glasaufsatz und vielen Schnörkeln. Alles wirkte sehr dunkel, aber an den Fenstern hingen helle Gardinen.

Das Schlafzimmer wurde allein durch ein riesiges Doppelbett ausgefüllt. In dem schliefen Lilo und ich. Rechts und links zwei Nachttische mit kleinen Lämpchen. An der Wand stand ein klotziger Kleiderschrank. Alles in Eiche. Das Interessanteste für mich aber war die Frisierkommode mit dem dreiteiligen Spiegelaufsatz. Immer wieder betrachtete ich mich darin von allen Seiten, lernte mein Gesicht in sämtlichen Einzelheiten kennen. Wenn es mir auch nicht gefiel, so kannte ich es doch bald sehr genau.

Hinter einer anderen Tür, die von dem kleinen Flur abging, war das Badezimmer. Das enttäuschte mich, denn es gab keine Badewanne, sondern nur ein Waschbecken und eine Toilette. Die Wanne sollte später eingebaut werden, genau wie eine Heizung.

Dann kam die Küche. Von hier führte eine weitere Tür in das sogenannte Kinderzimmer, in dem Axel schlief. Darin standen ein Bett, ein Nachttisch und ein kleiner Kleiderschrank sowie eine Kommode.

Unser eigentliches Leben spielte sich in den nächsten Jahren hauptsächlich in der kleinen, etwa zehn Quadratmeter großen Wohnküche ab, denn hier standen ein Herd und ein Ofen. Auch die Winter in Hunnebrock, in dem hübschen neuen Haus in der Bergstraße, waren kalt, sehr kalt.


*Mein langer Schulweg*

Unser Alltag veränderte sich wenig. Nur, dass wir alle früher aufstehen mussten als sonst. Lilo fuhr bei Wind und Wetter, Eis und Schnee mit dem Fahrrad zu ihrer Zigarrenfabrik nach Bünde. Konrad wohnte ja schon nicht mehr bei uns. Wie unser Vater schlief er in der Kaserne der britischen Militärregierung. Axel schlief im Kinderzimmer, er hatte den Wecker.

Axel und ich blieben in unserer alten Schule in Bünde. Wenn wir beide um acht Uhr Unterricht hatten, weckte er mich. An den anderen Tagen stellte er mir nur den Wecker ans Bett. Sobald dieser klingelte, stand ich auf und machte mich fertig für den Schulweg. Der war nun sehr weit. Jeden Tag marschierten wir drei Kilometer hin und drei Kilometer zurück durch die Felder. Jeder für sich alleine.

Im Sommer war das nicht so schlimm für mich, nur langweilig. Aber im Herbst und im Winter fiel mir das schwer. Es war dunkel und kalt, Nebel hing über den Feldern. Die Bäume sahen aus wie Gespenster. Ich fror im Nieselregen und bei Schnee. Manchmal hetzte ich über weite Strecken im Dauerlauf dahin. Ich hatte Angst, denn sonst schien niemand unterwegs zu sein.

Nach der Schule ließ ich mir dagegen viel Zeit. Es war sowieso niemand zu Hause. Axel ging seine eigenen Wege. Lilo kam erst abends nach Hause, und wir wussten nie, ob sie gute oder schlechte Laune hatte. Meistens hatte sie schlechte. Immer war sie sehr müde. Aber ich hoffte stets, dass sie trotzdem einmal freundlich sein würde.

Heike und ich gingen weiterhin in eine Klasse. Bis sie nach Hause musste, oder bis wir uns stritten, spielten wir draußen zusammen. An Regentagen sah es schlecht für mich aus. Da ging sie lieber zu Bärbel oder Steffi, die ein paar Häuser weiter wohnten. Früher konnten sie sich nicht leiden. Seit ich in Hunnebrock wohnte, war das nun ganz anders. Sie spielten in den jeweiligen Wohnungen zusammen, und ich durfte nicht mit. Ich gehörte ja nicht dazu, ich war nicht gut genug. Bei Familien wie unserer, da wusste man ja nie so recht.

Ich musste feststellen, dass ich für Heike austauschbar war. Das tat mir weh. Wir hatten so viele Geheimnisse miteinander geteilt. Das zählte nun nicht mehr. Auch nicht die schönen Spiele mit dem Bauernhof von ihrem großen Bruder, die wir heimlich auf dem Dachboden ausprobiert hatten. Selbst, dass ich ihr so mühsam das Fahrradfahren beigebracht hatte. Auf Lilos Fahrrad. Ich hatte Prügel dafür eingesteckt, weil das Rad verbeult war und viele Kratzer aufwies, aber ich hatte sie nicht an Lilo oder ihre Eltern verraten. Immer wieder hatte ich sie vor anderen Kindern in Schutz genommen, mich mit ihnen sogar geprügelt für sie. Aber nun war ihr der Weg nach

Hunnebrock zu weit. Sie besuchte mich nie. Manchmal besuchte ich noch Familie Weidmann und den kleinen Alexander, aber im Laufe der Zeit blieb auch das aus. Der Weg war einfach zu weit.

Unterwegs nach Hause schlenderte ich über die Feldwege, suchte nach Himbeeren und den kleinen Walderdbeeren, die überall wuchsen. An den Feldrändern pflückte ich Wiesensträuße in der Hoffnung, damit Lilos Laune aufzubessern und unser Zuhause ein bisschen gemütlicher zu machen. Manchmal beobachtete ich die Feldmäuse, die überall herumhuschten und gar nicht schüchtern waren.

Am Wäldchen angekommen, war das längste Stück des Weges geschafft. Dort machte ich auf der Bank bei den Birken eine größere Pause. Hier konnte ich den Bauern beim Säen, Eggen, Pflügen oder Mähen auf den Feldern zusehen. In der Schule sprachen wir ja über solche Sachen.

*Aha, so wird es also gemacht,* dachte ich dann.

Wenn ich Gerste, Hafer, Roggen und Weizen auseinanderhalten und viele Pflanzen mit Namen nennen konnte, war ich stolz auf mich. Auf dem Heimweg sang ich sehr laut sämtliche Lieder, die ich kannte, und war glücklich. Fielen mir keine mehr ein, dachte ich mir welche aus. Solche Dinge machten mir Spaß, und ich fühlte mich frei dabei.

Manchmal traf ich den Schäfer mit seiner großen Herde. Er zog auf immer neue Weiden. Sein Schäferkarren, der nie weit weg stand, beflügelte meine Fantasie. Ich stellte mir vor, wie er darin abends auf frischem Stroh und Heu schlafen ging. Dabei blieb die Tür sicher weit offen, damit er die Sterne zählen und bei Regen und Wind die Nachtwolken ziehen sehen konnte.

*Der braucht niemals Angst zu haben,* dachte ich, *seine drei großen Hunde bewachen nicht nur die Schafe, sondern auch ihn selbst. Aber im Winter nimmt er bestimmt die doppelte Menge Stroh und warme Wolldecken, um sich darin einzumummeln.*

Sein Leben schien mir frei von Zwängen und Nöten zu sein. Ich dagegen hatte oft Angst. Auf dem Schulweg unterwegs, wenn kein Mensch zu sehen war, fürchtete ich mich, zum Beispiel vor der Roggenmuhme. Jemand, wahrscheinlich Tante Gertrud oder Tante Bertha, hatte mir erzählt, sie würde in den Kornfeldern wohnen und alle Kinder fangen, die sich in ein Kornfeld hineinwagten. Ich wäre so schrecklich gerne einmal durch ein hohes Kornfeld gelaufen. Natürlich erzählten die Erwachsenen uns Kindern gerade deshalb solchen Unsinn.

Auch Gewitter machten mir große Angst. Wahrscheinlich wurde meine Furcht noch durch die von Tante Gertrud und Tante Bertha verstärkt. Sobald ein Gewitter aufzog, wurden bei Kohlmanns alle Türen und Fenster geschlossen, alle Stecker aus den Steckdosen gezogen, und wir alle, bis auf den berufstätigen Richard, gingen gemeinsam in den Keller. Selbst wenn Onkel Richard zu Hause war, nahm er die Sache anders als Frau und Schwester und lästerte darüber, aber wir ließen uns davon nicht beirren und warteten voller Unruhe im Keller, bis alles vorbei war.

Mehrmals zeigte mir Tante Bertha, wie in der Ferne, zwischen den Feldern, ein Bauernhof abbrannte, den der Blitz getroffen hatte. Im Dorf waren Gewitter immer Ereignisse, über die man sprach. Die meisten Leute hatten Angst davor.

Noch größer als meine Angst vor Unwettern war meine Furcht vor Spinnen. Sie versetzten mich in regelrechte Panik. Entdeckte ich eine Spinne in unserer Wohnung, erstarrte ich förmlich vor Entsetzen, konnte mich nicht mehr von der Stelle bewegen und begann fürchterlich zu schreien. Und ich konnte auch nicht mehr aufhören damit. Egal, welche Stimmung gerade in unserer Familie herrschte, ich schrie, bis jemand kam, um das Tier zu entfernen. Entweder rannten Lilo oder Axel herbei oder sogar jemand von den Kohlmanns. Sie töteten die Spinne oder brachten sie irgendwie nach draußen. Mir war egal, was sie taten, die Hauptsache war, dass sie verschwand. Danach dauerte es jedes Mal lange, bis ich mich wieder beruhigen konnte.

## Alltag mit meinen Brüdern

Die meiste Zeit über war ich allein – und fühlte mich sehr einsam. Wenn jemand da war, dann Axel. Wir zankten uns oft, aber immer häufiger ging er seine eigenen Wege. Wohin, wusste ich nicht. Auf meine Begleitung legte er keinen Wert. Lilo arbeitete immer lange. Wir sahen und hörten sie kaum. Auch gingen wir ihr lieber aus dem Weg.

*Die Jalousie*

Wenn Axel aus der Schule kam, gingen seine Meckerei und Besserwisserei los, aber der größte Streit entwickelte sich zwischen uns immer noch, wenn es ums Essen ging.

Eigentlich war sein Hunger viel größer als meiner, aber er war immer noch zu stolz, um von anderen, damals Tante Herta oder jetzt Tante Gertrud, Essensreste anzunehmen. Es ging ihm darum, dass es ja nur die Reste waren, die man ihm anbot. Etwas, was andere nicht mehr wollten. Abfall, den man auch an die Schweine verfütterte.

Axel war der Meinung, dass sie, wenn sie wirklich Verständnis für unseren Hunger gehabt hätten, einfach ein bisschen mehr hätten kochen können. Denn Leuthners wie Kohlmanns waren zwar sparsam, litten aber keineswegs Not. Bei Kohlmanns gab es einen Obst- und Gemüsegarten. Sie hielten Hühner, Kaninchen und ein Schwein. Und so nahm Axel nicht von den Kohlmanns und überhaupt von niemandem »milde Gaben«, wie er es nannte, an. Lieber hungerte er.

Bei uns war damals alles knapp. Es gab Brot, Margarine, einfache Vierfruchtmarmelade oder Rübenkraut, manchmal Leberwurst oder Teewurst und Streichkäse. Sehr beliebt waren auch ein Maggi-Brühwürfel als heiße Suppe, ein Zucker-Ei oder saure Milch mit Zucker. Jeder machte sich seine Brote selbst, aber da Axel ständig versuchte, die besseren oder größeren Stücke für sich herauszuschlagen, gab es Theater. Ich ließ mir inzwischen nichts mehr gefallen, beobachtete ihn genau und giftete gleich los, wenn er versuchte, mich zu übervorteilen. Darüber empörte er sich dann und spielte den Unschuldigen. Das machte mich nur umso wütender.

Nichts hasste ich mehr als diese Austrickserei. Ich trat nach ihm, aber er holte gleich aus und knallte mir eine dafür. Daraufhin sprang ich meist zornig auf und begann, laut und durchdringend zu kreischen, zu spucken, zu kratzen und versuchte, ihm seine ohnehin etwas dünnen Haare auszureißen. Schließlich rollten wir auf dem Fußboden herum und schlugen aufeinander ein. Natürlich zog ich immer den Kürzeren. Oft musste erst Tante Gertrud – aufmerksam geworden durch unser Geschrei und Getrampel – mit entsetztem Gesicht in unserer Wohnung erscheinen, damit die Prügelei ein Ende fand. Der nächste Krach war damit bereits vorprogrammiert, denn Axel verzieh niemals, wenn sich jemand von außen einmischte. Seine Rache war mir gewiss.

Dann gab es auch wieder friedlichere Tage zwischen uns. Ich versuchte manchmal, ihm etwas von dem zu erzählen, was mir so durch den Kopf ging oder was ich erlebte. Doch das interessierte ihn nicht im Geringsten. Entweder verschwand er kommentarlos in seinem Zimmer, schloss sich dort stundenlang ein, um von mir und meiner »Quatscherei« nicht gestört zu werden, oder er verschwand nach draußen.

Ich fühlte mich dann besonders alleine, vermisste eine richtige Familie, so wie früher, als Mutti noch da war. Einfach einen Zusammenhalt, Solidarität, ein gewisses Interesse füreinander. Aber wir waren einfach keine richtige Familie, in der man gegenseitig Verständnis füreinander aufbringt.

Axel sagte nie, wohin er ging, und nahm mich natürlich auch nie mit, obwohl ich darum geradezu bettelte. Doch er wimmelte mich ab wie ein lästiges Insekt. Wenn ich ihn mit schnellen Schritten die Treppen hinunterspringen hörte, manchmal schlich er sich auch ganz leise davon, dann flitzte ich ins Wohnzimmer, ließ vorsichtig die schwere Holzjalousie herunter und beobachtete ihn durch die Ritzen. Ich wollte wenigstens wissen, was er machte, und wohin er ging.

Und siehe da, eines Tages hatte ich Glück, denn es tat sich etwas. Axel kam mit Gisela direkt an unserem Haus vorbei. Gisela wohnte in der Nachbarschaft, war schon älter als Axel und hatte einen großen Busen. Sie war auch mal Konrads Freundin gewesen.

Das war natürlich ein gefundenes Fressen für mich. Endlich war ich bei meinen heimlichen Beobachtungen einem seiner Geheimnisse auf die Spur gekommen. Mit großer Kraft zog ich leise die schwere Holzjalousie ein Stück hoch und hielt das Zugband mit der rechten Hand fest. Als Axel und Gisela direkt unter dem Fenster waren, streckte ich blitzschnell meinen Kopf heraus.

»Hä, hä, Axel und Gisela, Axel und Gisela, hä, hä, hä!«, rief ich laut.

Im gleichen Augenblick sauste mit donnerndem Getöse die Jalousie herunter. Hart schlug mein Kopf auf dem Fensterrahmen auf. Die Schlaufe mit dem Zugband war mir aus der Hand gerutscht, die Jalousie hatte mich von oben am Kopf getroffen und fest eingeklemmt. Vor Schmerz und Schreck blieb mir der letzte Ton im Halse stecken. Ich war total bewegungsunfähig und rang verzweifelt nach Luft.

Axel hatte das donnernde Geräusch gehört – ebenso wie meine Spötteleien. Als er hochblickte, wurde sein Gesicht vor Entsetzen ganz weiß. Mit einem gewaltigen Sprung setzte er über die Gartenhecke und raste durch Kohlmanns frisch angelegten Vorgarten. Sekunden später war er bei mir und befreite mich. Mein Kopf war heil. Zum Glück floss kein Blut. Aber blaue Flecken und eine große Beule würde ich schon bekommen. Mir war ganz schwindelig, meine Beine zitterten.

Ängstlich wartete ich, was nun kommen würde. Ich war mir sicher: *Jetzt ist eine Tracht Prügel von ihm fällig!* In diesem Fall hätte ich es sogar verstanden. Aber Axel sagte kein Wort. Er schimpfte nicht einmal. Er war selbst so erschrocken und gleichzeitig froh, weil alles noch einmal gut gegangen war. Das konnte ich ihm ansehen.

*Ich war also doch seine kleine Schwester*, dachte ich. *Irgendwie fühlt er sich für mich verantwortlich.*

Mir war nichts Ernsthaftes geschehen, obwohl ich einen entsetzlich langen Moment geglaubt hatte, Axel sei vielleicht nicht schnell genug bei mir.

*Dann wäre alles aus gewesen*, dachte ich, *ich hätte sterben müssen.* Doch er hatte mich gerettet – trotz allem. Ich war sehr still und schämte mich für meine Gemeinheit ihm gegenüber.


*Das Geheimnis im Wohnzimmer*

Eines Tages, als ich aus der Schule kam, war Axel schon zu Hause und schien auf mich gewartet zu haben. Er war nervös, meinte gleich: »Komm, ich muss dir etwas zeigen« und zog mich zur Wohnzimmertür.

Seit einiger Zeit war die immer abgeschlossen. Da wir den Raum nicht benutzten, war mir das nicht aufgefallen. Axel schien die Sache dagegen schon länger zu beobachten. Er sagte: »Los Geiß, sieh mal durch das Schlüsselloch. Fällt dir da etwas auf?«

Erstaunt machte ich, was er sagte, sah aber nichts. Nur ein fantastischer Geruch strömte mir entgegen. »Pah, das riecht aber gut! Kotelett oder so, nicht wahr?«

Axel nickte. »Und«, fragte er weiter, »fällt dir noch etwas auf?«

»Na klar, da muss jemand drin sein!«

»Genau«, meinte Axel trocken, »der Schlüssel steckt ja von innen. Das wird dieses dumme Schwein Dieter sein. Der sitzt da drinnen und frisst uns das Essen weg. Das werde ich unserem Alten mitteilen, dann kann unsere liebe Schwester aber was erleben!«

»Wer ist das denn überhaupt?«, fragte ich verdattert. »Und woher weißt du das? Ich kenne den überhaupt nicht.« Und einen Moment später fragte ich noch mal nach: »Was will denn der hier, und wieso ist der da drin eingeschlossen?«

»Tja, du bist eben immer ein bisschen blöde und kriegst nichts mit! Das ist der Kerl, der die Dicke schon in der Winkelstraße manchmal besucht hat.«

Die Brüder nannten Lilo seit einiger Zeit nur noch die »Dicke«, obwohl sie ausgesprochen schlank war. Sie ärgerte sich mächtig darüber, und das war für beide Grund genug, bei dieser Bezeichnung zu bleiben.

Nun hatte Axel mich richtig neugierig gemacht. Aber ich kam mit meinen Überlegungen nicht so schnell hinterher und fragte deshalb noch mal nach: »Axel, ich habe hier noch nie einen Mann gesehen. Sind die vielleicht verliebt oder so was? Will der sie etwa heiraten?«

»Nein, das kann er gar nicht. Der Arsch ist nämlich schon verheiratet und macht so eine Scheiße. Jetzt versteckt er sich bei uns und frisst uns alles weg.«

»Das ist aber wirklich nicht richtig«, überlegte ich laut, »bei uns hat Lilo ewig schlechte Laune und prügelt auf uns ein. Und dann versteckt sie hier diesen fremden Mann, der alles auffrisst.«

Axel hatte die Angelegenheit lange genug beobachtet, wie er mir erklärte, und die Gerüche aus dem Wohnzimmer sprachen für sich. Wir hingen noch eine ganze Weile vor dem Schlüsselloch, hörten aber keine Geräusche und sahen niemanden. Nur dass es so gut roch, das machte uns ganz verrückt.

Während wir sonst froh und dankbar waren für jede Minute, die wir Lilo aus dem Weg gehen konnten – es verging ja kaum ein Tag ohne Krach und Prügel, einer von uns beiden war immer »fällig« –, warteten wir an diesem Tag auf sie. Heute sollte *sie* Rechenschaft ablegen.

»Das mit dem Kerl im Wohnzimmer, das soll sie uns mal erklären!« Darüber waren wir diesmal einer Meinung.

Lilo erklärte uns überhaupt nichts. Sie stritt einfach alles ab und wurde unheimlich wütend.

»Das geht euch einen feuchten Staub an, ihr blöden Bälger! Ich habe es nicht nötig, mir solche Unverschämtheiten von euch anzuhören! Soll der blöde Alte euch doch selbst großziehen! Wer bin ich denn hier überhaupt? Höre ich noch ein Wort zu diesem Thema, dann knallt es ganz gewaltig!«

Sie kochte vor Zorn. Doch Axel konnte sich nicht zurückhalten. »Aber du willst doch wohl nicht abstreiten, dass da drinnen dein Kerl sitzt, brutzelt und brät und frisst von dem Geld, das der Alte für *uns* bezahlt hat!«

Ich zeigte mich solidarisch und gab Axel recht: »Ja, und wir müssen den ganzen Tag Kohldampf schieben!«

Es war blöd von mir, mich einzumischen. Denn nun war das Maß voll für Lilo.

»Ich werde euch jetzt gleich mal zeigen, wo es langgeht, und was ihr für das Geld von eurem Alten haben könnt!«, schrie sie.

Sie riss die Schublade vom Küchentisch auf, schnappte den Holzkochlöffel, griff Axel bei den Haaren und schlug wild auf ihn ein, wohin sie auch immer traf. Er versuchte, sich zu befreien, zerrte hin und her, aber eisern hielt sie ihn an seinen Haaren fest. Endlich schaffte er es, mit einem kräftigen Ruck freizukommen und unter dem Küchentisch abzutauchen. Sie hielt ein Büschel Haare in der Hand.

Blitzschnell drehte sich Lilo daraufhin zu mir um, erwischte mich am Arm und brüllte: »Und du dummes Aas, musst denselben Mist von dir geben wie dein hinterhältiger, verquiemter Bruder? Das treibe ich dir auch ein für alle Male aus!«

Sie schlug mit aller Kraft zu. Der Kochlöffel traf mich auf dem Rücken, an den Armen und Beinen und ebenso auf dem Kopf. Es gab kein Entrinnen. Es tat weh. Jeder Schlag brannte heiß auf meinem Körper. Ich schrie wie am Spieß, wand und drehte mich und versuchte ebenfalls, zu entkommen. Mit wilder Wut schlug sie immer weiter und weiter. Auch als ich mich endlich losgerissen hatte, sprang sie hinter mir her.

Sie hörte nicht auf zu prügeln, als ich längst in der Ecke auf dem Fußboden lag und sie mit dem Gestrampel meiner Beine abzuhalten versuchte. Ihr Zorn war noch nicht verraucht! Es ging immer weiter! Plötzlich stürzte sie sich wieder auf Axel. Sie schlug und tobte, bis der Kochlöffel zersplitterte.

»Glaubt nicht, dass die Angelegenheit damit erledigt ist. Das hat Folgen für euch! Essen ist gestrichen. So eine Brut braucht nicht noch was zu fressen. Los, du Mistbengel, ab in dein Zimmer. Da kannst du bis morgen im Dunkeln schmoren!« Sie schubste ihn in sein Zimmer und schloss von außen zu. »Und nun zu dir, Balg! Für dich gilt dasselbe. Hau ab ins Schlafzimmer. Ich will keinen von euch beiden mehr sehen oder hören!«

Sie wollte mich aus der Küche schubsen, aber ich hatte Angst und zuckte schnell nach unten weg. Das machte sie wieder wütend. Abermals schrie sie los: »Werde hier bloß nicht hysterisch, sonst kannst du gleich noch eine Wucht kassieren. Und lass dein blödes Geplärre endlich! Wer sein Maul im falschen Moment aufreißt, der muss sich nicht wundern, wenn er Prügel dafür kriegt! Hau endlich ab, eh ich mich noch einmal vergesse!«

Ich versuchte, mein Weinen zu unterdrücken, wischte energisch mit beiden Händen die Tränen ab, zog vorsichtig die Nase hoch und verschwand im Schlafzimmer. Kurz darauf hörte ich sie auch meine Tür von außen abschließen und die Treppen hinuntergehen. Das Licht ging aus. Sie hatte die Sicherungen herausgedreht.

Die Haustür klappte. Sie war weggegangen, wie üblich. Jetzt erst spürte ich meinen geschundenen Körper. Überall tat es weh. Vorsichtig strich ich mit den Händen über die schmerzhaftesten Stellen und kontrollierte, ob ich blutete. Nein, Blut war da nirgends, aber es schmerzte sehr.

Die Dunkelheit machte mir Angst. Ich lauschte auf meinen eigenen Atem und bewegte mich nicht. Ganz langsam kroch ich ins Bett, legte mich vorsichtig und sehr gerade auf den Rücken, zog das Federbett bis zum Hals hoch und starrte in das schwarze Zimmer. Lange lag ich ganz still. Eine Träne nach der anderen lief über meine Schläfen, verschwand seitlich in meinem Haar und machte es ganz nass. Es waren kalte Tränen. Irgendwann nahm ich erschöpft meinen Daumen und schlief ein. Ich kannte diese Tage. Es gab vier bis fünf davon in der Woche. Man musste versuchen, sie zu überleben.

*Der Tag danach*

Ich hatte nicht gehört, wann Lilo an jenem Abend nach Hause gekommen war. Als ich am nächsten Morgen aufwachte, war die Tür zum Schlafzimmer nicht mehr verschlossen. Axel war schon weg. Als ich mich auf den Weg zur Schule machte, kam Tante Gertrud gerade aus dem Keller. Sie hatte dort das Schwein gefüttert, das sich die Kohlmanns wenige Wochen vorher angeschafft hatten.

»Na, Mareanne«, sie sah mich fragend an, »hat es gestern bei euch wieder was gegeben?« Für die Kohlmanns war ich weiterhin »Mareanne« statt Marianne.

Ich nickte stumm. Leugnen war zwecklos. Sie wusste es ja ohnehin, es war nicht zu überhören gewesen.

»Komm heute Mittag nach der Schule mal runter«, sagte Tante Gertrud. »Ich koche Grünkohleintopf. Da bleibt bestimmt was über.«

Ich wusste, sie wollte mich trösten und nickte.

Es war ein nieseliger, grauer Tag. Mein Körper tat mir weh. Trotzdem wollte ich pünktlich in der Schule sein. Es sollte niemand wissen, dass ich ein »schlimmes Kind« war und nur durch Prügel erzogen werden konnte. In der Schule war ich abgelenkt von allem, aber zum Spielen mit Heike reichte meine Energie nicht mehr.

Als ich »Onkel Dieter«, wie ich ihn bald nennen sollte, einige Tage oder vielleicht auch Wochen, nachdem er sich wirklich bei uns im Wohnzimmer versteckt hatte, kennenlernte, drohten er und Lilo mir, wenn ich jemals über die »Wohnzimmergeschichte« sprechen würde, käme ich sofort in ein Heim für schwer erziehbare Kinder. Sie beschrieben mir sehr eindrücklich, wie schlimm es dort sei, entwarfen Horrorszenarien. Natürlich hatte ich große Angst davor, ins Heim zu kommen.

Einige Zeit später klingelten zwei Polizisten an unserer Wohnungstür. Eine Nachbarin hatte Anzeige gegen meine Schwester erstattet, denn durch meine Schreie wusste jeder im Dorf, was bei uns passierte. Die Polizeibeamten wollten mich zu der Sache befragen. Natürlich stritt ich alles ab. *Das Heim*, dachte ich sofort, *ich will nicht ins Heim!* – und sagte darum keinen Ton. So zogen die zwei Beamten unverrichteter Dinge wieder ab. Die Anzeige wurde nicht weiter verfolgt.

Als ich an diesem Tag aus der Schule kam, saßen sich Tante Gertrud und Tante Bertha wie immer am Küchentisch gegenüber und rollten Zigarren. Sie machten zu dieser Zeit Heimarbeit für die Zigarrenfabrik von Tante Gertruds Eltern. Man musste sehr fleißig sein und mindestens fünfhundert Zigarren pro Tag schaffen, damit es sich lohnte.

Die beiden Frauen hatten jede ein etwa zehn Zentimeter dickes und dreißig Zentimeter langes quadratisches Holzbrett vor sich liegen. Darauf stand ein Schüsselchen mit Zigarrenkleister. Der Rand ihrer großen Schürzen war zwischen Tisch und Holzbrett eingeklemmt, um herunter rieselnde Tabakkrümel aufzufangen.

Neben ihnen lagen, auf einem Stuhl in ein feuchtes Tuch eingeschlagen, die großen Tabakblätter. Sie griffen immer eins davon, zogen mit einem geschickten Ruck die dicke Mittelrippe des Blattes heraus, glätteten die beiden Blatthälften auf dem Holzbrett und schnitten sie in circa drei Zentimeter breite und etwa 15 Zentimeter lange Streifen. Vor ihnen, auf dem Tisch, lag ein Stapel »Zigarrenwickel«. Das waren Zigarren-Rohlinge ohne Deckblatt. Flink griffen sie so einen Wickel, fuhren mit dem Finger in den glasigen Kleister und strichen über den Streifen. Dann rollten sie den Wickel ein.

Der am Ende überstehende Rest des Tabakblattes wurde mit einem speziellen Messer abgeschnitten und flog mit einer schnellen Bewegung in die eingeklemmte Schürze, wie die anderen Reste und Blattrippen auch. Immer, wenn eine der Frauen fünfzig Zigarren gerollt hatte, stand sie auf, bündelte diese mit einem braunen Papierklebestreifen und packte sie in einen Karton.

Tante Gertrud war gerade so weit, als ich zur Tür hereintrat. Sie wusch sich die Hände, begann das restliche Mittagessen für mich aufzuwärmen, nahm einen Teller aus dem Schrank, füllte auf und machte etwas Platz auf dem Küchentisch.

»Komm, Mareanne, setz dich hier mal hin, iss und erzähle, was los war.«

Ich rutschte auf den Stuhl, zog den Teller heran, aß und berichtete stockend, was geschehen war, wie schon so oft. Die Blutergüsse und Striemen, die sich inzwischen auf meinem Körper gebildet hatten, leuchten für alle sichtbar rot, blau und lila. Deutlich waren die Abdrücke von Kochlöffel und Bügel zu erkennen, mit denen ich geschlagen worden war, bis sie zersplittert waren. Auch zwischen den Haaren auf der Kopfhaut zeigten sich mehrere dick verfärbte Beulen.

Auf den Gesichtern der Frauen las ich Mitleid, aber sie sagten nichts. Sie wollten keinen Streit im Haus. Lilo war zwar jünger als sie, aber eine eindrückliche Persönlichkeit. Niemals hätte sie sich in ihre Angelegenheiten hineinreden lassen.

*Seltener Besuch*

Eines Nachmittags kam Konrad unvorhergesehen zu Besuch. Lilo arbeitete noch, und Axel trieb sich irgendwo herum. Ich hockte draußen vorm offenen Kellerfenster, beobachtete Kohlmanns Schwein und warf ihm ein paar Kartoffelschalen zu, als Konrad pfeifend um die Hausecke bog. Jubelnd sprang ich ihm entgegen. Wir gingen zu Tante Gertrud in die Küche. Konrad ließ sich nieder, steckte sich eine Zigarette an, fragte, wie alles so liefe und erzählte bald eine lustige Episode aus seinem Leben nach der anderen. Fast immer waren es »Weibergeschichten«, die ich nicht richtig verstand.

Diesmal ging es aber auch um unseren Vater und die gemeinsame Arbeit bei der britischen Militärregierung. Eines Tages hatte der Alte ihn beim Rauchen erwischt und war darüber so wütend geworden, dass er ihm die Zigarette aus dem Mund geschlagen und ihn fürchterlich mit seinem Ledergürtel verprügelt hatte, obwohl er inzwischen schon neunzehn Jahre alt war.

Immer weiter schlagend hatte er ihn aus dem Mannschaftsschlafraum, die Treppe hinunter bis auf den Kasernenhof getrieben. Erst, als ein Kommandeur eingegriffen hatte, hatte er von Konrad abgelassen. Aber voll Zorn hatte er Konrad nachgerufen, dass er ihn vom Kasernendach schmeißen würde, wenn er ihn noch einmal beim Rauchen erwischen würde. Konrad schüttete sich aus vor Lachen, als er das erzählte.

Tante Gertrud und Tante Bertha sahen sich an und schüttelten nur den Kopf. In ihrer westfälischen Art meinten sie: »So geht das nicht, Konrad. Das kann er nicht machen! Das tut ein Vater einfach nicht!«

»Ja, kann schon sein«, antwortete Konrad, »aber unser Alter tut das, besonders, wenn er richtig in Wut ist. Mit mir jedoch nun nicht mehr! Darum bin ich dort abgehauen und arbeite jetzt woanders beim Tommy. Und beim nächsten Mal schlage ich zurück, egal, was passiert!«

Ich wurde ganz klein in meiner Ecke. Plötzlich konnte ich schlecht atmen. Da braute sich schon wieder etwas Schlimmes über mir zusammen. Ich sah in Gedanken, wie die beiden sich prügelten. Mein langer, dünner Bruder von mehr als 1,90 Meter Länge und mein strenger, unnahbarer Vater, der klein und drahtig war. In meiner Fantasie sah ich Konrad vom Kasernendach stürzen und tot auf dem Hof liegen, obwohl er längst woanders arbeitete. Gleichzeitig lag auch unser Vater zusammengeschlagen und tot am Boden. Meine Fantasie kannte keine Grenzen. Ich musste die entsetzlichen Bilder gewaltsam von mir fortschieben.

Konrad erzählte inzwischen eine neue »Weibergeschichte«. Es ging um eine Betty, die er gerade kennengelernt hatte. Die meisten seiner Geschichten waren lustig und spannend, und die Frauen hörten interessiert zu, aber mir wurde langweilig. Ich wusste ja, dass er stundenlang erzählen konnte. Und er gab mächtig an dabei. Natürlich war er immer der Held seiner Geschichten.

Zwischendurch fragte Tante Gertrud, ob er Hunger habe. Natürlich hatte er. Sie tischte ganz selbstverständlich auf. Ich war eifersüchtig. Er hatte offensichtlich einen anderen Stellenwert als ich. Das spürte ich.

### Auf dem Friedhof

Während wir so in Kohlmanns Küche saßen und ich den Gesprächen der Erwachsenen lauschen musste und mich darüber ärgerte, dass es immer Konrad war, der im Mittelpunkt stand, kam mir plötzlich eine Idee. Ich zupfte ihn am Ärmel und bettelte: »Bitte Konrad, geh doch endlich mal mit mir auf den Friedhof zu Mutti! Du hast es mir so oft versprochen. Lilo macht es nicht, weil du es versprochen hast. Bitte, bitte, Konrad, jetzt hast du doch Zeit!«

Tante Gertrud stutzte, dann stimmte sie mir zu. Wohl auch, weil sie meine letzte Prügel nicht vergessen hatte.

»Ja, Konrad«, sagte sie, »Mareanne hat es auch nicht leicht, und darauf musste sie schon so lange warten. Das solltest du endlich mal tun.«

Konrad war in Gönnerlaune, drückte seine Zigarette aus und meinte: »Na gut, Geißchen, es muss ja mal sein. Dann gehen wir jetzt eben auf den Friedhof.«

Damit hatte ich nicht gerechnet und wurde ganz aufgeregt.

»Kann ich unterwegs noch Kornblumen pflücken? Du weißt doch, die mochte Mutti so gerne!«

Er sagte nichts, nickte nur, es war das Tabu-Thema.

Wir zogen los. Der Weg zum Bünder Friedhof war weit. Wir mussten durch die Felder, und es war ein besonders heißer Tag. Schon am ersten Kornfeld fing ich an zu pflücken und suchte die Blumen mit viel Liebe und Sorgfalt aus. Ich nahm nur die, die in den kräftigsten Blautönen schimmerten.

Konrad wartete nicht, sondern ging langsam weiter. Ich lief immer wieder hinter ihm her. Bald konnte ich meinen Strauß kaum noch in der Hand halten, so groß und wunderschön war er. Trotzdem wollte ich nicht aufhören zu pflücken.

Erst jetzt merkte ich, wie heiß dieser Tag war. Die Sonne brannte vom wolkenlosen Himmel. Kein Baum oder sonst etwas Schattenspendendes war in Sicht, nur Felder ringsherum. Dennoch jammerte ich nicht, schließlich ging es endlich zu meiner Mutter. Dafür war ich bereit, alle Unannehmlichkeiten auf mich zu nehmen. Sie war nun schon acht Wochen tot und beerdigt. Ich vermisste sie so sehr. Abends und nachts überfiel mich die Sehnsucht nach ihr doppelt stark.

Der Weg schien endlos zu sein. Sogar die Blumen in meiner Hand schwitzten.

Vorsichtig schob ich meine freie Hand in Konrads große und fragte: »Ist es noch sehr weit?«

»Na ja«, meinte er, »ein ganzes Stück noch.«

Dabei ließ er mich los und zündete sich wieder eine Zigarette an. Ich merkte, er wollte mich nicht anfassen. Solche Vertrautheiten waren »nicht üblich« bei uns, aber ich fühlte mich so alleine. Wir gingen doch zum Friedhof, zu Mutti, und sie war auch seine Mutter. Sie hatte doch immer gesagt, dass wir zusammengehören. Besonders jetzt brauchte ich das. Ich fühlte mich unsicher. Ob er nun ärgerlich auf mich war? Betont fröhlich begann ich deshalb zu plaudern.

»Weißt du noch, wie ich mit Heike auf den Straßen Zigarettenkippen für dich gesammelt habe? Wir hatten ganz schön viele zusammen, aber du hast dich nicht gefreut, sondern mich dafür verkloppt und warst unheimlich sauer. Warum eigentlich?«

Er lachte kurz auf und meinte: »Mann, du bist aber auch manchmal zu blöde, Geiß. Natürlich, weil das eine Schweinerei ist. Das tut man einfach nicht. Das musst du doch wissen, das ist doch klar!«

Mir war das nicht klar gewesen. Niemand hatte es mir erklärt. Nun wusste ich es und schämte mich, weil ich so dumm war. Aber ich wollte vor ihm mein Gesicht nicht verlieren und fing noch einmal an: »Ich wollte dir doch eine Freude machen. Ich hatte mir solche Mühe damit gegeben. Jeden Tag danach gesucht. Es war nicht so leicht. Es gibt auch andere, die sammelten, sogar Erwachsene. Du hattest vorher mal gesagt, dass man jede Kippe aufheben muss. Das habe ich genau gehört.«

Unwillig zog Konrad die Augenbrauen hoch, sah mich stirnrunzelnd an. »Ja, habe ich auch, aber ich meinte damit natürlich nur die eigenen Kippen, klar?«

»Hm«, sagte ich, »das Verkloppen war trotzdem gemein.«

»Tja«, antwortete er, »manchmal hat man eben Pech im Leben. Denk daran, wie oft unser Alter mich ungerechterweise verprügelt hat.«

Mir fiel gleich die Geschichte vom Kasernenhof wieder ein, und ich bekam ein schlechtes Gewissen. Ich wusste, dass gerade Konrad und unser Vater sich nie verstanden hatten. Trotzdem fand ich es gemein, dass Konrad mir gegenüber ungerecht war. Was das miteinander zu tun haben sollte, ging nicht in meinen Kopf.

Damit sich seine Laune nicht weiter verschlechterte, wechselte ich lieber das Thema.

»Weißt du noch, wie du mich manchmal auf deinen Schultern getragen hast, als ich noch kleiner war? Und wenn du durch die Türen gegangen bist, hast du mich ganz vergessen, und ich bin oben dagegen geknallt, nicht wahr? Das gab Beulen, richtige Hörner manchmal.«

Doch auch dieses Gespräch schien ihm nicht zu behagen.

»Du hättest eben rechtzeitig deine Rübe einziehen müssen«, antwortete er missgestimmt und schnippte seine Kippe im hohen Bogen auf das Kopfsteinpflaster. Inzwischen hatten wir die Feldwege verlassen und waren auf der Bünder Straße. Ich schwieg erst mal und suchte beflissen nach einem unverfänglicheren Gesprächsstoff. Dabei kam mir Heikes und mein letztes großes Erlebnis in den Sinn.

»Weißt du was«, fing ich wieder an, »als wir vorgestern aus der Schule kamen, da hat uns ein Mann angesprochen. Er hatte einen echten Fotoapparat und fragte, ob er ein Bild von uns machen soll. Wir fanden das toll und haben gleich ja gesagt.«

»Was, ein fremder Kerl? Wieso wollte der euch fotografieren? Woher kam der?«

»Och, der stand da so und hat ganz viele Kinder aus unserer Schule gefragt. Mich hat ja auch noch nie jemand richtig schön fotografiert. Er hat sogar unsere Haare gekämmt und uns einen großen Fliederstrauß in den Arm gelegt, wie bei einer echten Dame. Dann sollten wir lächeln. Heike hat auch ein Foto machen lassen. Was ist denn schlimm daran?«

»Oha«, meinte Konrad, »da werden die Dicke und der Alte sich aber freuen. Auf so ein Foto haben die gerade noch gewartet. Ich möchte nicht in deiner Haut stecken! Das wird dir einen fürchterlichen Arsch voll einbringen. Du wirst dein blaues Wunder erleben! Ich rate dir, sag vorläufig erst mal nichts davon. Vielleicht hast du Glück, und das Foto wird nichts.«

Ich verstand wirklich nicht, was daran jetzt schon wieder so schlimm sein sollte, schwieg jedoch vorsichtshalber. Obwohl ich Konrad von meinen drei Geschwistern am liebsten mochte, hatte ich nun genug von ihm. Nichts von alledem, was ich sagte oder tat, war richtig. Woran lag das bloß? Irgendwie machte ich offensichtlich alles falsch. Ich war traurig und wütend auf mich selbst.

»Da ist der Friedhof«, sagte er nach einer Weile versöhnlich und wies auf ein breites, schmiedeeisernes Eingangstor.

Nun spürte ich wieder die Aufregung in mir. Wir traten ein. Ruhe und angenehme Kühle vom Schatten alter Bäume umfing uns. Ich atmete tief durch.

Zunächst blieben wir auf dem breiten Hauptweg, der von gepflegtem Rasen gesäumt war. Ich war noch nie auf einem Friedhof gewesen und sah mich staunend um. Konrad bog bald links ab. Ich trottete ihm hinterher. Hier gab es Familiengrabstätten. Manche waren von grünen Hecken umgeben, andere von steinernen Einfassungen, wieder andere wurden von glänzenden Eckpfeilern aus schwarzem Marmor begrenzt, die durch schwere Eisenketten verbunden waren. Überall verströmten Blumen einen starken Duft. Manche waren gepflanzt, andere standen in Vasen oder Gläsern, dazwischen sah ich auch Kränze und Gestecke.

Plötzlich blieb ich wie angewurzelt stehen. Ich hatte einen wunderschönen, sehr großen Engel aus weißem Stein entdeckt, der mit ausgebreiteten Flügeln und segnenden Händen über einer Grabstätte schwebte. Vor Ergriffenheit konnte ich kaum sprechen, aufgeregt zog ich an Konrads Hemd. Der war schon drauf und dran weiterzugehen, doch das konnte nur ein Irrtum sein.

»Hier, nicht wahr, hier liegt Mutti. Bleib doch endlich stehen! Sieh nur, wie schön der Engel ist. Der passt nun auf sie auf.«

Konrad drehte sich erstaunt um. »Nee, wieso denn? Ich zeige dir schon, wo es ist.«

Ich war zutiefst enttäuscht. Das wäre das einzig angemessene Grab für meine geliebte Mutter gewesen. Wenn sie schon sterben musste und mich ganz allein übrig ließ, dann sollte sie doch wenigstens das wunderbarste Grab der Welt haben. Das stand ihr zu. Das wäre nur gerecht gewesen. Aber Konrad war einfach weitergegangen.

*Vielleicht kommt noch ein viel schöneres Grab,* hoffte ich.

Es kamen noch viele schöne Gräber mit großen und kleinen Engeln, mit Marienstatuen, Grabsteinen mit Goldschrift, Rosenbäumchen in rot oder weiß, wunderschönen Trauerweiden und kleinen Sitzbänkchen darunter. Konrad ging überall vorbei, obwohl ich immer wieder hoffnungsvoll fragte: »Hier, ist Mutti hier?« Jedes Mal schüttelte er schweigend den Kopf, ohne sich zu mir umzudrehen. Irgendwann gab ich auf und fragte nicht weiter.

Dann blieb er endlich stehen.

»Hier ist es«, war alles, was er sagte.

Ich erstarrte. Vor mir lag ein ausgetrockneter Lehmhügel. Keine Blume, kein Stein. Nur in der Mitte ein total vertrockneter Kranz. Die Erde zeigte tiefe Risse von der Trockenheit der letzten Sommerwochen und war bereits ein Stück abgesunken. Kein Engel, keine Trauerweiden oder Hecken, nicht einmal ein Stein. Nichts, einfach nichts. Es war die trostloseste Grabstelle auf diesem Friedhof – auf der ganzen Welt.

Mir fielen die Worte meiner Klassenkameradin Renate ein, die von der ärmlichen Beerdigung einer gewissen Frau Döring gesprochen hatte. Ich hatte nicht glauben können, dass es sich dabei wirklich um meine Mutter gehandelt haben sollte.

Hier lag sie nun, meine arme Mutter. Die Kornblumen fielen mir aus der Hand, und ich begann laut zu weinen.

»Mutti, liebe, liebe arme Mutti! Meine liebe Mami, Mamilein, warum bist du tot? Warum bist du bloß gestorben? Mami, Mami, Mamilein!«

Ich sank in die Knie vor Schmerz, hockte zwischen meinen Blumen, schlug immer wieder meinen Kopf auf die Erde und weinte hemmungslos, ständig dieselben Worte wiederholend. Tränen rannen über meine Wangen, die Nase lief. Ich presste beide Hände vors Gesicht und schluchzte, ja schrie mir meinen ganzen Kummer von der Seele. Meine Verzweiflung war unermesslich. Ich sah und hörte nichts mehr um mich herum. Ich kniete vor dem Grab, die Hände zu Fäusten geballt. Niemand und nichts hätte mich trösten können.

Irgendwann – eine Ewigkeit schien vergangen – war ich völlig leer und kraftlos. Die Tränen liefen weiter, aber ich wurde still. Als ich aufblickte, kniete Konrad neben mir. Leise sagte er: »Komm, Geißchen, wir stellen deine Blumen aufs Grab. Dann sieht es ein bisschen schöner aus. Am Anfang sind alle Gräber so. Man muss mit dem Bepflanzen etwas warten. Ich verspreche dir, ich werde einen Grabstein für sie ganz alleine kaufen. Hier werden schöne Blumen wachsen, eine grüne

Hecke kommt rundherum, und wir gehen sie ganz oft hier besuchen.«

Sanft zog er mich hoch, klopfte die Erde aus meinen Haaren und von meinen Händen. Ich blieb stumm stehen. Er verschwand kurz, kam mit einem Marmeladenglas voll Wasser zurück und stellte es mitten auf das Grab. Dann sammelte er meine Kornblumen ein, die ich in der Hitze den ganzen weiten Weg getragen hatte, stellte sie ins Wasser und ordnete sie liebevoll. Schweigend sah ich zu.

Tränen hatte ich keine mehr in mir, nur die Nase lief noch. Ich wischte sie mir geräuschvoll mit dem Handrücken ab, bis Konrad mir ein Taschentuch gab. Vom Nebengrab, das noch frisch und voller Kränze und Blumen war, nahm er eine kleine Harke und versuchte, den Platz unserer Mutter zu verschönern. Dann hob er mich auf seine Schultern und trug mich den ganzen Weg bis nach Hause. Wie früher, als ich noch klein war, aber das schien mir jetzt ewig her zu sein.

An diesem Tag ging ich wieder gleich ins Bett. Ich hatte keinen Hunger und schlief schon, als Lilo von der Arbeit kam, obwohl draußen noch immer die Sonne schien.

**Große Schwester – kleine Schwester**

Mit der Zeit wurde mein Kontakt zu Kohlmanns immer enger. Ich war beinahe jeden Tag unten. Bald sollte ich ohnehin als Einzige bei Lilo zurückbleiben. Jedenfalls bis zu dem Tag, an dem »Onkel Dieter« offiziell bei uns einzog.

*Schlimme Träume*

In der Nacht nach meinem Besuch auf dem Friedhof wachte ich zum ersten Mal schreiend auf. Lilo schüttelte mich, damit ich wach wurde und »wieder zu mir kam«. Ich weinte, konnte mich aber an nichts erinnern. Dies war die Zeit, in der meine Alpträume begannen. Nach und nach sollte ich sie besser kennenlernen.

Ich sah meine Mutter in ihrem Krankenhausbett liegen. Sie stöhnte und krümmte sich vor Schmerzen, wie damals, in Kaltennordheim auf dem Sofa, als sie die Gallenkolik hatte. Nun lag sie zwar im Krankenhaus, aber niemand hörte sie, keiner kümmerte sich um sie. Sie starb einsam und allein.

Manchmal sah ich sie auch im Sarg liegen. Der Deckel wurde verschlossen, verschraubt, für immer. Aber sie war gar nicht wirklich tot. Man begrub sie trotzdem. Niemand merkte es, niemand verhinderte es, und alleine konnte sie sich nicht befreien. So musste sie ein zweites Mal sterben.

Diese und ähnliche Szenen wiederholten sich in meinen Träumen. Manchmal sah ich, wie ihr armer Körper langsam von Würmern zerfressen wurde. Es war entsetzlich.

Ich war diesen schlimmen Träumen ausgeliefert. Es gab niemanden mit dem ich darüber hätte sprechen können. Meine Geschwister kamen dafür schon gar nicht in Frage.

Zuvor war es wieder einmal zu einem riesigen Krach zwischen Lilo und Axel gekommen. Es hatte, wie stets, mit Dieter zu tun und mit einem Detektiv, der Axel über Dieter ausgefragt haben soll. Ich konnte das alles nicht richtig verstehen, aber Lilo verprügelte Axel dafür so fürchterlich wie noch nie zuvor.

*Diesmal schlägt sie ihn tot*, dachte ich damals. Anschließend wurde er, wie üblich, ohne Essen in sein Zimmer eingesperrt. Auch die Sicherung wurde herausgedreht.

Axel war viel zu stolz, um zu weinen, aber er bettelte verzweifelt darum, dass Lilo Licht machen solle, weil er dringend Schulaufgaben machen musste.

Sie zog lachend den Schlüssel seiner Zimmertür ab und sagte: »Du kannst mich mal, du blöder Bengel. Den Schlüssel behalte ich bei mir, damit die dämliche Geiß dich in ihrer Mitleidstour nicht herauslässt!«

Dann ging sie mit Dieter ins Kino, um sich von uns »Bälgern« zu erholen.

Ich hockte vor der Kinderzimmertür und versuchte, mit Axel zu sprechen, aber er antwortete nicht. Es war auch kein Geräusch von drinnen zu hören. Ich probierte es immer wieder, denn ich wusste aus eigener Erfahrung, wie er sich fühlen musste. Er reagierte nicht.

Lilo hatte mir Essen hingestellt, doch mir war der Appetit vergangen. Langsam wurde es draußen dunkel. Ich rührte mich nicht weg von der Tür. Nach langer Zeit hörte ich Axels Stimme: »Eh, Geiß, bist du noch da?«

»Ja, Axel, ich habe Brote, willst du?«

»Mann, steck dir deine Brote in den Hintern. Die sind mir scheißegal, mir ist eh alles vergangen. Aber meine Schularbeiten muss ich machen. Ich lass mir von der blöden Sau doch nicht meine guten Zensuren verderben.«

Wir überlegten gemeinsam, wie wir das Problem lösen könnten, denn auch seine Schultasche stand in der Küche statt in seinem Zimmer. Alle meine Vorschläge schmetterte er mit einem wütenden »idiotisch« ab. Bei allem guten Willen meinerseits, es war wirklich schwer mit ihm auszukommen. Wir schwiegen. Mir fiel nichts mehr ein.

*Dir kann ich's auch nie recht machen, Axel,* dachte ich gerade bei mir, da hatte er plötzlich eine Idee.

»Pass auf, ich hab's jetzt. Ich steige hier aus dem Fenster, mache einen großen Schritt über das Dach und komme drüben durch das Badezimmerfenster rein. Du musst mir dabei helfen. Dann mache ich schnell meine Hausaufgaben. Du stehst Schmiere auf dem Flur, damit die Dicke mich nicht erwischt, wenn sie zurückkommt.«

Ich war entsetzt. »Nein, Axel, das kannst du nicht machen! Du kannst abrutschen und vom Dach fallen! Dann bist du tot. Um Gottes willen, nein, das ist viel zu gefährlich!«

Er sagte nur: »Halts Maul, du blödes Gör. Eine andere Möglichkeit gibt es nicht.«

Es war ein spitzes Dach, sehr schräg und mit glatten, roten Schiefertafeln gedeckt. Die beiden kleinen Fenster vom Badezimmer und vom Kinderzimmer waren etwa einen knappen Meter breit und ungefähr siebzig Zentimeter hoch. Der Abstand zwischen ihnen betrug einen Meter.

In mir stiegen Tränen der Angst auf. Ich sah ihn bereits tot in Kohlmanns Gemüsegarten liegen. Wenn ich ihm half, war ich schließlich mit schuld an seinem Tod. Aber Axel ließ sich nicht mehr von seiner Idee abbringen. Er schickte mich ins Badezimmer. Wir öffneten die beiden Fenster.

»Hol einen Küchenstuhl, damit ich von dem hohen Fensterbrett herunterkomme. Auf das Waschbecken will ich lieber nicht treten.«

Ich flitzte in die Küche, brachte den Stuhl, stellte ihn bereit. Axel kniete schon drüben auf dem höchstens zehn Zentimeter breiten Fensterbrett.

»Geh zurück! Ich weiß nicht, wie ich da richtig reinkommen soll«, rief er mir zu.

Er versuchte, das Stück zwischen den Fenstern zunächst mit den Armen zu überwinden und beugte sich weit auf das Dach hinaus. Zwei, drei Mal rutschten seine Hände vom Fensterrahmen ab. Er hatte große Mühe, das Gleichgewicht zu halten, und fluchte vor sich hin, während er einen neuen Versuch startete.

Ich stand mit gefalteten Händen im Bad, sah in den dunklen Himmel und betete immer und immer wieder: *Lieber Gott, bitte lass meinen Bruder nicht abstürzen. Lieber Gott, bitte, bitte, bitte hilf ihm, lass ihn nicht herunterfallen. Nur dieses eine Mal, hilf ihm. Bitte, bitte!*

Plötzlich fiel mir auf, dass Axel ja gar nichts sehen konnte. Es war stockdunkel. Schnell knipste ich das Deckenlicht an. Einen Moment später zog er sich ächzend herein und rutschte auf den Stuhl.

»Du Rindvieh!«, brüllte er mich an, »du blöde Kuh, bist du denn bescheuert? Wie kannst du das Licht anmachen? Was glaubst du denn, wie diese doofe Dorfbevölkerung sich über mich kaputtlacht, wenn sie mich hier im langen Nachthemd auf dem Dach sitzen sieht!«

Daran hatte ich natürlich nicht gedacht. Ich war wirklich dumm. Es tat mir leid. Er hatte ja recht.

Axel war so wütend, dass er mir einen kräftigen Tritt in den Hintern gab und mir verachtend eine Kopfnuss verpasste, nachdem er durch das Fenster im Bad gelandet war. Das war zu viel für mich nach der ganzen Anspannung. Ich war verletzt, fing an zu weinen und brüllte ihn nun meinerseits an: »Du bist ein ganz dämlicher Kerl! Dir werde ich nie wieder helfen. Schließlich habe ich es nur gut gemeint, du hättest ja abstürzen können! Du bist richtig bekloppt!«

»Hör mit der Plärrerei auf, sonst knallt es gleich richtig für dich. Ich habe zu tun! Wo sind deine Brote? Und pass ja auf, ob die Dicke kommt.« Ungerührt ging er in die Küche, begann seine Hausaufgaben zu machen und aß nebenbei meine Brote. Ich hockte mich im dunklen Flur auf die Erde und lauschte. Aber alles blieb ruhig.

Nachdem ich eine ganze Weile im Dunkeln gesessen hatte, war Axel endlich fertig. Er begann im Werkzeugkasten herumzusuchen, fand einen Dietrich und öffnete damit seine Zimmertür. Mir rief er zu: »Hau jetzt ab ins Bett und schlaf. Es ist alles erledigt. Ich gehe auch ins Bett!«

Ich hörte noch, wie er die Tür mit dem Dietrich wieder von innen verschloss. Mir war kalt, und ich schlich mich ins Bett. Weder Lilo noch sonst jemand erfuhr je von dieser Geschichte.


*Axels Auszug und Adoptionspläne*

Ein paar Tage später kam unser Vater nach Hunnebrock. Wie immer, wenn er zu einer Stippvisite vorbeikam, nahm er erst mal ein Fußbad. Er saß in seiner langen weißen Unterhose in unserer Wohnküche im Sessel. Lilo hockte vor ihm auf einer Fußbank, massierte seine Füße und schnitt ihm die Nägel. Ich war davon stets peinlich berührt, fand das Ganze eklig. Doch Axel und ich mussten ohnehin raus aus der Küche, da sich die beiden über wichtige Dinge unterhalten wollten. Uns ging das alles nichts an. Ich sollte an diesem Tag nebenan im Kinderzimmer Schulaufgaben machen. Draußen regnete es. Natürlich hing ich mit großen Ohren an der Tür und versuchte, zu lauschen, oder ich linste durchs Schlüsselloch.

Zuerst konnte ich kaum etwas verstehen, aber dann wurden ihre Stimmen lauter und deutlicher. Sie erzählte ihm jeden Mist, überhaupt alles, was wir angestellt hatten, und wie sehr wir sie ärgerten und nervten. Der Alte schwieg dazu. Dass Lilo uns längst mit viel Prügel, Arrest, Essensentzug und anderer Schikane mehr als genug bestraft hatte, sagte sie ihm natürlich nicht. Dann sprachen sie über Geld und über Dieter, und schließlich ging es um mich. Immer wieder fiel das Wort »Adoption«, aber ich konnte zunächst nichts damit anfangen. Gespannt hörte ich weiter zu.

Es fielen Worte wie »Amerika«, »Pakete«, »Kleidung«. Ich hörte Lilo sagen: »Sie ist zu groß, darum wollen sie sie nicht.« Weiter hieß es dann: »Wir müssen neue Fotos machen mit ihr und weiterhin alles probieren...«

Das Puzzle setzte sich nur langsam zusammen in meinem Kopf: Schon seit einiger Zeit war mein Vater immer mal wieder mit mir zum Fotografen gegangen und hatte Passbilder machen lassen. Ich hatte keine Ahnung gehabt, wozu das gut sein sollte, es war mir auch egal gewesen. Aber nun erkannte ich langsam einen Zusammenhang.

Auch ein Paket aus Amerika, das eines Tages für mich in Hunnebrock angekommen war, fiel mir wieder ein. Außer einer Puppe, Schokolade, Kaugummi und vielen anderen herrlichen Sachen für kleine Mädchen, waren drei wunderschöne Kleider in rosa, gelb und türkis dabei gewesen. Ich durfte sie nur sonntags anziehen und mich auf keinen Fall schmutzig machen. Darum fand ich die Kleider zwar sehr schön, aber für mich eigentlich unbrauchbar.

Wer mir das Paket geschickt hatte, wusste ich nicht. Ich hatte angenommen, es sei die Patentante von Konrad gewesen, die dort seit Langem lebte.

Aber was »Adoption« bedeutete, das wusste ich noch immer nicht. Sobald ich die Gelegenheit hatte, schlich ich mich nach unten zu Kohlmanns. Nachdem ich aus Tante Gertrud herausgequetscht hatte, was das Wort meint, war für mich klar, dass sie versuchen wollten, mich auf diese Art loszuwerden. Tausend Gedanken wirbelten mir durch den Kopf.

*Sie wollen mich verschenken!*, dachte ich bestürzt. *Wenn das unsere Mutter wüsste! Die hätte einen Riesenkrach gemacht und das nie zugelassen. Das ist eine richtige Gemeinheit von ihnen! Sie haben nicht mal mit mir darüber gesprochen. Alle wissen es, nur ich nicht. Vielleicht wissen sogar Kohlmanns etwas davon. Alle sind Verräter!*

Nur hatten die Amerikaner mich anscheinend nicht gewollt, weil ich ihnen schon zu groß war.

*Es hat nicht geklappt!*, grübelte ich weiter. *Geschieht ihnen ganz recht! Mich kann man nicht einfach so verschenken. Andererseits: Sie wollen es ja weiter probieren. Sollen sie doch! Ich wusste nicht, dass sie mich überhaupt nicht mögen und nur noch los sein wollen. Dann will ich sie auch nicht mehr haben!*

Und plötzlich hellte sich meine Stimmung etwas auf: *Vielleicht ist es gar nicht schlecht in Amerika. Vielleicht sind diese Amerikaner sogar ganz nett. Dann hätte ich einen neuen Vater und eine neue Mutter – obwohl natürlich meine richtige Mutter immer meine richtige Mutter bleiben würde. Die würde ich nie im Leben vergessen!*

Langsam begann ich die Dinge positiver zu sehen. Es konnte nur besser werden.

*Amerika ist weit weg, und bestimmt ist es prima dort.* Abends im Bett begann ich, mir mein neues zu Hause auszumalen. Ich war mir sicher: *Niemand wird mich mehr verkloppen. Bestimmt gibt es dort auch gutes Essen, ich bekomme sicher eine Puppe, vielleicht auch ein eigenes Fahrrad oder einen Roller und immer ganz viele Süßigkeiten.*

Ich musste nur ruhig bleiben und abwarten. Mein neues Wissen bedrängte mich, aber ich konnte ja mit niemandem darüber sprechen. Gleichzeitig tat es mir in der Seele weh. Da nagte ein Schmerz an mir, der sich selbst durch die schönsten Vorstellungen von Amerika nicht verdrängen ließ. Eigentlich war es unfassbar, was die vorhatten mit mir. Und meine Mutter war noch keine drei Monate unter der Erde.

Am nächsten Tag fuhr mein Vater wieder – und zu meiner großen Überraschung fuhr Axel mit. Lilo hatte es strikt abgelehnt, sich weiterhin um uns beide zu kümmern. Das war bestimmt dem blöden »Onkel Dieter« zu verdanken.

Unser Vater arbeitete inzwischen nicht mehr in Bielefeld, sondern war mit seiner Militäreinheit nach Osnabrück versetzt worden. Er wohnte weiter in der Kaserne. Axel bekam ein möbliertes Zimmer gemietet und besuchte eine Mittelschule. Er war ein sehr guter, ehrgeiziger Schüler. Lernprobleme hatte er nie gekannt.

Das Thema Adoption wurde nicht mehr angesprochen, und ich wagte nicht, danach zu fragen.


## »Onkel Dieter«

Nun gab es nur noch Lilo und mich. Aber lange sollten wir nicht allein bleiben. Lilo war tatsächlich mit diesem Dieter »befreundet«. Obwohl er verheiratet war, einen kleinen Sohn hatte und seine Frau niemals in eine Scheidung eingewilligt hätte, zog er offiziell bei uns ein.

Ich konnte diesen Kerl nicht leiden, trotzdem musste ich ihn »Onkel« nennen. Er war Lilos große Liebe – und vieles sollte sich nun ändern.

Was sich nicht änderte, war Lilos lieblose, ja rücksichtslose Art mir gegenüber. Nur dass sie jetzt noch Unterstützung von ihrem Dieter bekam. Zwei Erwachsene gegen ein Kind, das war ungerecht. Und keine Brüder weit und breit, die mir hätten zur Seite stehen können. Nicht, dass sie netter gewesen wären, aber ich hätte mir immer noch lieber von Axel oder Konrad die Meinung sagen lassen, als von diesem wildfremden Mann. Der einzige Vorteil an Axels Auszug war für mich, dass ich nun wenigstens ein eigenes Zimmer bekam. Ich zog ins Kinderzimmer.

Im Laufe des Tages hatte ich nun verschiedene Pflichten zu erledigen, die vorher in Axels Aufgabenbereich gefallen waren. Neben meinen Schulaufgaben musste ich täglich die Toilette und das Waschbecken ausscheuern, den Spiegel im Bad putzen, den Abwasch machen, mein Bett und das Kinderzimmer in Ordnung halten. Außerdem war die Treppe im Hausflur zu reinigen – ebenfalls täglich. Das war gar nicht so einfach: Zuerst musste der Sisalläufer auf der Treppe abgebürstet werden und anschließend die lackierten Seiten, rechts und links des Läufers, die Fußleisten und das Treppengeländer vom aufgewirbelten Staub befreit werden. Ich gab mir redlich Mühe. Obwohl ich diese undankbare Aufgabe hasste, erledigte ich sie meistens noch vor der Schule. Aber Lilo und »Onkel Dieter« waren selten zufrieden mit meiner Arbeit. Ich fand, ihm stand es überhaupt nicht zu, mich zu überprüfen. Dennoch schien er große Freude daran zu haben, mich ständig zu kontrollieren. Und Lilo ließ ihn gewähren.

Selbst Tante Gertrud nervte mich mit dieser dämlichen Treppe und fragte ständig: »Mareanne, hast du schon die Treppe geputzt?«

Natürlich »vergaß« ich die Treppe auch manchmal diskret. Es war ja gar nicht einzusehen, warum ich sie jeden Tag, wirklich jeden Tag, putzen sollte. Warum störten sich alle an dem bisschen Staub, den ich im Übrigen überhaupt nicht sehen konnte. Wahrscheinlich war da überhaupt gar keiner!

Genauso wie Lilo fuhr »Onkel Dieter« morgens mit dem Fahrrad nach Bünde zur Arbeit. Er war Koch in einer großen Konservenfabrik. Aber ich hörte ihn mal sagen, er könne seinen Beruf nicht leiden. Abends kamen Lilo und er gemeinsam nach Hause. Wir aßen dann zusammen. Er kochte, denn Lilo hatte für die ganze Kocherei nichts übrig. Sie hatte es nicht gelernt, und es interessierte sie auch nicht. Für sie reichten ein paar Brote aus, wenn sie Hunger hatte. Es gab jetzt mehr zu essen, und die Mahlzeiten waren auch von einer besseren Qualität. Meistens Steckrübentopf oder Wirsingkohleintopf, manchmal sogar mit Wurst darin. Aber besonders Steckrüben konnte ich überhaupt nicht leiden.

Dann musste ich sehen, wie ich tagsüber durchkam. Zum Glück waren da noch Kohlmanns. Aber auch hier wurde viel Eintopf gegessen.

Nach dem Abendessen, wenn ich geholfen hatte, in der Küche »klar Schiff« zu machen und für die Schule alles erledigt war, wurde ich ins Bett geschickt. Zwar schlief ich nun eigentlich im Kinderzimmer, ich musste jedoch weiterhin zuerst ins große Bett, um Lilos Seite anzuwärmen. Das fand ich blöde. Erstens, weil mir ja auch kalt war, denn wenn man im Winter die Hand auf die Wände der unbeheizten Räume unserer Wohnung legte, konnte man eine blanke, dünne Eisschicht fühlen. Und zweitens wäre ich natürlich viel lieber in meinem eigenen Zimmer in meinem eigenen Bett für mich allein gewesen. Aber es half nichts. Es ging nicht darum, was ich wollte oder schön fand, sondern um das, was angeordnet wurde. Widerspruch war nicht angesagt.

Erst wenn die beiden schlafen gehen wollten, trug mich »Onkel Dieter« in mein Bett. Einmal schlief ich offensichtlich nicht sehr fest und bemerkte, wie er mich hochhob und ins andere Zimmer brachte. Ich ließ mir nicht anmerken, dass ich wach war. Es war schön, auf dem Arm getragen zu werden.

In meinem Zimmer angekommen, legte er mich in mein aufgeschlagenes Bett. Müde wartete ich darauf, dass ich mit meinem dicken Federbett zugedeckt würde – aber nichts geschah.

Ich lag ganz still, spürte, wie das Licht der Deckenlampe anfing, mehr und mehr durch meine Lider zu dringen. Ohne Decke wurde mir kühl, ich begann zu frösteln. Schließlich machte ich langsam die Augen auf. Vor meinem Bett stand »Onkel Dieter« und sah mich an. Mit einem seltsam versonnenen Blick. Irgendwie schien er sogar zu lächeln. Er betrachtete in aller Ruhe meinen nackten Körper. Das Nachthemd war bis unter die Arme hochgerutscht.

Ärgerlich zerrte ich es herunter, griff meine Zudecke, zog sie bis zum Hals und drehte mich wütend mit dem Gesicht zur Wand. Ich versuchte, wieder einzuschlafen, aber ein mir bis dahin unbekanntes Gefühl von Scham, ließ mich nicht mehr richtig zur Ruhe kommen.

## Ärger mit Kohlmanns

Im selben Zeitraum hatte es einen Zwischenfall mit den Kohlmanns und mir gegeben, sie waren alle sehr wütend auf mich. Besonders Tante Bertha ließ keine Gelegenheit aus, auch in späteren Jahren immer wieder daran zu erinnern und sich zu empören. Sie war so ärgerlich, dass sie nicht bereit war, auch nur eine meiner vielen Entschuldigungen anzunehmen. Mir tat das Ganze von Herzen leid, ja, es trieb mir immer wieder die Schamesröte ins Gesicht.

*Das hätte so nicht passieren dürfen!*, dachte ich immer wieder. Ich war alt genug, das genau zu wissen.

Passiert war Folgendes: An einem Sommertag saß Tante Bertha schon früh hinter dem Haus auf dem Brunnenrand und schälte Kartoffeln. Auch das übrige Gemüse putzte sie fürs Mittagessen. Alle Kohlmanns waren fleißige Frühaufsteher. Es war die Zeit der Schulferien, und ich langweilte mich. Also setzte ich mich zu ihr, und wir redeten ein bisschen über dies und das.

Aber es dauerte nicht lange, da ging sie wieder dazu über, aufzuzählen, was ein Mädchen in meinem Alter eigentlich schon alles im Haushalt können müsste. Sie machte mir Vorhaltungen: Nicht nur, dass ich von den meisten Dingen überhaupt keine Ahnung hatte, sagte sie, und es endlich Zeit würde, sie zu lernen. Ich hätte anscheinend auch keine Lust dazu. Mit anderen Worten – ich sei unfähig und faul.

*Wie ungerecht*, war wieder einmal mein Gedanke dazu. *Das stimmt doch überhaupt nicht!* Ich hatte immer wieder probiert, zu helfen. Zum Beispiel hatte ich versucht, die Plattenwege und den langen Bürgersteig ums Haus herum zu fegen, eine Aufgabe, die jeden Samstag erledigt werden musste. Sie hatten mich nur ausgelacht und gemeint, »Mareanne« könne ja nicht mal den Besen richtig halten.

Mit Onkel Richard war ich in den Garten gegangen, um ihm zu helfen, sogar den schweren Kartoffelacker versuchte ich, mit ihm umzugraben, aber es war einfach zu schwer. Ich konnte nicht mal den Spaten richtig in die Erde bekommen. Auch er machte sich lustig über mich: »Du kannst ja nichts, nicht mal Unkraut vom Gemüse unterscheiden, geschweige denn richtig Stachelbeeren pflücken. So seid ihr eben alle miteinander! Lilo ist da auch nicht anders!«

Mich verletzte das. Selbst wenn ich manches noch nicht wusste, ich hätte es gern gelernt. Meine Geschwister interessierte das alles wirklich nicht.

An diesem Tag zog ich trotzig und mit hochrotem Kopf ab. »Dann eben nicht!«, murmelte ich vor mich hin. »Dann helfe ich euch nie mehr. So doofe Sachen will ich auch gar nicht lernen!«

Das hörte Tante Bertha natürlich nicht. Sie war fertig mit dem Kartoffelschälen und schlurfte Richtung Waschküche, um dort das Gemüse zu waschen. Tante Gertrud hatte in der Küche bereits mit der langwierigen Kocherei begonnen. Sobald das Essen fertig war, füllte sie es in den »Döppen«, einen verschließbaren Blechbehälter, den sie dann mit dem Fahrrad zu der Fabrik brachte, in der Onkel Richard arbeitete. Er sollte pünktlich sein warmes Mittagessen haben. In den Ferien nahm ich ihr diese Arbeit meistens ab.

Die Frauen waren beschäftigt, und ich langweilte mich wieder. Nicht, dass ich mich nach Tante Berthas Vortrag noch mit ihnen hätte abgeben wollen. Ich schlenderte zurück zum Brunnen und begann, mit dem Küchenmesser, dass Tante Bertha hatte liegen lassen, in den Kartoffelschalen, die immer noch auf dem Brunnen lagen, herumzuschnippeln. Dem Schwein durfte ich sie roh leider nicht geben.

*Aber ich kann ja mal nachsehen, was das Tier so macht,* dachte ich bei mir. Mit dem Messer in der Hand hüpfte ich die Kellertreppe hinunter.

Von Fliegen umschwirrt schlief das blöde Vieh in einer Ecke seines Verschlags und schnarchte. Es stank in dem Raum, ich machte die Tür wieder zu. Dann nahm ich mal die neue hölzerne Kellertür in Augenschein. Sie war erst am Vortag eingesetzt worden. Mit dem Finger fuhr ich über die Leisten, die das Milchglasfenster einfassten. Da kam mir die Idee, dass sich die Tür auch noch verschönern ließe. Langsam begann ich, mit dem scharfen Messer an den Kanten der hölzernen Einfassung herum zu schnitzen. Es ging ganz leicht. Die Späne flogen lustig durch die Luft. Ich war begeistert.

Bald war alles schön rund und glatt. Nun fing ich an, in gleichmäßigen Abständen Muster ins Holz zu kerben. Es sah wirklich gut aus. Ab und zu knirschte das Messer, wenn ich an das Milchglas kam. Es hinterließ dort winzige Streifen. Die sah man nur, wenn man ganz genau hinschaute. Dann war der Rahmen fertig.

Ich betrachtete ihn mit Stolz und wurde immer kreativer. Eben wollte ich die glatte Türfläche mit schönen Vertiefungen versehen, als Tante Bertha plötzlich neben mir stand. Sie sah die Tür und dann das Messer in meiner Hand. Ihr Gesicht färbte sich dunkelrot, einen Moment später stürzte sie sich mit einem wütenden Schrei auf mich. Blitzschnell drehte ich mich um, sprang die Kellertreppe hinauf nach draußen, schmiss das Messer in hohem Bogen von mir und rannte los. Tante Bertha laut keifend hinter mir her. Ich stürmte über die Bergstraße und bog in den nächsten Feldweg ein. In einem der wenigen Häuser, die hier standen, wohnten Wölkes.

Wölkes hatten einen Jungen in meinem Alter, der Gerd hieß und mit dem ich manchmal spielte. Aber eigentlich war er mir zu blöde. Er wollte immer nur so komische Doktorspiele mit mir machen.

Da ich mir in meiner Verzweiflung nicht anders zu helfen wusste – die vor Wut schnaubende Tante Bertha verfolgte mich noch immer –, stahl ich mich durch die Hintertür ins Haus. Ich riss die erstbeste Tür auf – und landete im Elternschlafzimmer. Hier bezog Erika, Gerds ältere Schwester, gerade die Betten.

»Erika, Erika, du musst mich retten! Tante Bertha will mich verprügeln!«, rief ich in höchster Not und rutschte wieselflink unter die Betten. Im gleichen Moment stand Tante Bertha schon in der Tür.

»Wo ist sie? Wo ist Mareanne, dieses Biest! Jetzt kriegt sie aber was von mir«, brüllte sie atemlos und sah sich wild im Zimmer nach mir um. Erika war völlig verdattert.

»Was ist denn los, Tante Bertha, was hat sie denn gemacht?«, fragte Erika.

Tante Bertha konnte vor Zorn und Aufregung kaum sprechen. »Oh, dieses Blag hat unsere neue Kellertür total verschandelt. Mit dem Messer zerkratzt und zerschnitten! Wenn das Onkel Richard sieht! Na, das wird was geben!«

Tante Bertha stand direkt vorm Bett, ich konnte ihre Füße in den großen Holzschuhen ganz dicht vor mir sehen. Sie hatte vergessen, sie draußen auszuziehen, bevor sie ins Haus kam. So etwas war auch noch nie vorgekommen. Nervös ging sie vor meiner Nase auf und ab. Ich wagte kaum zu atmen.

Zu meiner großen Erleichterung hörte ich nun Erika sagen: »Hier ist sie aber nicht, Tante Bertha.«

Dass sie mich schützte, hatte ich kaum zu hoffen gewagt. Aber wie die meisten großen Mädchen im Dorf mochte auch Erika meinen Bruder Konrad sehr gerne. Vielleicht hatte sie mich deshalb nicht verraten.

»Na warte, die kriege ich noch, das kannst du mir glauben«, schnaufte Tante Bertha und zog ab.

Ich wusste, das waren sehr schlechte Aussichten für mich, und beschloss, vorläufig auf keinen Fall nach Hause zu gehen. Wie recht ich damit hatte, sollte ich abends noch merken. Erst einmal verschwand ich durch Wölkes Garten Richtung Dorf.

*Villa Wackelstein*

Nicht weit von Kohlmanns entfernt stand ein alter Kotten, der im ganzen Dorf »Villa Wackelstein« genannt wurde. Er hatte keinen Vorgarten und auch keinen Gemüsegarten. Das Häuschen war klein, hatte weder Keller noch Boden. Es lag ein Stück von der Straße zurückversetzt unter alten, starken Kastanienbäumen. Alles war verwildert. Rundherum wuchsen Holunder und andere Büsche, und das Gras wucherte wild.

Ich fand das alles romantisch, aber die Leute im Dorf bezeichneten das Grundstück als Schandfleck – zumal auch die Bewohner des Kottens stets für Aufregung sorgten. In diesem Haus war immer etwas los. Laute Musik und Stimmengewirr, Lärm, Geschrei, das Klirren von Flaschen und Gläsern, ja sogar grölender Gesang drang fast täglich aus den weit geöffneten Fenstern. So auch heute.

Obwohl mir das alles nicht geheuer war, zog es mich magisch an. Von der Straße her sprang ich über einen kleinen Graben. Auf der anderen Seite krabbelte ich auf ein Gebüsch zu und schob mich langsam immer näher ans Haus heran. Zu gerne hätte ich mal einen richtigen Blick durch die niedrigen Fenster geworfen. Aber natürlich traute ich mich nicht.

Während ich dort kauerte, tauchten von der Rückseite des Hauses her plötzlich drei große Jungen auf. Ich konnte gerade noch meinen Kopf zurückziehen, ohne dass sie mich sahen. Die Jungen stritten miteinander, was sie sagten, konnte ich nicht verstehen. Dann begannen sie sich gegenseitig zu schubsen und anzurempeln. Bald war eine Prügelei im Gange, dass die Fetzen flogen. Schließlich wurde man drinnen darauf aufmerksam. Eine raue Männerstimme brüllte für mich Unverständliches. Als das nicht wirkte, kamen zwei oder drei leere Bierflaschen durch das Fenster in Richtung der Jungen geflogen. Gleich darauf sprangen zwei Gestalten, zwei noch ältere Jungen, durch das Fenster hinterher. Obwohl sie fast erwachsen waren, gelang es ihnen nicht, die drei auseinanderzubringen.

Einen Moment später wurde die Haustür aufgerissen, und Herr Stadler persönlich erschien. Mit seinen fünf halbstarken Söhnen bewohnte er die »Villa Wackelstein«. Seine Haare hingen ihm wirr ins Gesicht, er schwankte, hielt sich am Türrahmen fest. Mit Donnerstimme brüllte er seine Söhne an, die sich inzwischen zu fünft im Gras prügelten. Als auch das nicht wirkte, zerrte er an seinem Hosenbund. Seinen Ledergürtel wild durch die Luft schwingend, torkelte er auf die Jungen zu. Inzwischen hatten die aber ihren Vater bemerkt und stoben blitzschnell in alle Richtungen auseinander.

Ich hatte mich während der ganzen Szene tief in die Sträucher hinein geduckt und den Atem angehalten. Gerade überlegte ich, wie ich am besten wieder verschwinden könnte – es schien mir hier doch zu gefährlich zu sein –, da packten zwei kräftige Hände nach meinen Haaren und zogen mich unsanft aus dem Gebüsch.

»Ei, wen haben wir denn da erwischt? Wer schnüffelt denn bei fremden Leuten herum?« Es war einer der drei jüngeren Söhne, der ausgerechnet in meine Richtung davongerannt war.

»Au, Mensch, lass mich los! Das tut weh«, jammerte ich.

»Soll es auch. Und gleich tut es noch viel mehr weh, wenn ich nicht sofort höre, was du hier zu suchen hast«, flüsterte der Junge drohend, während sich sein Gesicht ganz nah vor meins schob.

Ich wollte mich losreißen, aber er gab mir einen kräftigen Stoß, sodass ich lang ins Gras fiel. Blitzschnell saß er auf mir und drückte mit seinen Knien meine Arme herunter. Ich war wehrlos. Zwar versuchte ich, ihn zu treten und auch zu spucken, aber ich hatte keine Chance.

Da sagte plötzlich eine andere Stimme: »Eh, Bernd, lass sie los. Ich mache das schon. Die wohnt da vorne an der Ecke. Ich kenne sie.«

Langsam ließ der Junge, der scheinbar Bernd hieß, von mir ab. Schnaufend stand ich auf und klopfte mir den Dreck von den Kleidern. Zu meiner Überraschung sah ich, dass die Stimme, die da gesprochen hatte, gar keinem Jungen gehörte, sondern einem Mädchen. Nur dass sie genauso aussah wie ihre fünf Brüder. Sie hatte die gleiche kurz geschnittene Jungenfrisur, trug die gleichen Jungenklamotten, legte das gleiche Gehabe an den Tag – war aber offensichtlich ein Mädchen in meinem Alter.

Sie hieß Lena und war die Jüngste in der Familie. Man musste schon genau hinsehen, um in ihr ein Mädchen zu erkennen. Jetzt fiel mir wieder ein, dass ich sie schon öfter im Dorf gesehen hatte. Bisher war ich ihr aber immer aus dem Weg gegangen.

Jetzt sah sie mich von oben bis unten ganz genau an und fragte: »Was machst du hier?«

»Och, nur mal so gucken« meinte ich, »habe keinen zum Spielen gefunden. Mir war so langweilig.«

Wir verbrachten den Nachmittag zusammen. Lena war wilder, mutiger und abenteuerlustiger als ich. Sie stieg auf die höchsten Bäume und sprang von unheimlich hoch oben herunter. Das traute ich mich nicht. Aber Lena schien keine Angst zu kennen. Sie wusste auch, wo die besten Obstbäume in der Umgebung standen. Wir klauten gelbe und blaue Eierpflaumen. Sie schmeckten köstlich süß. Als der Bauer uns erwischte, gab Lena sogar noch freche Antworten, bevor wir abhauten. Das imponierte mir sehr.

Lenas Familie kam aus Sachsen, aus Leipzig, sie waren Flüchtlinge wie wir. Mit ihr durfte oder wollte auch niemand spielen. Das verband uns. Wir hatten uns viel zu erzählen.

## Dicke Luft

Als ich abends glücklich vom Spielen mit meiner neuen Freundin nach Hause kam, war die Luft mehr als dick. Lilo hatte die Sache mit der verunstalteten Tür schon erfahren. Sie war stinksauer.

»Komm rein, du Früchtchen«, begrüßte sie mich, »jetzt werden wir mal abrechnen.« Sie schubste mich in die Küche. »Onkel Dieter« saß mit seiner obligatorischen Tasse Tee im Sessel neben dem Herd, rauchte und sprach kein Wort. Er guckte nur. Lilos Stimme klang gefährlich ruhig, als sie begann, meine heutigen Versäumnisse und Fehler aufzuzählen.

»Also, dass du jetzt eine Tracht Prügel beziehst, ist dir ja wohl klar, nachdem du hier mit fast einer Stunde Verspätung auftauchst. Dafür kriegst du allein zehn Hiebe! Und wieso ist die Treppe nicht gemacht?« Sie wartete meine Antwort gar nicht erst ab. Es gab auch keine, bei all der Aufregung hatte ich es einfach vergessen. »Aha, keine Antwort, das sind dann noch mal fünf! Und das Waschbecken?«, fragte sie weiter und fuhr ohne Luft zu holen fort: »Das sind dann noch zehn obendrauf! Und das Spielchen mit der Kellertür, das ist ja wohl die größte Frechheit überhaupt, das bringt dir zwanzig Schläge extra ein!« Sie hatte sich mehr und mehr in Rage geredet. »Los, ausziehen!«, nun brüllte sie, »aber alles! Und dann leg dich hier über den Stuhl! Und zwar ein bisschen hoppla!«

»Onkel Dieter« nahm genüsslich schlürfend einen Schluck Tee. Zu ihm gewandt sagte Lilo: »Du wirst das Aas festhalten, damit sie nicht abhauen kann.«

Dann kam es wie immer: Ich war inzwischen komplett nackt und legte mich stumm über den Sitz des weißen Küchenstuhls. Es gab keine Chance zu entkommen, das war mir klar.

»Onkel Dieter« stellte langsam seine Tasse ab und stand auf. Mit einer Hand hielt er mich im Genick fest, mit der anderen drückte er meine Schultern herunter. Ich biss die Zähne zusammen.

*Dieser Idiot hat kein Recht, mich anzufassen,* dachte ich wütend. Und: *Von mir werdet ihr dieses Mal keinen Ton hören, nichts! Keinen Schrei werde ich von mir geben, egal, wie schlimm es auch werden wird.*

Lilo hatte bereits den Kochlöffel in der Hand. Mit aller Kraft begann sie auf meinen Hintern einzuschlagen. Beide zählten laut die Hiebe: »Eins! Zwei! Drei! Vier! Fünf!«

Es tat weh, es tat höllisch weh. Ich stöhnte. Sie schlug weiter, und sie zählten: »Sechs! Sieben! Acht! Neun!«

Ich versuchte, den Atem anzuhalten, aber es half nichts. Der Schmerz sauste wellenartig durch meinen ganzen Körper.

*Trotzdem!,* dachte ich. *Trotzdem, und wenn ihr mich totschlagt! Ich werde euch die Freude nicht machen und schreien.*

Lilo schlug weiter. Für einige Sekunden glaubte ich, nichts mehr zu spüren, gefühllos geworden zu sein, aber dann packte der Schmerz mich erneut mit aller Macht.

Nein, wimmerte ich innerlich, nein, jetzt halt ich es nicht mehr aus. Mir platzt gleich die Haut von meinem Po! Die Haut platzt auf, und alles Blut kommt heraus.

Die beiden zählten stur weiter: »Zweiundzwanzig! Dreiundzwanzig…« Mir war inzwischen alles egal! Sollten sie doch denken, was sie wollten! Es war mir ganz egal. Ich konnte nicht mehr!

Ich brüllte los wie ein Tier. Ich schrie und schrie, versuchte, mich loszureißen, schlug mit Armen und Beinen um mich und schrie so laut ich konnte, immer weiter. Ich rutschte seitlich vom Stuhl, aber »Onkel Dieters« grobe Männerhände zogen mich wieder hoch, und weiter ging es. Halb lag ich auf dem Sitz, halb hing ich unten, und Lilo schlug und schlug unbarmherzig und laut zählend weiter auf mich ein.

Der Kochlöffel traf mich jetzt überall. Auf dem Rücken, den Armen, den Beinen, dem Kopf. Er hielt mich fest. Mir versagte die Stimme. Ich hustete, konnte nicht mehr schreien, rang nach Luft, nur mein Körper zuckte noch bei jedem Schlag, wie von selbst.

Endlich hörte ich sie »Fünfzig!« schnaufen. Der Kochlöffel war erstaunlicherweise heil geblieben. Knallend flog er auf den Tisch. »Onkel Dieter« ließ mich los. Ich rutschte kraftlos auf den Boden. Nackend lag ich vor ihren Füßen, unfähig mich zu bewegen, unfähig sie anzusehen. Aber es sollte immer noch nicht genug gewesen sein an diesem Tag.

»Los, aufstehen, sofort«, zischte Lilo.

Ich merkte, ihre Wut war noch nicht verraucht. Mühsam versuchte ich, mich aufzurappeln. Mir tat alles schrecklich weh, überall, und ich hatte keine Kraft mehr in mir.

»Onkel Dieter« hatte sich inzwischen wieder in seinem Sessel niedergelassen, steckte sich eine Zigarette an, schlürfte ein Schlückchen von seinem Tee und sah mir schweigend und völlig unbeteiligt zu bei meinem zitterigen Versuch, aufzustehen. Ich fühlte seine wässrigen blauen Augen über meinen nackten, misshandelten Körper wandern. Da wurde mir zum ersten Mal das ganze Ausmaß dieser Demütigung klar. Nicht eine Sekunde wandte er seinen kalten Blick von mir ab, glotzte mich schweigend und irgendwie lüstern an. Hass stieg in mir auf.

Wer war dieser Kerl überhaupt?, fragte ich mich und kochte vor Zorn. Was hat der mit mir und meinem Leben zu tun? Was hat der hier zu suchen? Immer wieder hetzte er Lilo gegen mich auf, so, wie er sie früher gegen Konrad und Axel aufgehetzt hatte. Das spürte ich.

Inzwischen kam Lilo aus dem Kinderzimmer zurück und schleuderte mir mein Nachthemd ins Gesicht.

»Los, zieh das an! Anschließend kannst du im Keller über dein Verhalten nachdenken!« Kaum hatte ich das Nachthemd übergestreift, als sie mich am Arm packte und aus der Küche zerrte, die Treppen hinunter bis zum Kohlenkeller. Sie riss die Tür auf, schubste mich hinein und schloss von außen ab.

Ich war fassungslos. Das hatte sie noch nie gemacht. Um mich herum war alles stockdunkel. Seit wir bei den Kohlmanns eingezogen waren, hatte ich gerade vor diesem schwarzen Raum Angst gehabt. Nur einmal hatte ich hier hineingesehen. Die Wände waren schräg, es gab keine Fenster. Wozu auch, es wurden ja nur Kohlen hier drinnen gelagert. Das wusste ich. Aber immer, wenn ich in den Keller geschickt wurde, hastete ich mit klopfendem Herzen an dieser Tür vorbei, jedes Mal froh, unbeschadet wieder oben anzukommen. Nun hatte sie mich ausgerechnet hier drinnen eingesperrt.

*Kohlmanns Kohlenkeller*

Ich schluckte trocken, lehnte mich mit dem Rücken gegen die Tür und wagte nicht, mich zu bewegen. War hier noch jemand drinnen außer mir? Ein schlimmer Mann vielleicht? Ich schluckte wieder. Oder Ratten und Mäuse? Bestimmt aber dicke fette Spinnen. Das auf jeden Fall.

Panik stieg in mir auf bei dem Gedanken. Ich konnte nicht mehr atmen. Angst und Ekel schnürten mir die Kehle zu. Was konnte ich bloß tun? Mein Kopf arbeitete auf Hochtouren. Mir wurde klar, ich saß in der Falle.

Gellende Schreie stiegen von ganz allein aus meiner Kehle auf. Ich merkte es gar nicht. Meine Ohren dröhnten, vibrierten förmlich, aber mein Kopf war irgendwie ganz hohl. Ich trommelte mit den Fäusten gegen die Tür, trat zu, so doll ich konnte, nahm einen kurzen Anlauf und schmiss mich dagegen. Es half nichts. Ich tobte und schrie bis ich nicht mehr konnte.

Total erschöpft rutschte ich an der Tür herunter und kauerte mich auf den Fußboden. Im Haus war es ganz still. Niemand kam, um mir hier herauszuhelfen. Ich weinte nur noch leise vor mich hin. Die Zeit verging – oder auch nicht.

Es rührte sich immer noch nichts, und die Angst flackerte wieder auf.

»Lilo!«, schrie ich, »Lilo, bitte hol mich hier wieder raus! Ich tue alles, was du willst. Ich vergesse nie wieder, die Treppe zu machen oder etwas anderes! Lilo, bitte, bitte, lass mich hier raus!«

In dem nächtlich stillen Haus mussten Lilo und Dieter – und auch die Kohlmanns – mich hören. Aber Lilo wollte nicht, und die Kohlmanns trauten sich nicht.

Ich begann laut zu Gott und zu meiner Mutter zu beten, damit sie mich erlösten und alles wieder gutmachten. Aber nichts geschah. Es war und blieb stockdunkel, kein Geräusch war zu hören. Ich verbrachte die ganze Nacht im Keller.

Am nächsten Morgen, bevor sie zur Arbeit fuhr, holte Lilo mich heraus und sagte: »Das wirst du in Zukunft öfter erleben, wenn du nicht spurst. Dich kriege ich schon klein.«

Ich war völlig übernächtigt, durchgefroren und verdreckt. Wieder musste ich mich vor den Augen dieses Kerls ausziehen und gründlich waschen, damit ich als »anständiges Kind« zur Schule gehen konnte.

Ich war inzwischen achteinhalb Jahre alt und hatte das Gefühl, mein Leben wurde mit jedem Tag schwerer. Selbst die Schule machte mir nicht mehr so richtig Spaß. Die Lehrer ließen mich zwar keinen Unterschied zwischen den anderen Kindern und mir spüren, aber es gab ihn doch. Häufig kam ich zu spät in den Unterricht. Der lange Schulweg fiel mir schwer, besonders, wenn es draußen trübe, grau und dunkel war, wenn es regnete oder schneite. Ich fror, und ich hatte Angst. Meine Fantasie spielte mir Streiche und ließ mich im Zwielicht des frühen Morgens unheimliche Gestalten in den Büschen und Bäumen am Rande der Felder sehen. Besonders nach den Nächten, die ich ganz oder stundenweise im Keller hatte verbringen müssen. Das geschah nun wirklich häufiger, seit Axel weg war und

Lilos Launen und ihre Wut sich ganz auf mich konzentrierten.

An solchen Tagen hatte ich Mühe, beim Klingeln des Weckers aufzustehen oder nach Nächten im Kohlenkeller zu frühstücken, was Lilo mir hingestellt hatte. Notdürftig fuhr ich mir mit der Bürste durch die Haare. Waschen und Zähneputzen waren mir lästig, ich ließ beides morgens oft ausfallen.

Lilo quälte mich abends genug damit, dass ich mich vor ihr und »Onkel Dieter« nackt ausziehen und in der Küche waschen musste. Im Sommer ging es besser, weil ich dann alles im Bad erledigen konnte. Aber im Winter war es dort einfach zu kalt. Ich fand es entwürdigend, dass sie anschließend kontrollierte, ob ich mich auch wirklich gründlich gereinigt und Zähne geputzt hatte, indem sie meinen Atem überprüfte und sogar an meinem Po roch.

Nachts träumte ich die alten, schlimmen Träume oder erlebte die Prügel des Vorabends noch einmal. Ich fiel im Traum von hoch oben in tiefe Löcher und konnte in gefährlichen Situationen nicht fortlaufen, weil ich wie erstarrt war. Irgendetwas an meinem Körper tat eigentlich immer weh, selten war er ohne blaue Flecken und Blutergüsse. Aber die sah ja niemand, wollte niemand sehen. Es interessierte keinen.

Wenn ich zu spät in die Schule kam, gab es Strafarbeiten. Auch die »vergaß« ich oft, weil ich weder Lust noch Kraft dafür hatte, und dann musste ich nachsitzen. Das war mir zwar peinlich, aber anschließend war die Sache wenigstens erledigt. Zu Hause merkte sowieso niemand etwas davon. Es war ja keiner da.

Mit dem Lesen, Schreiben oder Rechnen hatte ich weiterhin keine Probleme. Das machte mir nach wie vor viel Spaß. Besonders Aufsätze schrieb ich gern, durfte sie vorlesen, wurde gelobt und bekam gute Zensuren. Von den anderen Kindern wurde ich dafür bewundert. Eigentlich gefiel mir jedes Unterrichtsfach, nur zu den Lehrern verlor ich mehr und mehr das Vertrauen und damit auch den Kontakt. Entweder sie begriffen nichts oder sahen weg, und darum durfte ich mir nicht erlauben, sie zu mögen. Sie wurden mir immer gleichgültiger. Es war eben alles sinnlos.

Auch zwischen den anderen Kindern und mir schien es irgendwie nie zu stimmen. Wenn sie von ihrem Zuhause erzählten, schien das eine andere Welt zu sein. Kaum jemand von ihnen bekam so viel Prügel wie ich. Manche wurden überhaupt nicht geschlagen. Ich hörte immer sehr genau zu, wenn sie von ihren Strafen erzählten. Aber ihre Prügel waren offensichtlich ganz anders als meine.

Ich traute mich kaum, etwas zu erzählen, nur äußerst selten und nur bestimmten Kindern gegenüber erwähnte ich, wie es bei mir zu Hause zuging. Dann sahen sie mich meistens entgeistert an, als wollten sie mir nicht recht glauben, bis ich ihnen manche lilagefärbte oder blaue Stelle an meinem Körper zeigte. Meistens bedauerten sie mich dann oder schwiegen betroffen. Das war mir schrecklich peinlich, ließ sich aber nicht immer vermeiden, denn wir hatten manchmal auch Sportunterricht auf dem Schulhof. Dann mussten wir in schwarzer Turnhose und weißem Turnhemd antreten.

Ich betonte aber immer sofort, dass ich daran gewöhnt sei und dass mir das alles gar nichts mehr ausmache. Um in solchen Momenten mit diesem unangenehmen Gefühl der Scham fertigzuwerden, fing ich unvermittelt wilde Tobespiele an, rannte hektisch und geradezu wie verrückt und sehr albern herum. Ich machte den Kasper, über den alle lachen konnten, und befreite mich selbst und die anderen Kinder so aus dieser peinlichen Lage. Dann war die Sportstunde auch schon wieder um.

Von meiner Seite aus gab es kaum Versuche, mit anderen Menschen über diese Dinge zu sprechen. Ich konnte meine eigene Scham nicht ertragen. Alle waren anders als ich, lebten anders. Ich war mir inzwischen sicher, dass alles meine Schuld war. Oft fragte ich mich verzweifelt: *Warum ist bloß ein so böses und schwieriges Kind aus mir geworden?* Ich nahm mir fest vor, mich zu ändern, aber irgendwie klappte das einfach nicht. Also hatte ich selbst Schuld an allem. Ich war einfach ein besonders schlechtes Kind. Da gab es keine Ausrede. Es würde wohl immer so bleiben und so weitergehen mit mir.

Nur wenn ich Lena traf und wir zusammen durch die Umgebung streiften, vergaß ich die Zeit, die ungeputzte Treppe, das Waschbecken und den Abwasch ebenso wie meine Hausaufgaben. Genauso erging es mir, wenn Heike Zeit und Lust hatte, mit mir zu spielen.

Ich wusste, dass mir abends eine Abrechnung durch Lilo blühen konnte. Nur, wann genau sie mir blühte, wusste ich nie. Ihre Unberechenbarkeit machte mich langsam aber sicher mürbe. Ich fragte mich fast jeden Morgen, auch tagsüber oft, ob sie abends wohl friedlich oder mit schlechter Laune nach Hause kommen würde. Dennoch oder gerade weil ich wenigstens ab und zu meinem ständigen Alleinsein entkommen musste, ging ich völlig in meinem Spiel auf. Wenigstens für einige Stunden wollte ich dem heimischen Terror entfliehen, verdrängte, was war, und versuchte, wenigstens manchmal zu spielen, als sei ich ein ganz normales Kind.

Meine größte »Vermessenheit« war jedoch, dass ich trotz allem traurig war, weil die anderen es besser hatten als ich, mit ihrer richtigen Mutter und einem echten Vater.

Wegen meiner familiären Verhältnisse fühlte ich mich als Außenseiter. Irgendwie wollte ich das ändern, und dann kam mir der Gedanke, etwas für meine Klasse zu tun. Ich begann morgens auf dem Schulweg, bunte Blumensträuße am Wegesrand zu pflücken und sie in den Klassenraum zu stellen. Eine gewisse Zeit lang schien das auch zu helfen, aber als die Wirkung nachließ, brachte ich statt Feld- und Wiesenblumen solche, die ich heimlich in Tante Gertruds Vorgarten abgerissen hatte. Als das aufzufallen begann, bediente ich mich anderer Vorgärten.

Eines Tages brachte ich einen besonders schönen Strauß mit. Da erkannte mein Klassenlehrer, Herr Schwarze, dass dieser aus seinem eigenen Garten stammte. Die Sache platzte wie eine Bombe! Ich dachte, nun müsste ich sterben vor Scham und wollte nie wieder zur Schule gehen. Auch Lilo erfuhr natürlich davon und prügelte mich abends windelweich.

Die erste Zeit danach war ich still und zurückhaltend in der Schule, aber als die Hänseleien nicht aufhören wollten, wurde ich laut und frech. Ich stritt mich viel mit den anderen Kindern und wurde immer aufmüpfiger. In einigen Fällen verschaffte ich mir mit Prügeleien die nötige Autorität. Innerlich schämte ich mich aber furchtbar und versuchte immer mehr, alles, aber auch alles, zu verdrängen.


*Der Mann im Schwimmbad*

Der Sommer mit seinen warmen und langen Tagen war für mich die schönste Zeit des Jahres. In den Sommerferien gingen Heike und ich fast täglich ins Schwimmbad. Sie besaß einen tollen Wasserball und einen aufblasbaren bunten Schwimmreifen. Manchmal durfte ich auch damit spielen. Es war damit wie mit allem. Es kam ganz auf ihre Stimmung an.

Obwohl wir immer erst bei Tante Herta gegessen hatten und diese mir das Eintrittsgeld fürs Schwimmbad gegeben hatte, bevor wir losgingen, plagte mich nach dem Spielen und Toben im Wasser und an der frischen Luft schon bald wieder der Hunger. Heike hatte damit keine Probleme. Sie nahm erst gar nichts mit. Manchmal bekam ich von den anderen Kindern etwas ab und schämte mich dafür. Meistens ging ich jedoch leer aus – schließlich hatten die anderen auch Hunger, und Essen war in vielen Familien immer noch Mangelware.

Seit einigen Wochen hatten Heike und ich auf der Liegewiese, nicht weit von unserem Platz entfernt, einen Mann beobachtet, der ständig von einer Traube von Kindern jeden Alters umringt war. Ich hatte ihn immer nur im Nichtschwimmerbecken gesehen, nie im Schwimmerbecken und mich darüber gewundert, was ein erwachsener Mann dort zu suchen hatte. Offensichtlich versuchte er, den Kindern das Schwimmen beizubringen. Das fand ich toll und wäre auch gern dabei gewesen, denn auch ich konnte es noch nicht, aber ich traute mich nicht, zu fragen.

Irgendwann bekam ich mit, dass er den Kindern auch Geld schenkte. Sie liefen damit zum Kiosk und kauften sich Würstchen mit Brot, Negerküsse oder Lutscher, Wundertüten und Puffreis. Viele entschieden sich für Esspapier, das in zarten Regenbogenfarben gerade bei allen hoch im Kurs stand. Ich konnte davon natürlich nur träumen und war ganz scharf darauf.

Eines Tages, ich stand frierend am Beckenrand, weil ich wieder einmal viel zu lange im Wasser gewesen war, da kam der Mann auf mich zu und fragte: »Willst du nicht mitmachen? Ich könnte dir auch das Schwimmen beibringen.« Natürlich wollte ich.

Er war unheimlich nett und freundlich. Bald gingen auch Heike und ich uns von seinem Geld etwas Schönes kaufen. Wir legten unsere Handtücher zu ihm, doch bald lagen wir mit auf seiner weichen Decke. Das war ja viel bequemer.

Heike imponierte er nicht besonders, aber ich fühlte mich wie im Paradies. Keinen Hunger mehr zu haben, täglich Süßigkeiten und nicht mehr abhängig von Heike zu sein, wenn sie irgendetwas nicht wollte. Außerdem hatte mir der Mann des Öfteren ins Ohr geflüstert, ich sei von allen sein Lieblingsmädchen geworden.

Fast immer streichelte er mich, wenn die anderen Kinder im Wasser herumtobten und nur ich neben ihm in der Sonne lag. Er rubbelte mich zärtlich mit seinem weichen Frotteehandtuch ab, wenn ich aus dem Wasser kam, und sorgte dafür, dass ich aus der nassen Badehose stieg und mich neben ihm ausruhte. Dann kraulte er meinen Kopf und den Rücken bis runter zum Po.

Ich fand das wunderschön, sonst war nie jemand so zärtlich und liebevoll zu mir. Nur an meinem Po gefiel mir das Streicheln überhaupt nicht – und ich ließ ihn das auch wissen. Er meinte nur, dass sei gar nichts Schlimmes und gehöre doch dazu. Trotzdem störte es mich sehr, ich wurde ganz nervös, aber er streichelte einfach weiter und lachte nur.

Ich traute mich nicht, energischer zu werden, stieg aber nach dem Abtrocknen sofort in meine Unterhose. Er wurde ärgerlich darüber und meinte, dann müsse ich eben ihn streicheln, weil mir sein Streicheln wohl nicht mehr gefalle. Ich tat es, aber nur sehr widerwillig, und spürte, dass ich seinen ganzen Körper abstoßend fand.

Später erzählte ich Heike davon. Wir beschlossen, uns einige Tage von ihm fernzuhalten. Er ließ uns in Ruhe, aber dann hatte ich auch wieder Hunger und sah die anderen mit ihren Würstchen und Süßigkeiten an uns vorbeiziehen. Das reizte schließlich sogar Heike, und so gesellten wir uns wieder zu ihm. Ich vermied es, mit ihm allein auf der Decke oder im Wasser zu sein. Er ließ mich, aber ich merkte, dass er mich ständig auf eine unangenehme Art beobachtete.


*Auf dem Rummel*

Langsam gingen die Ferien dem Ende zu. Das Wetter war nicht mehr so warm, und im Schwimmbad wurde es leerer. Manchmal ging ich noch alleine hin. Der Mann war bei jedem Wetter dort, sogar wenn es regnete, und immer waren auch Kinder um ihn herum.

Eines Tages fragte er mich: »Hast du gesehen, dass auf dem Bünder Marktplatz ein großer Rummel aufgebaut wird? Sie sind fast fertig damit.«

Ich hatte es natürlich gesehen, denn mein Weg zum Schwimmbad führte direkt daran vorbei.

»Ja«, rief ich begeistert, »ganz toll finde ich das. Rummel ist überhaupt das Allergrößte von der ganzen Welt. Ich liebe den Rummel«, und dann begann ich, alles aufzuzählen, was so ein Jahrmarkt zu bieten hatte. »Es gibt tolle Karussells dort, Lose kann man kaufen und große Geschenke gewinnen, rote Zuckeräpfel essen, Pfefferminzschokolade, und vor allem gibt es dort so kleine Käppchen zum Aufsetzen, an die man viele Anstecker machen kann.«

Meine Begeisterung kannte keine Grenzen. Obwohl ich wusste, dass ich von Lilo nie Geld für den Rummel bekommen würde, erzählte ich immer weiter. Er hörte zu – und streichelte mich. Mir wurde das erst nach einer Weile bewusst, aber als ich es spürte, kam wieder dieses unangenehme Gefühl in mir hoch, und ich versuchte, es zu unterdrücken.

»Ich lade dich zum Rummel ein, kaufe dir alles, was du möchtest, wenn du sehr lieb zu mir bist«, sagte er plötzlich. Ich sprang auf, hüpfte begeistert im Kreis um ihn herum und sang voll Freude: »Au fein, oh wie schön, ich darf auf den Rummel gehen!«

»Wann gehen wir denn, können wir nicht bitte, bitte gleich morgen gehen? Ich möchte so gerne!«

»Wenn du willst, gehen wir morgen. Da fängt der Rummel ja an. Aber du darfst niemandem davon erzählen«, sagte er plötzlich mit sehr ernster Miene.

»Das würde ich nie tun! Meine große Schwester würde es sowieso nicht erlauben und mich verprügeln, sobald sie etwas davon mitbekäme«, entgegnete ich.

Wir verabredeten uns für den nächsten Nachmittag am Kettenkarussell. Ich wusste, Lilo würde erst gegen 18.00 Uhr von der Arbeit kommen und bis dahin wäre ich längst wieder zu Hause.

Aufgeregt wartete ich nur noch auf den nächsten Tag. Mein großes Geheimnis war bei mir sicher. Nach der Schule erinnerte ich mich ohne Probleme an alle meine Pflichten, bürstete gründlich den Sisalläufer auf der Treppe, polierte die Seiten und das Geländer mit dem Staubtuch, machte mich singend an den Abwasch, putzte Waschbecken sowie die Toilette und sah auch sonst überall nach, ob Ordnung herrschte.

Endlich war es Zeit, loszugehen. Schon von Weitem dröhnte mir die Jahrmarktsmusik entgegen. Meine Schritte wurden immer schneller. Endlich war ich am Kettenkarussell und suchte nach dem Mann. Doch er war nirgends zu sehen. Ich wartete und wartete. Immer wieder ging ich durch das Menschengewühl um das Karussell herum. Schade, es wäre so schön gewesen!

Aber er hatte mich belogen. Langsam bummelte ich weiter über den Platz. Viele Kinder waren da. Sie hatten Luftballons, ganz besonders dicke und bunte sogar, aßen Süßigkeiten, einige von ihnen hatten große Lebkuchenherzen um den Hals hängen. Das hatte ich mir auch schon immer gewünscht.

Schließlich stand ich vor dem Stand, an dem es diese kleinen Käppchen und viele Anstecker dazu gab. Sie waren ganz schön teuer – 3,50 Mark.

*Wie wunderschön die sind, aber nie werde ich so eins besitzen,* dachte ich traurig. Da spürte ich dieses vertraute, aber widerliche Streicheln einer Männerhand in meinem verschwitzten Nacken. Instinktiv wich ich zur Seite aus und drehte mich um.

Da stand er, lächelte und sagte: »Ich habe dich schon eine ganze Weile beobachtet. Schön, dass du da bist. Wollen wir jetzt losgehen?«

»Ja, prima, ich hatte schon Angst, Sie würden vielleicht nicht kommen.«

Er fasste mich bei der Hand.

*Wie ein richtiger Vater,* dachte ich und war stolz und glücklich. Wenn nur dieses unangenehme Streicheln nicht immer wieder zwischendurch gewesen wäre.

»Sag mal, hast du auch wirklich niemandem gesagt, wo du bist, und dass wir uns hier treffen?«, vergewisserte er sich noch einmal.

»Nein, natürlich nicht, Sie wissen doch, wie meine große Schwester das sehen würde.«

»Na gut, dann warst du ein liebes Mädchen und darfst dir jetzt wünschen, was immer du willst.«

*Puh, liebes Mädchen, wie doof das klingt,* dachte ich. Andererseits… Wünsche hatte ich viele, und fröhlich begann ich an seiner Hand auf und ab zu hüpfen. »Also, zuerst möchte ich einen ganz großen Negerkuss, wenn ich darf!«

»Natürlich darfst du, habe ich dir ja versprochen, aber später musst du mir zum Dank dafür einen richtigen Kuss geben«, sagte er.

Ich sah ihn verwundert an und dachte darüber nach.

*Na ja*, ging mir durch den Kopf, *da ist ja nichts dabei. Andere Kinder küssen ihre Väter auch. Im Augenblick ist er ja wie mein Vater.* Aber komisch fand ich es trotzdem. Ich fühlte mich ein bisschen zu groß für so etwas. »Na gut«, brummte ich, »aber erst später.«

Wir bummelten herum. Er kaufte mir Schokolade, Eis und Waffeln, einen kandierten Apfel und Veilchenpastillen. Wir fuhren zusammen Kettenkarussell. Schließlich zeigte er auf ein anderes Karussell, eine »Raupe«.

»Komm«, rief er, »das ist eine prima Sache, beeil dich, es geht gleich los!«, und zog mich in das kleine Zweier-Abteil der Bahn.

Wir sprangen hinein und sofort ging es rund. Ich quietschte vor Freude, als es so richtig zu rasen begann, dann klappte ein großes Verdeck automatisch über uns nach vorne und hüllte alles in Dunkelheit.

Plötzlich hielt er mich mit beiden Armen fest und presste mich an seinen Körper. »Los, den Kuss!«, brüllte er, und bevor ich reagieren konnte, drückte er seine nassen, dicken Lippen auf meinen Mund, drückte dabei meine Lippen auseinander und steckte seine Zunge ganz tief hinein, wühlte damit in meinem Mund herum, während seine Spucke mich rundherum besabberte und über mein Kinn lief.

Ich musste würgen und versuchte entsetzt, mich loszureißen, aber er hielt mich eisern fest und presste meine Hände gegen seinen harten Penis. Wütend und voller Ekel versuchte ich mich freizukämpfen, schrie wie verrückt, aber alles rundherum schrie und kreischte auch wie verrückt, sodass mich natürlich niemand hörte. Auch war es immer noch ganz dunkel. Ich war entsetzt und voller Panik! Endlich klappte das Verdeck wieder zurück. Es war heller Tag, lachende fröhliche Menschen standen winkend im Sonnenschein. Alles war vorbei.

Ich torkelte, stolperte, machte mich von dem Mann los und wischte mit meinem Ärmel wieder und wieder das Geschmiere von meinem Gesicht. Sagen konnte ich nichts. Er griff nun nach meiner Hand, hielt sie sehr fest und zog mich mit sich. Sein sonst so freundliches Gesicht sah wütend aus.

»Was soll denn das Theater? Du hast mir den Kuss versprochen, warum stellst du dich so albern an? Habe ich dir nicht alles gekauft, was du haben wolltest? Ein anständiges Mädchen hält sein Versprechen, aber du bist wohl nur ein dummes verlogenes Gör. Das hätte ich nicht von dir erwartet!«

Ich war verwirrt, betroffen, beschämt und weinte. Er zog mich energisch hinter eine der Buden.

»Was ist mit dir los? Du bist doch sonst normal!«, sagte er und schüttelte mich dabei an meinen Schultern.

»Sie haben doch nur einen Kuss verlangt! Den wollte ich Ihnen ja auch geben, aber nicht solche Schweinereien«, stammelte ich heulend. »Ich gebe Ihnen ja den blöden Kuss, wenn Sie sich mal bücken. Er beugte sich ein bisschen herunter, und ich drückte widerwillig meine Lippen auf seine Wange.

Da schubste er mich zur Seite, lachte höhnisch und sagte: »Du meinst doch nicht, dass dieser Kinderkram ein Kuss wäre? So blöde kannst du doch nicht mehr sein? Pass auf, ich gebe dir noch eine letzte Chance. Wenn du jetzt ganz vernünftig bist, kaufe ich dir dieses alberne Käppchen noch, und dann fahren wir mit meinem Fahrrad zu mir nach Hause. Da zeige ich dir, was ich meine, und wir können Brause trinken und Kuchen essen. Anschließend bringe ich dich nach Hause, damit du dort keinen Ärger bekommst. Aber nun hör endlich auf zu heulen.«

Ich nickte, dankbar für die neue Chance, und versuchte, die Tränen abzuwischen, aber ich konnte nicht mehr fröhlich werden. Da war eine Schuld abzutragen, und ich hatte große Angst davor. Wahrscheinlich war ich wohl wirklich sehr dumm, aber er würde mir jetzt alles erklären.

»Ach, weißt du, wir können das Käppchen auch morgen kaufen, wenn wir uns hier wiedertreffen. Heute ist es schon zu spät.« Dabei ergriff er wieder meine Hand und zog mich eilig vom Rummelplatz. Ich ließ alles stumm und willenlos geschehen. Das war »die Quittung«, wie Lilo sagen würde.

Sein Fahrrad lehnte an einem Straßenbaum. Ich wollte auf den Gepäckträger steigen, aber er bestand darauf, dass ich vorne, direkt vor ihm, auf die Stange kam. Ich tat, was er verlangte, und wir fuhren los.

Plötzlich, wie aus heiterem Himmel, kamen uns auf der anderen Straßenseite Lilo und »Onkel Dieter« auf ihren Fahrrädern entgegen.

»Marianne!«, brüllte Lilo, fuhr quer über die Straße direkt auf uns zu und stellte sich so, dass der Mann bremsen und absteigen musste. Noch nie war ich so erleichtert gewesen, meine große Schwester zu sehen.

»Wer sind Sie? Was wollen Sie von dem Kind? Sind Sie verrückt? Ich hole die Polizei, wenn Sie nicht sofort das Mädchen loslassen!«, rief Lilo aufgebracht.

Ich war schon abgesprungen und zu Lilo gerannt. Der Mann guckte erstaunt, sagte kein Wort, drehte sein Fahrrad um und raste in die entgegengesetzte Richtung davon. Lilo hatte hundert Fragen auf einmal an mich und schien sehr erschrocken zu sein.

Das fand ich ein bisschen übertrieben, schließlich hatte er mir nichts Böses angetan, nur widerlich und eklig war er gewesen, aber darum brauchte man doch nicht gleich die Polizei zu rufen. Er hatte mir viel gekauft, und ein wenig Schuld an allem gab ich mir im tiefsten Inneren selbst.

Wie er hieß und wo er wohnte, konnte ich Lilo natürlich nicht sagen. Seinen Namen hatte er uns Kindern nie genannt. Aber alles andere erzählte ich ihr. Danach war sie richtig nett zu mir. Und sie sprach noch lange aufgeregt mit »Onkel Dieter« über diese Sache. Ich musste ihr versprechen, nie wieder mit einem Fremden mitzugehen. Außerdem wollte sie gleich Bescheid haben, falls dieser Mann irgendwann wieder auftauchen sollte.

Ich sah ihn nie wieder.

Meine Mutter Paula Döring

Im April 1942 wurde ich als viertes Kind der Familie geboren;
hier hält mich meine Schwester Lilo im Arm, zu ihrer Rechten Axel,
zu ihrer Linken Konrad

Lilo und ich, »Putti«

1950, kurz bevor ich zur Adoption freigegeben wurde,
mit dem Kind von Bekannten

Bei Stopfarbeiten im Kinderheim

Meinen Neffen liebte ich sehr; er wurde 1954 geboren

Während des
Anerkennungsjahres
im evangelischen
Kindergarten

Als Hilfskraft für die Spülfrau im Hotel im  Sommer 1958

Mein Vater Ernst Döring

1967 in Hunnebrock: Meine Tochter Claudia ist mein Sonnenschein

1970 zusammen mit meinen Kindern Martin und Claudia

Ein Familienausflug zum Wannsee im Jahr 2002

Mit meiner Enkelin Hanna auf dem Balkon
meiner Berliner Wohnung

## Schlimmer denn je

Es wurde Herbst. Der Wind pfiff über die Felder. Es regnete oft tagelang, sogar wochenlang ohne Pause, war kalt, ungemütlich und feucht. Nach der Schule blieb ich nun selten über Nachmittag bei Heike. Sie hatte sich ja sowieso inzwischen mehr Bärbel und Steffi zugewandt. Bei solchem Wetter spielten sie drinnen.

### Der Trick mit dem Fenster

Häufig dachte ich wehmütig an den Sommer, als wir Dackel Fritzi in Heikes schickem Korbpuppenwagen spazieren gefahren hatten. Der sah wirklich aus wie ein hochmoderner Kinderwagen. Dann war wiederum tagelang der Roller mit den Ballonreifen das Wichtigste für uns gewesen, oder wir fuhren mit dem Bollerwagen immer wieder die etwas abfallende Winkelstraße hinunter.

Heike hatte in diesem Sommer eine echte Lederhose getragen. Die hatte ihr ihre Oma aus Bayern mitgebracht. Nie würde ich solche schönen Dinge je bekommen.

Inzwischen ließ Lilo für mich bei einer preiswerten Schneiderin Sachen aus den Kleidern unserer Mutter nähen. Das war billiger, als ganz neue zu kaufen. Die dunklen Farben gefielen mir zwar nicht besonders, aber ich verstand das. Und doch wäre es schön gewesen, wenn ich wenigstens auch das eine oder andere Spielzeug gehabt hätte. Vielleicht hätten mich die anderen Kinder dann auch ein bisschen gemocht.

Eines Tages war jedoch erneut ein kleines Wunder geschehen: Wir hatten wieder mal ein Care-Paket bekommen. Darin war auch eine wunderschöne Puppe für mich. Sie war anders als die Gummi-Puppe aus dem ersten Paket. Diese hatte lange, goldgelockte Haare, Schlafaugen, die sie auf und zu machen konnte und hübsche Anziehsachen. Manchmal durfte ich sie zu Heikes Puppe in den Puppenwagen legen.

Das lange Haar hatte ich ihr allerdings bald abgeschnitten. Als Heike damals ohne Zöpfe aus Bad Oeynhausen gekommen war, hatte ich mir meine Zöpfe ja auch abgeschnitten. Irgendwie hätte diese Puppe mit langen Haaren nicht so richtig zu mir gepasst, fand ich.

Außerdem bohrte ich der Puppe ein kleines Loch zwischen ihre hübschen roten Lippen. Die andere hatte da auch ein Loch gehabt, damit man sie füttern konnte. Und selbst die meisten von Heikes Puppen konnte man füttern und trinken lassen. Sie besaß extra eine kleine Nuckelflasche für ihre Puppen. Daraus konnte nun auch meine Puppe hin und wieder trinken. Später vergrößerte ich das Loch noch, um sie auch sonst an meinen eigenen Mahlzeiten teilhaben zu lassen.

Ich gab ihr ständig neue, wunderschöne Namen, wie Diana, Ricarda, Adelheid oder Katharina. Ich liebte sie sehr und erzählte ihr all meine Geheimnisse. Sie wurde gut versorgt und durfte immer bei mir im Bett schlafen. Eines Abends sah ich eine kleine Fliege aus ihrem Mund kriechen. Ich wunderte mich, wischte sie weg, aber es kamen neue Fliegen. Als es immer mehr wurden, rannte ich erschüttert mit der Puppe zu Lilo. Zum ersten Mal nahm ich auch bewusst den eigenartig-unangenehmen Geruch wahr, den die Puppe ausströmte.

»Mein Gott«, sagte Lilo, »die stinkt ja widerlich. Was hast du bloß alles in sie hineingesteckt?«

»Wieso denn? Sie ist doch mein Kind. Ich habe alles mit ihr geteilt und sie immer gut gefüttert«, antwortete ich erstaunt.

»Ja, und das ist alles in ihr drinnen verfault und vergammelt. Du hättest die Sachen besser selbst essen sollen. Eine Puppe ist kein richtiges Kind. Nun müssen wir sie wegwerfen.« Ich war sprachlos und begann bitterlich zu weinen.

»Aber man kann doch nicht einfach sein Kind wegwerfen«, wand ich verzweifelt ein.

»Werden wir wohl müssen«, meinte Lilo kühl, »dieses stinkende, verseuchte, widerliche Ding kann keine Minute länger in der Wohnung bleiben. Ich hatte schon seit einiger Zeit diesen

Geruch in der Nase, bin aber nicht dahintergekommen, woher er kam.«

Sofort brachte sie daraufhin meine geliebte Puppe eigenhändig hinunter und warf sie in den Müll.

Ich protestierte nicht weiter, denn auch ich fand die Fliegen sehr eklig. In meiner Fantasie sah ich, wie sich Massen davon in Kopf und Bauch der Puppe bewegten. Während ich die Tränen abwischte, ging mir manche Situation durch den Kopf, in der es mir sehr schwergefallen war, meinem geliebten Puppenkind ein Eckchen vom kostbaren Bonbon, ein bisschen Ei oder Brot abzugeben.

Ich war traurig, nun ohne sie leben zu müssen, aber zu Weihnachten würde ich mir nichts anderes wünschen als eine neue Puppe. Dann sollte es ein Puppenjunge sein. Heike sagte sowieso immer, dass Jungen brauchbarer wären als Mädchen. Ich verstand nicht so genau, warum. Und Heike konnte die Frage selbst auch nicht beantworten, blieb aber dabei und meinte sogar, sie wäre auch lieber ein Junge. Das wiederum konnte ich von mir nicht behaupten.

Der einzige Vorteil, den ich erkennen konnte, war, dass Jungen im Stehen und sehr viel weiter pinkeln konnten als Mädchen. Und vor allem ohne dieses lästige »Hose herunter, Hose wieder hoch«. Ich hatte das nämlich ausprobiert und war jedes Mal mit nassen Unterhosen nach Hause gekommen. Lena bekam es hin, nur war sie nicht bereit, mir ihren Trick zu verraten. Wir hatten uns deshalb ernsthaft gestritten.

Mit Lena durfte ich, unter Ankündigung von Prügelstrafe, immer noch nicht spielen. Das hatte Lilo schon bei unserem Kennenlernen so angeordnet: »Das ist eine schlechte Familie, dort kannst du nur Mist lernen«, lautete ihre Erklärung. Dabei fand ich Lena sehr nett. Sie war nicht besser und nicht schlechter als ich selbst. Und jemanden anders hatte ich ja (auch) in Hunnebrock nicht zum Spielen.

Lenas Brüder waren ähnlich rau wie meine. Aber sie tolerierten mich. Einer von ihnen hatte sogar am selben Tag Geburtstag wie ich – am 10. April. Das war Rainer. Er war zwar mindestens fünf oder sechs Jahre älter, vielleicht sogar noch mehr. Er behandelte Lena und mich auch nicht freundlicher, als Axel und Konrad es getan hätten, aber manchmal rief er: »Hallo, Zehnter April, wie geht's?« Dabei lachte er, und manchmal unterhielt er sich sogar ein bisschen mit mir. Das machte mich stolz. Ich war also doch jemand, wenn Rainer sich mit mir befasste. Obwohl er mich am Ende meistens veralberte, hatte er mich immerhin zur Kenntnis genommen. Ich mochte ihn einfach, und später gab es sogar eine Zeit, in der ich für ihn »schwärmte«.

Wenn ich mich nachmittags, trotz des Verbots, auf den Weg zu Lena machte, öffnete ich vorher unser Badezimmerfenster ganz weit. Kam Lilo abends nach Hause, würde sie es sofort schließen, da war ich mir sicher. Meistens kam sie gegen sieben Uhr. Ich hatte dann selbstverständlich in der Wohnung zu sein. Mit Hilfe des offenen Fensters glaubte ich, ausmachen zu können, wann sie zu Hause war. Wenn ich von Weitem das geschlossene Fenster sah, wollte ich einfach nach Hause flitzen. Es war ja nur vier Häuser weiter.

Lena und ich spielten bei jedem Wetter draußen, so auch an diesem Herbstnachmittag. Von Weitem sah ich regelmäßig zu unserem Fenster, fragte auch mehrmals die Leute auf der Straße, wie spät es sei. Doch Lilo schien heute viel später nach Hause zu kommen also sonst. Es war schon fast dunkel, und das Fenster stand immer noch sperrangelweit offen, obwohl es inzwischen regnete.

Was sollte ich also so ganz allein zu Hause? Mir war unheimlich in der Wohnung. Immer knackte es irgendwo, ich sah Schatten und dachte, es könnten Einbrecher sein. Als Lena schließlich ins Haus musste, schlenderte ich langsam los. Obwohl es inzwischen stärker regnete, stand das Fenster immer noch offen. Es musste auch ziemlich spät sein, jedenfalls viel später, als es mir normalerweise erlaubt war, mich »irgendwo herumzutreiben«. Aber immer noch war niemand zu Hause. So dachte ich.

Doch da irrte ich. Als ich um die Ecke unseres Hauses bog, sah ich unser hell erleuchtetes Küchenfenster. Und von oben hörte ich Lilos laute Stimme. Das verhieß nichts Gutes.

*Oje*, dachte ich angstvoll, *wie habe ich mich nur so irren können?* Eigentlich war das mit dem Fenster doch eine gute Idee gewesen. Nur hatte es leider nicht so geklappt, wie ich mir das gedacht hatte. Jetzt würde es Prügel geben. Und die blöde Treppe war auch nicht gemacht.

Plötzlich klapperte es oben, und das Küchenfenster wurde aufgerissen. Klar und deutlich hörte ich Lilo zu »Onkel Dieter« sagen: »Das Balg ist immer noch nicht zu sehen. Na, die kann sich auf was gefasst machen. Das gibt eine Wucht!« Und mit einem lauten *Wums* klappte das Fenster wieder zu.

Vor Schreck war ich blitzschnell in den Stall gesprungen, den Onkel Richard für das Schwein und ein paar Kaninchen neu gebaut hatte. Er hatte dort noch nicht abgeschlossen. Eine einfache Leiter führte zu einem kleinen Heuboden hinauf. Ansonsten waren in dem Stall auch alle Fahrräder abgestellt. Leise huschte ich gleich die Treppe nach oben ins Heu. Mein Herz klopfte wie verrückt.

*Ist hier oben auch keiner?*, überlegte ich und spähte ins Dunkel.

Ich hatte Angst. Angst vor Lilo und der Prügel, aber auch Angst vor der Dunkelheit, Angst vor dem Heu. Ich zitterte, setzte mich vorsichtig gleich neben die Luke, hielt den Atem an, lauschte. Einen Moment lang war es ganz still. Ich bewegte mich nicht, konnte kaum atmen. Plötzlich fing das Schwein unten laut an zu grunzen, beinahe zu schreien. Offensichtlich war es aufgestanden und schubberte sich unruhig an der Stalltür und den Stallwänden.

Noch nie hatte ich ein Schwein so viel Krach machen hören. Im Dunkeln kam mir dieses Grunzen so unheimlich laut vor. Mir blieb fast das Herz stehen, und schlotternd flüsterte ich vor mich hin: »Du blöde Sau! Sei endlich still! Du verrätst mich sonst noch! Hör auf damit, leg dich hin und schlaf wieder! Sei still, sei still, sei doch bitte, bitte still!«

Endlich legte es sich wirklich wieder hin und wurde ruhig.

Im Verschlag nebenan rannten inzwischen die Kaninchen wie wild herum. Wenigstens gaben sie keine Töne von sich, die mich hätten verraten können.

Ich lauschte, ob Onkel Richard etwas gehört haben könnte, aber alles blieb still, auch die Kaninchen hatten sich bald wieder beruhigt. Auf einmal raschelte es im Heu, etwas huschte an mir vorbei. Vor Entsetzen hielt ich die Luft an. In meinen Ohren rauschte es.

*Ratten, Mäuse, Spinnen*, schoss es mir durch den Kopf. *Nein, lieber Gott, das halte ich nicht aus. Wer weiß, was da noch alles ist. Ich muss hier weg!*

Voller Panik griff ich nach der wackeligen Leiter. Ich wollte weg, ganz schnell weg hier. Hastig begann ich hinabzusteigen. Es war einfach furchtbar.

Doch ich war zu unvorsichtig gewesen. Die Leiter wackelte, drehte sich halb und klappte dann laut gegen den Lukenrand zurück. In meiner Hast verfehlte ich den nächsten Tritt, rutschte donnernd weitere sieben oder acht Sprossen hinunter und landete unsanft auf dem Boden. Sofort sprang ich wieder hoch und riss die Stalltür auf. Endlich draußen, endlich in Freiheit.

Vorsichtig rieb ich meinen schmerzenden Po. Mein Steißbein tat weh, ein Ellbogen blutete ziemlich stark, in der rechten Hand hatte ich mindestens zwei dicke Splitter.

»Mist, Scheiße, und jetzt auch noch Lilo und die Prügel«, fluchte ich leise vor mich hin. Meine Fassung war dahin, ich begann zu heulen.

Im Stall hatte sich das Schwein schon wieder erschreckt, erneut begann es, laut zu werden. Plötzlich ging Kohlmanns kleines Speisekammerfenster auf, und Tante Gertruds Stimme rief laut: »Ist da wer? Was ist denn da draußen los?«

»Nur ich bin hier, Marianne«, antwortete ich kläglich.

»Och, Mareanne, du? Wo kommst du denn noch her? Es regnet doch und ist schon dunkel.«

Bevor ich antworten konnte, öffnete sich nun auch unser Speisekammerfenster.

»Na, das wird ja Zeit! So eine Unverschämtheit! Du kannst dich auf etwas gefasst machen!«

Ich wusste genau, worauf. Dieser wütende Ton in Lilos Stimme hatte nichts Gutes zu bedeuten. Krachend schlug das Fenster wieder zu, im Haus ging Licht an, und dann stand sie vor mir: Rechts und links klatschten Ohrfeigen in mein Gesicht, schubsend und schlagend trieb sie mich nach oben, griff blind vor Zorn nach dem nächstbesten Kleiderbügel und prügelte los, wohin sie gerade traf. Ich versuchte wieder einmal, nicht zu schreien. Ich hatte es ja verdient. Ich war ein schlimmes Kind. Und ausgerechnet heute hatte der Fotograf, der damals nach der Schule auf uns Kinder gewartet hatte, die Fotos gebracht und Geld dafür kassiert, wo wir doch gar keins hatten. Da half es auch nichts, dass ich mit dem Fliederstrauß im Arm eigentlich ganz nett aussah. Ich war ein schlimmes Kind, ich wusste es.

Wieder hielt ich die Schläge, ohne zu schreien nicht mehr aus. Es tat einfach zu weh, und so schrie ich und schrie. Lilo schlug, bis sie nicht mehr konnte, riss dann die Tür zum Kinderzimmer auf, jagte mich hinein und schloss ab.

»Kein Abendbrot! Stubenarrest für 14 Tage!«, brüllte sie hinter mir her.

Wimmernd blieb ich auf dem Fußboden liegen.

»Ja, ich habe es verdient! Ich werde nie mehr mit Lena spielen, nie mehr unpünktlich sein, immer die Treppe und alle anderen Sachen saubermachen, nie wieder verstockt sein und immer auf sie hören, nie wieder mich irgendwie fotografieren lassen! Wirklich! Warum bin ich bloß so ein Kind?«

Wie so oft schon betete ich zu Gott und bat ihn inständig, einen besseren Menschen aus mir zu machen. Danach sang ich leise alle Kirchenlieder, die ich kannte. Irgendwann kroch ich vorsichtig auf meinen wunden Gliedern und mit wunder Seele in mein Bett.

## Schikane im Kinderzimmer

Am nächsten Tag sah mein Körper ziemlich schlimm aus. Überall blaurote Striemen. Auf dem linken Arm zeichnete sich blutunterlaufen der Abdruck des Bügels auf der Haut ab. Meine Beine waren geschwollen von den Schlägen. Auf meinem Po konnte ich vor Schmerzen weder sitzen noch liegen. Als Lilo meine Haare kämmte, tat es unerträglich weh, weil auch auf dem Kopf Blutergüsse entstanden waren. Aber ich wagte nicht, etwas zu sagen, versuchte mir, bis auf ein leises Stöhnen, jegliche Reaktionen zu verkneifen. Alles an mir schien kaputt zu sein.

Als mein Ellenbogen wieder anfing zu bluten, klebte Lilo mir wütend ein Pflaster darauf. Die Splitter aus meiner Hand entfernte sie mit einer Nadel. Ich hatte ihr inzwischen meinen gescheiterten Fluchtversuch und den damit verbundenen Leitersturz gestanden.

»Das ist dir recht geschehen!« war alles, was sie dazu schadenfroh zu sagen hatte. »Feige auch noch zu alledem! Und übrigens, Gnade dir Gott, wenn du jemandem erzählst, dass du diese Striemen durch mich bekommen hast! Sollte ich jemals etwas davon hören, werde ich dich der Polizei übergeben. Die bringen dich in ein Erziehungsheim. Dort kommst du erst mit 21 Jahren wieder heraus. Und dann ist dein Leben sowieso gelaufen. Ich habe es nicht nötig, mich mit so etwas wie dir, mit so einem Balg, abzugeben. Das ist mein voller Ernst. »Onkel Dieter« ist mein Zeuge.«

*Oh nein, in so ein Heim will ich auf gar keinen Fall!*, dachte ich wieder mal erschrocken. Verzweifelt versuchte ich, mich an meine neuen Vorsätze zu halten. Ich wollte wirklich immer, immer artig sein und tun, was Lilo und »Onkel Dieter« von mir verlangten. Den Stubenarrest überstand ich trotzdem nur schwer.

Sie gaben mir viele zusätzliche Aufgaben in dieser Zeit. »…damit du auf keinen Fall wieder auf dumme Gedanken kommst!«, lautete Lilos Erklärung. Zuerst sollte ich mein Zimmer gründlich aufräumen. Damit ich es auch bestimmt gründlich machte, kam Lilo eines Morgens früh um sechs Uhr, noch bevor sie zur Arbeit fuhr, zu mir herein und teilte mir ihre genauen Anweisungen mit. Dann öffnete sie alle Schranktüren, fuhr mit ausgestreckten Armen in jedes Fach und warf den gesamten Inhalt mitten ins Zimmer. Zuerst lagen da meine Unterhosen, Unterhemden, Socken und meine Nachthemden, dann riss sie sämtliche Anziehsachen von den Bügeln. Jacken, Mäntel, Blusen, Röcke und warf sie oben drauf. Dazwischen Hausschuhe, Schuhe und schöne gepresste Blumen und Blätter, Kastanien, Eicheln und besondere Steinchen, die ich gesammelt hatte. Alles flog durcheinander, bis der Schrank absolut leer war. Es war ein riesiger Berg.

Ich war sprachlos, aber das war noch nicht alles. Sie leerte auch jedes Fach der Kommode oben auf den Haufen. Dazu alle Schulsachen, Bücher, Hefte, gemalte Bilder, Stifte. Aus dem Federkasten fielen der Füller und andere Kleinigkeiten heraus. Alles, was sie in meinem Zimmer fand, flog auf den Haufen.

Ich starrte auf diesen Berg, wagte aber kein Wort zu sagen. Im Hinausgehen sah Lilo mich noch einmal an und meinte: »Guck nicht so blöde wie ein Kalb auf der Weide. Das hast du dir alles selbst zuzuschreiben und wehe dir, wenn nicht alles tipp-topp ist! Du kennst mich!« Das war wohl wahr.

Ich wartete, bis ich die Haustür zuklappen hörte, sprang aus dem Bett und beobachtete hinter der Küchengardine, wie sie losfuhren. Erst dann konnte ich durchatmen und mich wieder frei bewegen.

Nach der Schule machte ich mich ans Aufräumen. Mit dem Schrank ging es ganz gut, da hatte ich auch noch Schwung, aber mit der Kommode schien ich nie fertigzuwerden. Zwischendurch standen Schulaufgaben an. Um die wollte sich Lilo nun auch genauer kümmern. Ich musste alles auf Schmierpapier mit dem Bleistift vorschreiben, sie wollte es korrigieren, und anschließend sollte ich es sauber in die Hefte übertragen. Ich hasste schon die Vorstellung, mit ihr meine Hausaufgaben durchgehen zu müssen, aber mir blieb nichts anderes übrig.

Also räumte ich auf, solange ich konnte, und nutzte die »Pausen« für die Schulaufgaben. Ich gab mir große Mühe, alles richtig und gut zu erledigen. Ich war gerade erst mit allem fertiggeworden, als Lilo abends kam. Bevor sie irgendetwas anderes tat, begann die große Kontrolle. Ich merkte gleich, ihre Laune war schlecht.

Schon beim zweiten Schrankfach brüllte sie los. »Das soll Ordnung sein? Was habe ich dir gesagt? Weißt du nicht, wie Ordnung aussieht? Das hier ist geradezu eine Unverschämtheit!« Sie drehte sich um, schlug mir ins Gesicht, und mit schnellen Bewegungen riss sie alles wieder heraus und schleuderte es erneut auf den Fußboden. Die Kommode hatte sie nicht mal richtig angesehen, aber alle Schubladen wurden einfach auf den Berg ausgekippt. Innerhalb von nicht einmal fünf Minuten sah mein Zimmer aus wie am frühen Morgen. All meine Arbeit war nichts wert gewesen. Leise fing ich an zu weinen. Ich hatte mir ehrlich so viel Mühe gegeben. Vielleicht waren ein paar Sachen nicht hundertprozentig perfekt gefaltet, aber deswegen alles rauszuschmeißen, das fand ich gemein.

»Hör auf zu plärren!«, schrie sie mich an. Ich versuchte, nicht mehr zu weinen und schwieg, denn ich wusste, jedes Wort würde ihre schlechte Laune steigern. Ich konnte froh sein, dass sie mich nicht gleich wieder verprügelte.

»Onkel Dieter«, der mit Lilo nach Hause gekommen war, stand schweigend in der Zimmertür. Wie immer sah und hörte er sich das alles an. Sein ausdrucksloser, aber durchdringender Blick ruhte die ganze Zeit auf mir. Ich fühlte mich verachtet, gedemütigt, beleidigt, und dabei noch das Geglotze von diesem Kerl, den das gar nichts anging.

Die Hausaufgaben wurden der zweite schlimme Akt an diesem Abend. Obwohl sie kaum etwas zu verbessern fand, war sie richtig gemein, denn bei der Übertragung ins Heft war ich sehr nervös und verschrieb mich ab und zu. Insgesamt drei Mal machte sie mit einem dicken Strich über die ganzen Seiten meine Arbeit zunichte und ließ mich alles neu schreiben.

Ich heulte ununterbrochen und fing mir deswegen Ohrfeigen ein, aber ich sagte nichts, denn ich meinte es ehrlich mit meinem Vorsatz, endlich ein ordentliches, anständiges Kind zu werden. Immer den Mund zu halten war dabei besonders wichtig, das hatte Lilo mir oft genug eingebläut. An diesem Abend kam ich erst sehr spät ins Bett und war froh, niemanden mehr sehen und hören zu müssen. Den neuen Berg in meinem Zimmer würde ich am nächsten Tag sehr, sehr ordentlich beseitigen, damit Lilo keinen Grund mehr zur Klage fand.

Selbstverständlich fand sie wieder Gründe: Wie am Tag zuvor warf sie alles aus Schrank und Kommode auf den Fußboden, schimpfte und wütete. Ich war völlig fertig, aber noch war kein Ende abzusehen. Auch am dritten Tag wiederholte sich alles wie in einem bösen Traum. Und langsam veränderte sich etwas in mir. Ich wusste, ich hatte es gut und richtig gemacht. Besser konnte ich es einfach nicht, aber das wollte sie nicht sehen. Sie *wollte* gemein sein, *wollte* mich schikanieren.

Meine Stimmungen änderten sich ständig. Abwechselnd tobten in mir Wut, Hass, Zorn, Verzweiflung, Hilflosigkeit und der wilde Wunsch, ihr alles entgegenzubrüllen, was sich in mir angestaut hatte. Selbst zu toben, zu brüllen, zu schlagen, zu zerstören, was mir irgendwie zwischen die Finger kam. Ich hasste meine Schwester und diesen Kerl. Ich hasste sie aus tiefster Seele! Alle meine guten Vorsätze waren umsonst gewesen, es hatte einfach keinen Zweck. Scheinbar konnte ich kein gutes Kind sein. Nun wollte ich es auch immer weniger, aber ich war den beiden ausgeliefert.

Tagsüber, wenn ich alleine war, schlug ich mit Händen und Fäusten brüllend gegen Möbel und Wände, trat mit den Füßen dagegen, bis sie mir so weh taten, dass ich glaubte, sie wären gebrochen. Ich schrie die übelsten Verwünschungen und Beschimpfungen heraus, die mir einfielen, um dann plötzlich zusammenzubrechen und nur noch laut und verzweifelt zu schluchzen. Ich schlug mit meinem Kopf gegen die Wände, wälzte mich klagend auf der Erde, bis keine Kraft mehr in mir war, meine Stimme heiser wurde.

Irgendwann stand ich auf, trat ans Dachfenster und sah über die ordentlichen Nachbarhäuser mit ihren sauberen Gärten hinweg, über die Felder bis zu den Bäumen einer weit entfernten Landstraße. Ich sah den Horizont und nahm doch eigentlich gar nichts wahr. Nur dass ich mich wegwünschte von hier, weit, weit weg.

Wenn Lilo abends nach Hause kam, holte sie mich sehr schnell auf den Boden der Tatsachen zurück. Es gab kein Entrinnen. Instinktiv spürte sie jeden Hauch von Widerstand und versuchte ihn sofort und gründlich zu brechen, indem sie mich so lange ohrfeigte, beschimpfte und demütigte, bis ich selbst davon überzeugt war, der letzte Dreck und überhaupt das lebensunwürdigste Wesen auf dieser Welt zu sein.

Ich kam kaum noch aus dem Kinderzimmer heraus. Selbst, wenn sie zur Arbeit gegangen war, verließ ich es eigentlich nur während der Schulzeit. Zurück zu Hause, stand ich in meinem Zimmer am Fenster und starrte stumm hinaus. Ich hasste alles und alle, am meisten hasste ich mich selbst.

Manchmal regnete es. Dann konnte ich die Bäume der Landstraße nicht mehr sehen, aber ich wusste, sie waren da. Eines Tages würde ich auf dieser fernen Straße weggehen von hier, doch jetzt war die Zeit dafür noch nicht gekommen.

An Tagen, an denen die Sonne schien und alles klar und hell machte, bis sie orangerot hinter den Bäumen unterging, erfüllte mich eine schmerzliche Sehnsucht. Ich hoffte, die Kraft in mir lange genug erhalten zu können, um meine Landstraße irgendwann zu erreichen und frei zu werden. Immer häufiger zweifelte ich daran und war mir nicht mehr sicher, ob ich überhaupt leben wollte, ob ich es überhaupt noch lange konnte.

*Vielleicht, hoffentlich wird Gott dieses Problem lösen.* Dieser Gedanke streifte mich in letzter Zeit immer häufiger. Er musste doch sehen, dass ich so auf dieser Welt nicht sein konnte. Vielleicht würde er einen Platz für mich bei meiner Mutter finden, wo immer sie jetzt auch war.

## Ausgeliefert

Nach einer Woche wurde es langsam besser. Offensichtlich spürte Lilo keinerlei Widerstand mehr in mir. Anstandslos tat ich alles, was sie von mir verlangte, ohne etwas zu fragen, ohne etwas dazu zu sagen. Ich machte alles so gut ich konnte, notfalls auch drei oder vier Mal nacheinander, wenn sie es verlangte. Für mich war blinder Gehorsam zu einer Frage des Überlebens geworden. Obwohl sie anfing, mich langsam in Ruhe zu lassen, wurden der Hass und der Widerstand in mir immer größer.

Wohl zum ersten Mal sah ich sie ganz bewusst ohne irgendwelche Emotionen an und fand ihr markantes Gesicht mit den hohen Wangenknochen abstoßend. Ihre dünnen, naturgewellten Haare hatte sie in Dauerwellen legen lassen.

*Wie ein blödes altes Weib sieht sie damit aus,* ging es mir durch den Kopf. *Aber immerhin hat sie Naturlocken, bei mir wächst nur Schnittlauch.*

Solche Gedanken, überhaupt die leiseste Kritik an ihr, hatte es für mich vorher nie gegeben. Als Schwester war sie mir so vertraut gewesen, wie ich mir selbst vertraut war. Wir hatten zusammengehört, so oder so. Fragen dazu hatten sich nie gestellt. Das war einfach selbstverständlich gewesen.

Jetzt missfiel mir plötzlich alles an ihr. Diese vollen Lippen mit dem grellroten Lippenstift. Ihre Augenbrauen, in dünnen Bögen gezupft. Sie schienen an der ganz falschen Stelle zu sitzen. Aber nicht nur Lilo, alle Menschen schienen mir in letzter Zeit auf Anhieb unsympathisch zu sein, wenn ich bei ihnen Ähnlichkeiten zu meiner Schwester oder »Onkel Dieter« entdeckte. Das konnten ähnliche Gesten, Mimik oder auch nur äußere Dinge, wie Kleidung, Frisur oder Schminke sein.

Von nun an war alles anders. Am unangenehmsten war mir der Geruch ihres Körpers. Wenn sie, wie jeden Morgen, nackt in der Küche stand – vor sich den Stuhl mit einer Schüssel warmem Wassers – und sich gründlich von Kopf bis Fuß wusch, ekelte es mich an. Und wenn sie von mir verlangte, dass ich ihr den Rücken waschen solle, weil »Onkel Dieter« nicht da war, sträubte sich alles in mir.

Früher hatte mir das nichts ausgemacht. Früher hatten wir dabei gelacht, wenn ich den Waschlappen viel zu nass auf ihren Rücken klatschte und das Wasser bis zum Po hinunterlief.

Natürlich war das nur an Tagen möglich gewesen, an denen sie keine schlechte Laune hatte, und die waren schon immer sehr selten gewesen. Nun war mir jeder Vorwand recht, um sie nicht mehr sehen zu müssen, um möglichst schnell den Raum verlassen zu können. Ihr Anblick, ihre Blöße, der Akt der Reinigung, alles schien mir wie ein schonungsloser Eingriff in meine Intimsphäre. Sie war mir so verhasst, so fremd, dass ich ihre körperliche Nähe einfach nicht mehr ertragen konnte. Und doch wusch ich ihr stumm den Rücken, wenn sie es verlangte, und funktionierte. Aber uns verband nichts mehr. Der Geruch ihrer Seife, der anschließend in unserer kleinen Küche hing, verursachte mir Übelkeit. Bis heute kann ich den Geruch von Palmolive-Seife nicht ertragen.

Noch schlimmer war es mit ihm, mit »Onkel Dieter«. Er wusch sich nie in der Küche, sondern im Bad, obwohl es dort ohne Ofen meistens lausig kalt war. Er benutzte dieselbe Seife und auch eine Rasierseife dieser Marke. Ich konnte und wollte das Bad danach nicht betreten, ging nicht einmal mehr auf die Toilette und riss ständig das Fenster auf.

Zu dieser Zeit begann ich damit, mich ab und zu in Kohlmanns Vorratskeller zu schleichen. Heimlich machte ich dort ein Glas Kirschen auf, stopfte so viele Kirschen wie ich nur konnte in mich hinein und versteckte das angebrochene Glas hinter den übrigen Gläsern.

Hausarrest gab es häufig. Meistens hielt ich mich dann unten bei den beiden Frauen auf. Ich leistete ihnen beim Zigarrenrollen Gesellschaft, hatte aber ständig ein schlechtes Gewissen dabei wegen der geklauten Kirschen. Was das anging, hatte ich mal Glück – mein Diebstahl schien nie jemandem aufgefallen zu sein. Jedenfalls wurde das zur damaligen Zeit nie angesprochen, sondern erst viele Jahre später. Kohlmanns hatten es durchaus bemerkt, aber man wollte keinen Streit oder irgendwelche Auseinandersetzungen.

Regelmäßig fuhr Tante Gertrud mit dem Fahrrad in das Dorf, aus dem sie kam, um in der Fabrik ihrer Eltern die fertigen Zigarren abzuliefern. Meistens waren es zwei große Kartons, manchmal auch drei, die sie auf dem Gepäckträger transportierte.

Lilo erlaubte mir, mitzufahren. Wenigstens war ich dann »unter Kontrolle«. Ich durfte Tante Berthas Fahrrad benutzen und bekam auch einen oder zwei Kartons auf den Gepäckträger gebunden. Die Tour war anstrengend. Es ging immer die Landstraße entlang. Manchmal stieg sie ein wenig an, und dann wurde das Treten schwer. Wenn uns auch noch gleichzeitig große Lastautos überholten und so nah an uns vorbeifuhren, dass mein Fahrrad mit der schweren Fracht darauf bei jedem Fahrzeug ins Schlingern geriet, hatte ich richtig Angst.

Oft stieg ich lieber kurz ab, um zu warten, bis es an uns vorbeigefahren war. Tante Gertrud war einfühlsam und schimpfte nicht. Manchmal war ich auch schon mit der ganzen Ladung hingefallen oder in den Straßengraben gekippt, aber selbst dann war Tante Gertrud immer noch freundlich zu mir. Nach unserer Rückkehr steckte sie mir einen Lutscher oder ein paar Bonbons zu, was Lilo natürlich nie erfahren durfte. Ich fand, dass ich das verdient hatte, denn wir hatten immerhin eine Strecke von insgesamt etwa 15 Kilometern bewältigt.

Dann war da noch Charlotte, Lottchen, dieses dünne, blasse kleine Mädchen von inzwischen vier Jahren. Kohlmanns Tochter. Sie war der absolute Mittelpunkt der Familie und in meinen Augen wieder eine, die alles bekam, wovon ich nur träumen konnte. Während ich in Kohlmanns Gemüsegarten schleichen musste, um dort Erbsen, Möhren oder Kohlrabi zu stibitzen, regelmäßig sämtliche Beerensträucher auf reife Früchte kontrollierte und auch plünderte, um dann von Tante Bertha oder Onkel Richard erwischt, ausgeschimpft und verscheucht zu werden, bekam Lottchen von morgens bis abends die besten und leckersten Dinge hinterhergetragen. Man hatte sogar schon begonnen, Dinge für ihre Aussteuer zu kaufen.

Sie nahm mal hier ein Schlückchen, aß da ein Bröckchen und war insgesamt sehr wählerisch.

*So viel Theater um ein kleines, verzogenes Mädchen!*, das war einfach zu viel, fand ich. Trotzdem hielt ich mich oftmals in ihrer Nähe auf. Schnell nahm ich dann ein paar Schlucke aus ihrer Milchflasche, ließ dort ein angebissenes Stück Brot verschwinden, das dick mit Butter bestrichen und mit Schinken belegt war. Auch ein angebissener Apfel oder anderes Obst war vor mir nicht sicher.

*Und wenn schon*, dachte ich, *sie isst es ja doch nicht.*

Bei schönem Wetter kam Elli, ein vierzehnjähriges Mädchen aus dem Dorf, nachmittags vorbei, um Lottchen im Kinderwagen spazieren zu fahren.

*Vier Jahre ist sie alt und wird noch immer im Wagen herumgefahren*, ich konnte mich nur wundern. Tante Gertrud machte dann für Elli und Lottchen herrlich belegte Brote. Obwohl ich Elli entsetzlich langweilig fand, schloss ich mich den beiden häufig an, denn die Brote lockten. Elli wusste das und hatte nichts dagegen. Lottchen aß nie alles auf, und sobald Elli mir die Reste überlassen hatte, verschwand ich und ging meine eigenen Wege.

Selten benutzte ich die breite Dorfstraße für meinen Nach-hauseweg, sondern schlenderte auf der Rückseite der Häuser, auf schmalen Trampelpfaden entlang. Manchmal nahm ich auch Abkürzungen quer durch die Gärten. Alle diese Ein- und Zwei-familienhäuser hatten Obst- und Gemüsegärten, die an Äcker und Kornfelder grenzten. Am Feldrand wuchsen die schönsten Wiesenblumen. Es gab sumpfige Wassergräben, an denen ich Frösche und Kaulquappen beobachten konnte, auch Heuschre-cken, Käfer, Mäuse und anderes Getier. Zweige von Apfel- und Pflaumenbäumen hingen weit über Gartenzäune herunter. Im Spätsommer boten sie ihre Früchte geradezu an. Selten sah mich jemand. Immer hatte ich Hunger, fast immer war ich allein un-terwegs. Regnete es, saß ich bei Kohlmanns in der Küche. Meine Schulaufgaben machte ich oben und erfüllte mehr oder weniger akkurat die mir aufgetragenen Pflichten. Lieber malte ich aber mit viel Fantasie Bilder, die sogar vor Lilos strengem Auge Aner-kennung fanden. So vergingen die Tage.

## Meine letzten Monate in Hunnebrock

Die absolut schlimmste, ja brutalste Erfahrung mit Lilo machte ich im Frühjahr 1952. Das neue Schuljahr hatte bereits begon-nen, damals fing es im Frühling an. Ich besuchte inzwischen die vierte Grundschulklasse.

Eigentlich fing der Tag ganz harmlos an. Ich stand mit dem Weckerklingeln auf. Lilo und »Onkel Dieter« waren zur Arbeit gefahren. Alles war wie immer.

### Die Sache mit dem Geschichtsbuch

Als ich morgens in die Küche kam, lag da etwas Geld auf dem Tisch. Ich durfte endlich das neue Geschichtsbuch kaufen, das ich für die Schule brauchte. So hatten wir es besprochen. Alle anderen Kinder besaßen es seit Wochen. Immer wieder hatte mich unsere Lehrerin daran erinnert, aber unser Geld war knapp.

Heute würde ich das Buch endlich besorgen können. Gleich nach dem Unterricht ging ich in die Buchhandlung neben der Schule. Heike begleitete mich. Nach meinem Bucheinkauf bummelten wir langsam Richtung Winkelstraße. Die Stimmung zwischen uns war wieder einmal angespannt. Wir hatten eine Mathearbeit zurückbekommen. Heike eine Vier, ich eine Eins bis Zwei. Nur ein halber Fehler. Ich war stolz.

Heike sagte zwar nichts, aber ich merkte, wie sauer sie war. Sie ließ es mich spüren, wo sie nur konnte. Alle meine Vorschläge, wie, später ins Schwimmbad zu gehen, Rollschuhe zu laufen oder mal wieder den Bollerwagen aus dem Keller zu holen, wehrte sie mit einem »nö, keine Lust« ab.

Das machte mich natürlich wütend. Ich wusste ganz genau, dass sie mir meine Note nicht gönnte. Aber ich hatte keine Lust, mir von ihr die Laune verderben zu lassen.

*Na, dann nicht*, dachte ich, *geh ich eben gleich nach Hause! Blöde Ziege!*

Doch Heike war mit ihren Gemeinheiten noch nicht am Ende: »Warte mal, ich kauf mir jetzt erst mal eben ein schönes Eis«, sagte sie mit einem Mal so ganz nebenbei, gerade als wir bei der Bäckerei Pott um die Ecke bogen.

Sie ging die drei Stufen hoch in den Laden. Ich wartete nicht draußen auf der Straße, sondern ging mit hinein in den Laden. Sie wunderte sich darüber und bestellte sich ihre zwei Kugeln Zitroneneis. Dass ich kein Geld für solche Sachen besaß, wusste sie natürlich.

*Na warte, du blöde Kuh!*, dachte ich, *das könnte dir so passen!*, und suchte in meiner Rocktasche herum. Und siehe da, richtig, da waren noch die vier Groschen Restgeld von dem Geschichtsbuch. Als sie gerade wieder gehen wollte, bestellte ich mir drei Kugeln von dem herrlich rosa schimmernden Erdbeereis.

Das verschlug Heike die Sprache. Schweigend zogen wir weiter und waren fast bis zur Leuthnerschen Haustür mit unserem Eis beschäftigt. Ich genoss mein Eis doppelt. Einmal, weil es so herrlich schmeckte und auch, weil ich ihr damit eins ausgewischt hatte.

»Na, tschüss denn, bis morgen«, meinte ich und setzte noch nach: »Du hast ja heute sowieso zu nichts anderem mehr Lust…« Äußerlich gefasst zog ich weiter Richtung Hunnebrock. Hätte sie nur ein Wort gesagt, wäre ich liebend gern geblieben. Was sollte ich allein in Hunnebrock? Erst mal dieser blöde lange Weg durch die Felder, und dann war niemand zum Spielen da.

Aber Heike schwieg, sah mir nur nach. Ich war wirklich sauer auf sie, aber meine Retourkutsche mit dem Eis schien ihre Wut auf mich nicht gerade geschmälert zu haben.

Zu Hause angekommen, putzte ich widerwillig die Treppe, das Waschbecken und die Toilette. Ein großer Abwasch stand auch noch da. Und dann die Hausaufgaben. Alles blöde! Manche Tage konnte man wirklich abhaken, so scheußlich waren sie. Dabei schien draußen die Sonne. Trotzdem war heute ein mieser Tag. Ich fühlte mich einsam und alleine, auch über meine gute Note mochte ich mich nicht mehr richtig freuen. Und selbst das leckere Eis hatte nicht wirklich geholfen.

Plötzlich durchlief es mich heiß und kalt: *Mann, wenn die Dicke das mit dem Geld herauskriegt, dann ist aber was los*, schoss es mir durch den Kopf. *Da muss ich mir unbedingt etwas einfallen lassen!*

Nervös kramte ich erst mal das Geschichtsbuch aus dem Ranzen. Mit dünner Bleistiftschrift war auf der letzten Seite 3,60 DM zu lesen. Ich suchte mein Radiergummi und begann vorsichtig, zu radieren. Es war gar nicht schwer. Fast war die Sache erledigt, als plötzlich das Blatt knickte und ein wenig einriss. Ich strich es sofort glatt, aber der Knick blieb. Der Riss natürlich auch.

»So ein Mist! Was mache ich jetzt nur?«, rief ich erschrocken aus.

Wieder und wieder strich ich mit der Hand über die Seite, aber es blieb, wie es war. Mir wurde klar, dass daran nun nichts mehr zu ändern war.

*Aber es könnte ja auch der Verkäuferin passiert sein!*, dachte ich nach einer Weile und versuchte, mir damit Mut zu machen. *Möglich ist das schon! Und vielleicht merkt Lilo ja auch gar nichts!*

Ich hatte Angst. Mir war flau! Aber eine andere Idee hatte ich nun nicht mehr.

»Lieber Himmel, wenn das nur gut geht«, stöhnte ich aus tiefster Seele.

Vorsichtig schrieb ich 3,90 DM auf dieselbe Stelle im Buch, bemüht, die Schrift genau nachzuahmen. Mit dem Resultat war ich nicht zufrieden, aber es ließ sich ja wirklich nicht mehr rückgängig machen.

»Nie wieder werde ich so etwas tun«, beschloss ich. »Bloß wegen der blöden Heike und dem Eis.«

Nervös steckte ich das Buch in die Schultasche zurück und ging hinunter in Kohlmanns Garten, zupfte hier ein paar Stachelbeeren und dort ein paar Johannisbeeren ab, aber es wollte mir alles nicht richtig schmecken.

Gedankenverloren stocherte ich mit einem Stock zwischen Ameisen herum, die in einer dunklen, dünnen Straße über die Steinplatten flitzten. Lustlos sah ich im Stall nach Onkel Richards kleinen Kaninchen, aber auch das munterte mich nicht auf. Schließlich schlich ich mich mal wieder in Kohlmanns Vorratskeller, suchte im Regal herum und klaute noch ein Glas eingemachte Kirschen.

*Die haben so viele davon, dass sie es gar nicht merken*, tröstete ich mich und trank zuerst den leckeren, süßen Saft ab. Dann schlang ich hastig mindestens die Hälfte der Kirschen hinunter. Den Rest versteckte ich wie immer in der hintersten Ecke des Regals.

*Wie gemein von mir!* Ich war ein schlimmes Kind.

Die Zeit schien überhaupt nicht vergehen zu wollen. Ich wusste nicht, ob ich darüber froh oder traurig sein sollte, als Lilo endlich nach Hause kam.

Sie kam. Und zunächst blieb alles friedlich. Wir aßen sogar zusammen Abendbrot. Dann wollte sie meine Hausaufgaben sehen. Die waren in Ordnung. Treppe und Bad hatte sie schon vorher genau kontrolliert. Aber dann fiel ihr das Geschichtsbuch ein.

»Hast du das Buch besorgt? Wo ist das restliche Geld? Warum liegt nicht beides hier auf dem Tisch schon parat?«

»Ich hole es sofort!«

»Das ist ja wohl eine Selbstverständlichkeit!«

Ich flitzte in mein Zimmer, brachte das Buch, legte es vor ihr auf den Tisch und den letzten Groschen daneben. »Es hat 3,90 DM gekostet. Hier, bitte.«

Stumm vor Angst blieb ich abwartend neben ihr stehen.

Sie schlug das Buch auf, blätterte es durch, und ihr Blick blieb sofort auf der letzten Seite haften. Auch ich hätte mir meinen nachgemalten Preis nicht abgenommen. Lilo sah genauer hin, sah dann mich durchdringend an und wieder auf das Buch. Sie hatte es sofort gemerkt. Ich spürte es ganz deutlich. Ihr Gesicht wurde hart und blass vor Wut, als sie mit gefährlich ruhiger Stimme fragte: »So, du behauptest also, dass das Buch 3,90 DM gekostet hat?«

»Ja, steht ja auch drin«, meinte ich innerlich zitternd, aber nach außen hin ruhig. Mir war klar, jetzt musste ich dabei bleiben, sonst war alles verloren. Ich musste sie überzeugen. Das war meine einzige Chance.

Im nächsten Moment spürte ich einen heftigen Schlag. Lilo hatte so plötzlich ausgeholt und mir mit aller Kraft ins Gesicht geschlagen, dass ich zur Seite torkelte.

*Ich habe es verdient*, schoss es mir durch den Kopf, aber noch verspürte ich keinen Schmerz. Ich wusste, das würde sich gleich ändern.

»Dieter!«, brüllte Lilo im nächsten Moment, »ich schlag die hier jetzt windelweich. Das Aas lügt wie gedruckt! Halt sie fest!«

Ganz in Ruhe und sorgfältig stellte »Onkel Dieter« seine Teetasse ab, drückte seine Zigarette aus und erhob sich aus seinem weichen Sessel neben dem Herd. Wie immer sagte er kein Wort.

Lilo hatte bereits die Küchentischschublade aufgerissen, den Holzkochlöffel gegriffen und sich in blindem Zorn auf mich gestürzt. Wieder einmal lag ich über dem Küchenstuhl, und mir war klar, was jetzt folgen würde. Dann prasselten die Schläge nur so auf mich nieder. Sie schlug in blinder Wut. Er stand gelassen daneben, drückte mich nieder und hielt mich dabei fest, im Genick und am Rücken.

Mit Händen und Armen versuchte ich, mein Gesicht und den Kopf zu schützen. Aber was konnte ich ausrichten? Lilo schlug immer wieder, schnell und hart, egal wohin sie traf. Ich biss die Zähne zusammen, wollte keinen Ton von mir geben, denn ich *war* ein schlechtes Kind, ich *hatte* es verdient. Alles brannte, alles war heiß, aber irgendwie tat es immer noch nicht so weh.

Lilo prügelte wild und zornig. Ich rutschte auf die Knie, kauerte auf dem Boden und versuchte weiter, Kopf und Gesicht zu schützen. Der Kochlöffel sauste auf meinen Rücken nieder, auf meine Arme, Beine, Füße und den Kopf. Es gab kein Entrinnen.

Und dann setzte plötzlich der Schmerz ein. Mit aller Wucht. Ich brüllte auf wie ein Tier. Versuchte, unter den Tisch zu kriechen, aber beide waren sie blitzschnell hinter mir. Lilo tobte.

Plötzlich ein kurzes Splittern. Sie hatte das Tischbein getroffen. Der Kochlöffel war hin. Aber Lilo hatte schon die Küchentür aufgerissen und einen Kleiderbügel von der Garderobe gegriffen.

»Los, leg dich wieder über den Stuhl«, keuchte sie und zu »Onkel Dieter« gewandt: »Halt sie doch richtig fest!«

Bevor ich mich von dem berühren ließ, legte ich mich lieber freiwillig auf den Stuhl, spürte jedoch gleich wieder seinen harten Griff, mit dem er mich bis zur Bewegungslosigkeit niederdrückte.

*Keine Chance, kein Entkommen, aber ich habe es ja auch verdient!* Nur dieser eine Gedanke raste ununterbrochen durch meinen Kopf.

Lilo schlug weiter. Ich brüllte und wand mich, aber es half nichts. Er hielt fest mit eisernem Griff, und sie ließ ihre ganze Wut an mir aus, bis der Stuhl krachend mit mir auf den Boden kippte. Lilo trat mit den Füßen nach mir.

»Du Aas! Du Miststück! Ich schlage dich windelweich. Ich prügel es aus dir heraus! Sag endlich die Wahrheit, sag endlich, was du Schwein dir erlaubt hast!«

Schreiend, keuchend, wimmernd stieß ich meine Worte heraus.

»Ja, ja, ich habe mir ein Eis gekauft. Ja, ich habe die 30 Pfennig geklaut! Ich tue es nie wieder! Wirklich, ich werde es nie wieder tun!«

Sie schlug weiter auf mich ein. »Na bitte!«, rief sie. »Da haben wir es ja, du verkommenes Stück Dreck. Ich habe es ja gleich gewusst!«

Noch immer trat sie nach mir und schlug weiter auf mich ein. Kraftlos lag ich auf dem Boden, nicht mehr fähig, mich zu schützen oder auszuweichen. Und dann ließ auch ihre Kraft endlich nach. »Onkel Dieter« hatte sich bereits auf seinen Sessel zurückgezogen und sich eine neue Zigarette angesteckt.

Lilo riss die Kinderzimmertür auf. »Raus aus der Küche, aber schnellstens!« Mit dem Bügel in der ausgestreckten Hand wies sie mir den Weg.

Ängstlich kroch ich auf allen vieren an ihr vorbei. Noch einmal sauste der Bügel auf mich nieder. Mit dem Fuß gab sie mir einen letzten Tritt, der mich ins Nebenzimmer beförderte. Sie knallte die Tür zu. Zwei Mal drehte sich der Schlüssel im Schloss.

Es war vorbei. Ich blieb auf den Holzdielen liegen. Mein Kopf war ganz leer.

»Lieber Gott«, fing ich leise an zu beten, »töte mich, oder mach endlich einen guten Menschen aus mir. Aber so will ich nicht länger sein. Mir passiert doch immer wieder, dass ich schlecht bin. Bitte, bitte hilf mir endlich!« Vorsichtig versuchte ich, meinen Körper zu reiben, aber manche Stellen durfte ich gar nicht berühren, so weh taten sie.

Nebenan hörte ich die beiden miteinander sprechen, ohne dass ich verstanden hätte, was sie sagten, ich wollte sie auch gar nicht verstehen.

Ich betete weiter. Jedes Gebet aus dem Religionsunterricht sprach ich drei Mal ganz langsam. Gott musste mich einfach hören.

*Er sieht und hört doch alles! Wozu ist er sonst da?*

In der Küche klapperte es. Durch den Türspalt sah ich das Licht ausgehen. Dann wurde die Wohnungstür abgeschlossen. Kohlmanns, die gezwungenermaßen wie immer alles mit anhören mussten, hätten sonst hochkommen und nach mir sehen können. Lilo und »Onkel Dieter« holten ihre Räder aus dem Keller und fuhren ins Kino oder so, um sich von mir, »dem Balg« zu erholen. So lief es immer nach der Prügel ab.

Mit angehaltenem Atem lauschte ich. Endlich fuhren sie los. Ich versuchte vorsichtig aufzustehen, aber es ging nicht. Langsam drehte ich mich auf die andere Körperseite. Es tat weh! Überall schrecklich weh! Ganz leise begann ich zu singen:

»So nimm denn meine Hände und führe mich,
bis an mein selig Ende und ewiglich,
ich mag allein nicht gehen, nicht einen Schritt,
nimm du mich mit.«

Ich kannte alle Strophen dieses Kirchenliedes auswendig und sang sie bis zum Ende. Gott musste mich erhören. Ich hatte doch sonst niemanden auf der Welt.

Obwohl es ein warmer Sommerabend war, fing ich furchtbar an zu frieren. Bei einem erneuten Versuch, aufzustehen, schaffte ich es bis ins Bett und zog die Decke bis zum Kinn hoch. Die kleinste Bewegung tat weh. Ich rührte mich nicht mehr, und irgendwann schlief ich ein. Es wurde eine unruhige Nacht.

Im Traum prügelten sie mich immer weiter. »Onkel Dieter« grinste mich dabei die ganze Zeit an. Ich konnte nicht weglaufen. Entweder war mein Körper wie erstarrt oder ich stand verwirrt vor tiefen Löchern, die den Weg versperrten. Nur ein falscher Schritt, und ich stürzte schreiend steile Abhänge hinunter.

Und wirklich, es war noch nicht vorbei.

»Raus!«, brüllte sie früh am nächsten Morgen in meinen Traum hinein, riss die Decke weg, packte mich am Arm und zerrte mich aus dem Bett. Aus dem Kinderzimmer, durch die Küche, über den Flur, die Treppen hinunter schleifte sie mich bis in die Waschküche im Keller.

Ich war entsetzt, verwirrt und zitterte wieder am ganzen Körper.

»So billig wie gestern Abend kommst du mir diesmal nicht davon! Ich prügel alles, auch den letzten Rest aus dir heraus! Das wirst du erleben und nie wieder vergessen!«

Sie hatte einen Wischeimer gegriffen, den Wasserhahn weit aufgedreht und ließ das kalte Brunnenwasser einlaufen. Ich stand mitten in der Waschküche und sah sie nur mit weit aufgerissenen Augen an. Mit einem energischen Schwung griff sie den vollen Eimer und kippte ihn mir über den Kopf. In meiner Panik sprang ich schreiend zurück. Doch sie hatte mich voll getroffen.

Der Eimer stand schon wieder unter dem aufgedrehten Hahn. Mir war eiskalt. Das dünne Nachthemd klebte an mir. Wasser lief mir übers Gesicht und aus den Haaren. Mit einer Handbewegung versuchte ich, es wegzuwischen.

Doch da sauste auch schon der Teppichklopfer auf mich nieder, den Lilo vom Haken an der Wand gerissen hatte. Unter wilden Beschimpfungen begann sie wieder, auf mich einzuschlagen. Ich schrie auf, kreischte und versuchte, auszuweichen. Wie verrückt tanzte und sprang ich in der Waschküche herum, sie immer hinter mir her. Noch einen zweiten Eimer Wasser kippte sie über mich und einen dritten. Zwischendurch setzte es Prügel mit dem Teppichklopfer.

Endlich nahm ich die Kellertür zum Hof wahr, riss sie in einem günstigen Moment auf, sprang die sechs Stufen nach oben und raste schreiend los. Durch die Einfahrt, auf die Straße. Mir war egal, wohin, Hauptsache weg, nur weg.

Barfuß, das klitschnasse Nachthemd am Körper klebend, preschte ich die Dorfstraße hinunter.

Es war noch früh am Morgen, fünf oder sechs Uhr. Eine herrliche Morgensonne stand schon über Hunnebrock. Zu sehen war noch niemand. Alle Fenster und Türen waren fest verschlossen. Das Dorf schlief wohl noch.

Lilo kam auf dem Fahrrad hinter mir hergerast und hatte mich bald eingeholt. Die Fahrradbremse quietschte.

»Los, steig auf, und mach kein Theater«, sagte sie ganz ruhig. Ich tat, was sie verlangte. Kein Mensch sah, wie eine Frau auf dem Fahrrad auf der Bergstraße entlangfuhr – ein kleines Mädchen in einem nassen Nachthemd hinter sich quer über dem Gepäckträger liegend.

Ein Tag wie jeder andere begann. Lilo und Dieter fuhren gemeinsam zur Arbeit, ich machte mich auf den Weg zur Schule. Einige Tage lang ging ich nach der Schule direkt zum Friedhof. Ziemlich lange saß ich vor dem Grab meiner Mutter. Aber das half mir auch nicht weiter.


*Flucht nach Osnabrück*


Heike und ich hatten uns wieder einmal gestritten. Worüber, weiß ich nicht mehr. Wohl aber, dass Heikes Rache wie immer hundsgemein war – und an diesem Tag noch dazu zuckersüß. Es war später Nachmittag, und wir standen vor dem kleinen Lebensmittelladen in der Bachstraße. Langsam, ganz langsam hatte Heike eine ganze Tafel Schokolade aus ihrer Jackentasche gezogen, sie in aller Ruhe betrachtet, dann sorgfältig vom Papier befreit und genussvoll hineingebissen. Kein Angebot, kein Wort an mich.

Ich war wütend. Meine Sicherungen brannten durch, und ich überlegte nicht lange – oder besser gesagt überhaupt nicht –, sondern marschierte schnurstracks in den Laden hinein. Selbstbewusst verlangte ich von Herrn Hellwig, dem Besitzer, eine Tafel Puffreisschokolade »auf Anschreiben«. Wir kauften immer so ein und samstags, wenn Lilo ihren Lohn bekam, bezahlte sie. Herr Hellwig kannte mich gut. Nun zog er prüfend die Augenbrauen hoch und sah mich etwas länger an. Aber er sagte weiter nichts und gab mir, was ich wünschte.

Wieder draußen auf der Straße stellte ich mich neben Heike, öffnete ebenso langsam wie sie meine Tafel und biss kräftig hinein. Unsere Augen auf das Schaufenster gerichtet, kaute jeder stillschweigend an seiner Schokolade. Keine sah die andere an.

Plötzlich bog Lilo auf ihrem Fahrrad um die Ecke. Und das zu einer völlig ungewöhnlichen Tageszeit nach meinem Gefühl. Sie fuhr direkt auf uns zu. An Verschwinden war nicht mehr zu denken.

»Woher hast du die Schokolade?«, fragte sie mit durchdringendem Blick.

»Von Heike«, entgegnete ich unsicher, hielt aber ihrem Blick stand.

»Das werde ich doch gleich mal kontrollieren«, sagte sie und verschwand im Laden.

In meiner Verzweiflung schnappte ich ihr Fahrrad und preschte davon. Nachdem ich mehrere hektische Runden um den Häuserblock gedreht hatte, näherte ich mich langsam wieder dem Laden. Heike stand noch da. Als sie mich entdeckte, rief sie mir zu: »Komm her, sie ist weg! Du sollst sofort nach Hause kommen! Du kriegst die Prügel deines Lebens!«

Mein Ärger auf Heike war noch nicht verraucht. Ich glaubte sogar, eine gewisse Genugtuung in ihrem Gesicht entdeckt zu haben, aber die Angst vor den Schlägen war das wesentlich größere Problem. Ich wusste nur zu genau, was da auf mich zukommen würde und mein Körper zeigte noch vom letzten Mal die roten und blauen Striemen.

»Nein«, sagte ich trotzig zu Heike, »ich bin doch keine Selbstmörderin. Nach Hause gehe ich auf keinen Fall.«

»Und, was willst du machen? Es wird ja bald dunkel.« Sie hatte recht, es würde bald dunkel werden. Aber nach Hause kriegten mich trotzdem keine zehn Pferde.

»Hm«, überlegte ich, »ich habe immerhin noch einen Vater. Seine Adresse weiß ich auswendig. Ich habe sie neulich erst in einem alten Koffer entdeckt, als ich auf dem Boden herumgestöbert habe. Brehmsche Straße 53, in Osnabrück. Da fahre ich jetzt hin.«

»Du spinnst ja«, meinte Heike, »das schaffst du nie. Das ist viel zu weit! Und wie willst du überhaupt den Weg finden?«

»Ach, kein Problem. Schon unten an der Klinkstraße steht das erste gelbe Straßenschild mit *Osnabrück 48 km* drauf.«

Heike schüttelte ungläubig den Kopf, als ihr klar wurde, dass es mir ernst war.

»Hier«, meinte sie hilfsbereit, »nimm meine Jacke mit. Ich habe noch 70 Pfennig. Die kannst du auch haben.«

Unser Streit schien vergessen. Dankbar nahm ich das Angebot an, denn ich war barfuß und hatte nur eine dünne Spielhose an. So machte ich mich auf den Weg.

Die Klinkstraße war bald erreicht. Ich bog auf eine Landstraße ab. Je weiter ich mich von Bünde entfernte, desto mehr wandelte sich meine Angst vor Prügelstrafe in Abenteuerlust. Kraftvoll trat ich in die Pedalen. Der Sattel des Rades war zu hoch für mich, aber es machte mir nichts aus, im Stehen zu fahren. Hauptsache, nicht nach Hause. Hauptsache weg!

Ich fuhr durch drei oder vier Dörfer, Ahle, Bruchmühlen, Westerhausen, die Namen waren mir vertraut. Interessiert betrachtete ich im Vorbeifahren die Leute, die über den Gartenzaun hinweg oder vor ihren Häusern ein Abendpläuschchen hielten. Manchmal bellte ein Hund hinter mir her.

Langsam begann es zu dämmern. Die Kornfelder wogten sich im leichten Abendwind. Ich zog den Reißverschluss von Heikes schicker blau-roter Jacke hoch. Inzwischen kam ich langsamer voran. Die Straße stieg ein wenig an.

*Melle 3 km*, las ich auf dem nächsten gelben Straßenschild. Mir begannen die nackten Füße auf den Pedalen weh zu tun, die Hände drückten an den geriffelten Griffen des Lenkers. Vorsichtig fuhr ich an den Straßenrand und hielt an.

*Was Papa wohl sagen wird*, überlegte ich, während ich mich gegen einen Baum lehnte und ein wenig ausruhte.

*Hoffentlich wird er nicht wütend. Aber er kann ja meine Striemen sehen, dann wird er schon alles verstehen*, versuchte ich, mich selbst zu beruhigen. Wohl war mir nicht dabei.

Ich versuchte, die unangenehmen Gedanken zu verdrängen. Aber Angst und Unsicherheit waren zurückgekehrt.

Es war inzwischen fast dunkel. Was sollte ich jetzt tun? Umkehren? Das ging auf keinen Fall. Was dann geschehen würde, wagte ich mir nicht mal auszumalen, aber im Dunkeln weiterzufahren traute ich mich auch nicht. Wo sollte ich jetzt nur bleiben?


*Richtfest*

Sorgenvoll blickte ich die Landstraße entlang. Unter hohen Eichenbäumen vor mir lag ein großer Bauernhof, umgeben von einer soliden Steinmauer. In der Einfahrt lehnte ein Bauer, rauchte seine Pfeife und beobachtete mich wohl schon eine ganze Weile.

Ich zog mein Fahrrad aus dem Graben, wo ich es hingelegt hatte, und ging langsam auf ihn zu. *Irgendwie müsste ich ihn ansprechen*, überlegte ich, *aber was soll ich bloß sagen?*

Auf gleicher Höhe bei ihm angekommen, lächelte ich etwas unsicher zu ihm hinüber. »Entschuldigen Sie bitte, können Sie mir vielleicht sagen, wie spät es ist?« Er sah mir gerade in die Augen, zog an seiner Pfeife und antwortete gemächlich: »Hm, ich denke mal, so kurz nach neun Uhr wird es wohl sein.«

Ich nickte stumm. Mir fiel nichts mehr ein. Ob ich jetzt besser weiterfahren sollte? Wir sahen uns noch einmal an. Als ich dann endlich auf das Rad stieg, meinte er: »Du hast wohl Sorgen, Mädchen, oder?«

Ich nickte.

»Willst du mit hineinkommen? Meine Frau könnte uns etwas zu essen machen, und du erzählst dann mal in Ruhe, was los ist.«

Einen Moment überlegte ich, ob er einer von den »schlechten Kerlen« sein könnte, wie der Mann aus dem Schwimmbad. Diesen Eindruck machte er aber nicht. Außerdem sprach er ja von seiner Frau. Trotzdem musste ich sehr vorsichtig sein.

Er öffnete das Hoftor. Ich schob mein Fahrrad hinein. Wir gingen schweigend zum Haus. Über eine große Diele führte der Weg direkt in die Küche, wo eine freundliche ältere Frau ganz frischen Streuselkuchen in Stücke schnitt. Herrlicher Duft stieg in meine Nase. Ich spürte sofort, was für einen Riesenhunger ich hatte.

»Hier«, sagte der Mann »die Kleine habe ich da draußen aufgelesen. Sie weiß wohl nicht, wo sie hingehört.«

»Ach, du armes Kind, was ist denn passiert?« Seine Frau kam auf mich zu und drückte mich herzlich an sich.

»Bestimmt hast du Hunger. Komm setz dich doch erst mal hierher.«

Mit diesen Worten schob sie mich in einen bequemen Lehnstuhl, stellte ein Glas frische Milch vor mich hin und drückte ein riesiges Stück von dem duftenden Kuchen in meine Hand. Ich strahlte. Sämtliche Lebensgeister kehrten zurück. Mit vollen Backen kauend, ab und zu einen Schluck von der leckeren Milch schlürfend, erzählte ich wahrheitsgemäß und fröhlich, was geschehen war. Danach zeigte ich meine Striemen, damit sie mir auch wirklich glaubten. Einige Abdrücke gingen langsam von blau-lila in gelb-grün über.

Die Leute hörten mir zu. Hin und wieder wechselten sie Blicke miteinander. Aber das nahm ich nicht mehr so richtig wahr, denn nach dem dritten Stück Kuchen begann ich sehr müde zu werden.

Der Bauer meinte: »Am besten ist, du bleibst über Nacht hier. Morgen früh sehen wir weiter. Allerdings wird es bei uns heute Abend ein bisschen lauter. Wir feiern nämlich Richtfest von unserer neuen Scheune. Die Nachbarn werden alle kommen, und es gibt Musik und Tanz.«

Während sich der Bauer mit mir unterhielt, war seine Frau hinausgegangen und kam bald mit einer kleinen Zinkwanne voll warmen Wassers zurück in die Küche.

»Komm Kleine, ich werde dich schnell ein bisschen waschen. Dann kannst du schlafen gehen. Wie heißt du denn eigentlich?«

»Marianne«, murmelte ich und ließ alles mit mir geschehen. Sie war taktvoll. Es gab nichts Peinliches, denn sie zog mir meine Spielhose nicht aus und begnügte sich damit, meine schmutzigen Arme und Beine, besonders die Füße zu reinigen.

Von der großen Diele gingen auf der linken Seite mehrere Türen ab mit kleinen Fenstern darin. Sie brachte mich in eine sogenannte Mägdekammer. In dem Zimmerchen stand nur ein Bett mit einem mächtigen Federbett und einem dicken Kopfkissen, beides rotkariert bezogen. Sie schob mich in den Raum hinein und wünschte mir eine gute Nacht. Wenig später schlief ich tief und fest.

Wilde Träume suchten mich in dieser Nacht heim. Ich war wieder auf dem Rummel, die Jahrmarktsmusik dröhnte, Karussells drehten sich, Ausrufer brüllten. Plötzlich schepperte etwas ganz laut und ganz nah.

Kerzengerade fuhr ich hoch. Mein Herz schlug wie verrückt. Ich hatte Angst, panische Angst. Was war los? Wo war ich? Es dauerte eine Weile, bis mir alles wieder einfiel.

*Aber, Moment mal,* dachte ich, *der Krach, die Musik, das Stimmengewirr, alles war immer noch da.* Ich stieg aus dem Bett, schlich zaghaft zur Tür und schob vorsichtig die kleine Gardine vor dem Fenster ein wenig beiseite.

Auf der Diele war mächtig etwas los. Männer und Frauen, ältere und jüngere, tanzten stürmisch und sangen zur Musik, die jemand auf einem Akkordeon machte. Aber irgendwie passte alles nicht richtig zueinander. Manche lachten und grölten nur. Sie standen um die Tanzenden herum. Eine Schnapsflasche machte die Runde, und Bier gab es offensichtlich reichlich.

Solch ein Fest hatte ich noch nie gesehen. Es gefiel mir überhaupt nicht. Es machte mir Angst. Sollte ich doch irgendwie in eine Art Räuberhöhle geraten sein? Dabei waren der Bauer und seine Frau so freundlich zu mir gewesen, aber das kannte ich auch aus Grimms Märchenbuch. Meist fing es mit Freundlichkeit an und endete dann übel.

Was sollte ich nur tun? Vorsichtig zog ich die Scheibengardine wieder zu und tappte im Dunkeln zu dem Fenster, durch das man nach außen gucken konnte. Es war tiefschwarze Nacht. Ich atmete schwer. Mein Herz klopfte bis zum Hals. Es gab wieder kein Entrinnen. Ich schlüpfte ins Bett zurück, rutschte ganz tief zwischen die Federkissen und grübelte vor mich hin.

*Vielleicht war das mit dem Weglaufen doch keine so gute Idee gewesen,* dachte ich bei mir. *Lieber hätte ich die Prügel in Kauf nehmen sollen. Ich war ja selbst schuld daran, ich hätte eben keine Puffreisschokolade kaufen sollen. Das war ganz schön unverschämt von mir gewesen. Aber Lilos Prügel hätte ich nicht noch einmal ausgehalten! Wahrscheinlich würde sie mich eines Tages sowieso ganz aus Versehen totschlagen, und das in ihrer Wut nicht einmal bemerken.*

So gingen in meinem Kopf die Gedanken hin und her, bis ich dann doch irgendwann einschlief. Als ich morgens aufwachte, strahlte die Sonne durchs Fenster herein, und der ganze Spuk auf der Diele war vorbei. Ein wenig später öffnete die Bäuerin die Tür, lachte mich an und meinte: »Komm frühstücken, Marianne. Hoffentlich hat dich der Lärm heute Nacht nicht zu sehr gestört.«

In der Küche saß auch ihr Mann. Er war schweigsam, aber als wir fertig waren mit unserem Frühstück, sagte er zu mir: »Weißt du, Mädchen, das Beste ist, wenn du wieder nach Hause fährst. Deine Schwester wird sich inzwischen beruhigt haben. Vielleicht macht sie sich sogar Sorgen darüber, wo du geblieben bist?«

Ich starrte ihn an.

*Das kann doch nicht wahr sein?*, dachte ich entgeistert. *Obwohl ich ihm gestern alles ausführlich erklärt habe, hat er offensichtlich überhaupt nichts verstanden!* Wie war das nur möglich? Beide waren sie so verständnisvoll und herzlich gewesen? Ich konnte es nicht fassen und sagte mutlos: »Sie wird mich kaputtschlagen.« Dann griff ich in meine Spielhosentasche und legte meine 70 Pfennige auf den Tisch: »Ich kann auch bezahlen. Hoffentlich ist es genug.«

»Steck dein Geld ein, darum geht es nicht«, sagte der Bauer streng und fuhr dann etwas ruhiger fort: »Sie wird dich schon nicht schlagen. So schlimm kann es nicht werden. Aber, wenn du nicht nach Hause fährst, müssen wir die Polizei rufen. Das bringt eine Menge Ärger. Wäre dir das lieber?«

Ich zuckte zusammen. »Nein, natürlich nicht. Das will ich auf gar keinen Fall. Dann fahre ich eben zurück.«

*Der kennt sie eben nicht*, dachte ich. *Er hat einfach keine Ahnung. Besser, ich halte den Mund und verschwinde schnell, bevor er es sich noch einmal anders überlegt.*

Ich stand auf. Gemeinsam gingen wir nach draußen. Der Mann und die Frau, beide brachten mich zum Hoftor. Ich stieg aufs Rad und fuhr den gleichen Weg, den ich gekommen war – in Richtung Bünde. Als ich mich noch einmal umdrehte und winkte, stand er genauso da wie am Abend davor. Im Mund die Pfeife, guckte er mir nachdenklich hinterher, und es schien, als hätten wir nie etwas miteinander zu tun gehabt. Ich war enttäuscht, aber was blieb mir anderes als der Rückweg.

Die Sonne schien warm auf meinen Rücken. Die nackten Füße taten heute viel mehr weh als gestern. Es war, als wollten sie einfach nicht mehr in die Pedalen treten. Mir wurde warm. Ich hielt an und zog erst mal die Jacke aus. Noch einmal blickte ich zurück. Der Hof war verschwunden. Die Straße hatte eine Biegung gemacht.

*Warum sollte ich eigentlich zurückfahren?*, dachte ich mit einem Mal. Wenn ich eins wusste, dann, dass ich keine Prügel bekommen wollte.

Und was würde Heike sagen? Dass sie recht behalten hätte und ich nicht bis nach Osnabrück gekommen sei? Ich überlegte: *Der Bauer sieht mich nicht mehr, also wird er auch nicht die Polizei rufen.*

Nein, alles war besser, als zurück nach Hause zu fahren. Ich hatte mich entschieden. Um nicht wieder an dem Bauernhof vorbeifahren zu müssen, würde ich eben einen Umweg in Kauf nehmen. Irgendwie würde ich die Straße mit den gelben Schildern nach Osnabrück schon wiederfinden. Aber aufgeben wollte ich nicht so einfach.

Der Sonnenschein, der lichte Sommertag, die zwitschernden Vögel, all das machte mir Mut. Ich bog in einen Feldweg ein und fuhr so schnell ich konnte über diese Holperstrecke, um aus der Reichweite des Bauern wegzukommen. Manchmal schlingerte das Fahrrad bedenklich über die Grasnarben, aber eher als ich zu hoffen gewagt hatte, erreichte ich den Ort Melle. Von jetzt an war es nicht schwer, sich wieder an den gelben Schildern zu orientieren.

Gegen Mittag sah ich endlich Osnabrück vor mir liegen. So eine große Stadt hatte ich noch nie gesehen. Sie lag unter einer Dunstglocke, und je näher ich kam, desto chaotischer erschien mir alles.

Obwohl wir Frühling hatten, war es heiß und schwül geworden. Durst quälte mich. Die Hände klebten am Lenker, meine

Füße spürte ich kaum noch. Ich war total erschöpft und durcheinander. Wie sollte ich mich hier zurechtfinden?

*Wenn bloß dieser Lärm nicht wäre, ich kann ja kaum nachdenken.*

Irgendwie landete ich am Bahnhof. Die großen Straßen mit ihren hohen Häuserreihen schienen endlos zu sein. Gefährliche Kreuzungen, Ampeln, jede Menge Autos und Busse machten mir Angst. Die Menschen hasteten hin und her.

Dennoch, es musste ja weiter gehen. Entschlossen griff ich wieder nach dem Rad und schob damit auf eine ältere Frau zu.

»Bitte, können Sie mir sagen, wo die Brehmsche Straße ist?«

Sie antwortete freundlich, aber umständlich. Die Straße schien am anderen Ende der Stadt zu sein.

*Also los, das schaffst du auch noch,* redete ich mir selbst gut zu und schwang mich aufs Rad.

Plötzlich ertönte wildes Gebimmel hinter mir. Ich begriff erst gar nicht, dass das mir galt, aber dann sah ich die Straßenbahn in einem Bogen von hinten auf mich zukommen. Sie fuhr ziemlich schnell, und dann hatte sich plötzlich mein Vorderrad in der Schienenspur festgeklemmt. Ich bekam es nicht mehr heraus, kippte einfach zur Seite und schlug auf das Straßenpflaster.

Voller Panik versuchte ich, das Rad aus dem Schienenbett zu befreien, aber es ging nicht. Halb unter dem großen Damenrad liegend, sah ich die Bahn auf mich zukommen.

Schrilles Geklingel, dann ein lautes Quietschen, eine Frau schrie auf. Die Bahn stand. Ganz knapp hinter mir und dem Fahrrad. Total verschreckt, wütend auf mich selbst, mit hochrotem Kopf rappelte ich mich hoch und versuchte, das Rad zur Seite zu ziehen.

Der Straßenbahnfahrer sprang aufgeregt heraus, der Schaffner rannte auf mich zu. Auch aus der Bahn stiegen die Leute einfach aus und kamen von allen Seiten auf mich zu gelaufen. Schnell hatte sich eine Menschenmenge um mich gebildet.

Es war scheußlich, es war peinlich, am liebsten hätte ich mich in einem Mauseloch verkrochen oder unsichtbar gemacht.

Und dann war plötzlich auch noch der Polizist da. Ich erschrak furchtbar. Das hatte mir gerade noch gefehlt.

»Mein Gott, Kleine, was machst du nur? Bist du verletzt? Hast du dir wehgetan? Ich rufe gleich einen Krankenwagen. Wir bringen dich ins Hospital!«

Er schien wirklich besorgt zu sein und sehr freundlich. Vorsichtig sah ich zu ihm hoch.

»Aber ich habe gar nichts abbekommen. Es ist alles in Ordnung. Ist gar nichts passiert! Wirklich nicht! Ich brauche keinen Krankenwagen«, versicherte ich eilig und mit treuem Blick. Dann versuchte ich, mein Fahrrad hinzustellen. Er half mir dabei. Es schien auch hier alles in Ordnung zu sein, aber mein linkes Knie blutete ziemlich.

»Du blutest ja!«, sagte er und gab mir sein Taschentuch. »Wo wohnst du denn? Ich werde deine Eltern benachrichtigen.«

»Ach, das ist doch nicht so schlimm. Meine Knie bluten meistens, weil ich Rollschuh fahre und viel herumtobe. Außerdem wohne ich gleich da vorne um die Ecke. Meine Mutter kennt das mit den Knien schon und macht mir ein Pflaster drauf. Wirklich, es ist überhaupt nicht schlimm.«

Aufatmend stellte ich fest, dass ich ihn und auch die herumstehenden Leute überzeugt hatte. Der Polizist wandte sich der Menge zu und ließ sie wieder in die Bahn steigen. Die musste ja weiterfahren und der Auto-Verkehr auch.

Dann merkte ich plötzlich den Schreck, der mir in die Glieder gefahren war. Meine Beine und Arme zitterten, mir wurde flau. Ich hätte heulen können. Auch weil das Knie nun ziemlich wehtat. Beherrscht schob ich mein Rad trotzdem erst mal auf die andere Straßenseite. Aus dem Blickfeld des Polizisten verschwunden, lehnte ich das Rad an eine Hauswand, setzte mich daneben auf den Boden und pustete auf das tropfende Knie. In einer breiten Spur lief Blut hinunter bis auf den Fuß. Beide Ellenbogen waren ebenfalls blutig. Es brannte scheußlich. Auch die Handflächen waren aufgeschürft. Ein bisschen half das Pusten, aber nicht viel.

Während die Autos auf der Straße vorüberbrausten, manche Passanten mir verwunderte oder mitleidige Blicke zuwarfen, machte ich mich daran, meine Wunden zu versorgen. Ich spuckte immer wieder auf das Taschentuch des netten Polizisten und versuchte, sie damit zu reinigen.

Nach einer Weile hörte auch das blöde Zittern auf. Ich beruhigte mich ein bisschen und zwang mich, das Rad die lange, laute Straße entlangzuschieben.

*Los, wenn du irgendwann mal ankommen willst, musst du weiter*, trieb ich mich an und humpelte in die Richtung, die die Frau angegeben hatte.

Ich war unendlich kaputt, der Durst wurde immer schlimmer, aber irgendwie würde ich den Weg zu meinem Vater schon finden. An jeder größeren Kreuzung fragte ich jemanden nach der Straße, und endlich, nach einem fast einstündigen Fußmarsch mit dem klappernden Rad neben mir, war ich da.

Ein riesiges Grundstück lag vor mir, umgeben von einer sicher zwei Meter hohen Mauer. Staunend betrachtete ich die dicken Stacheldrahtrollen, die zusätzlich oben angebracht waren. Endlich fand ich das Eingangstor. Ein Schlagbaum versperrte den Zutritt. Aus einem kleinen Wachhäuschen heraus beobachteten zwei Männer den Verkehr. Eben bog ein kastenförmiger, großer Militärlastwagen auf die Einfahrt. Gleich trat einer der Männer heraus, sprach kurz mit dem Fahrer, hob dann den Schlagbaum und ließ das Fahrzeug passieren. Ich sah, wie es auf den Exerzierplatz fuhr. Um den herum standen lauter gleich aussehende, hässliche Kasernenblöcke. Immer fünf Fensterreihen hoch.


## Die Kaserne

Ich hatte das alles von der anderen Straßenseite aus beobachtet.

*Ob er hier wirklich wohnt?*, fragte ich mich. So hatte ich mir das nicht vorgestellt. Aber letztendlich war ich viel zu müde, um darüber nachzudenken. Also holte ich noch einmal tief Luft, überquerte die Straße und trat auf das Wachhäuschen zu.

»Guten Tag, ich möchte bitte zu meinem Vater. Er heißt Ernst Döring und wohnt hier.«

»Wie bitte, zu wem möchtest du?«

»Na, zu meinem Papa. Der wohnt hier doch und arbeitet hier auch. Rufen Sie ihn doch bitte.«

Die Männer sahen sich staunend an. Dann brachen sie in lautes, herzliches Gelächter aus.

»Was denn, du bist die kleine Tochter vom Ernst? Wie heißt du denn? Woher kommst du so plötzlich, und was willst du an einem Ort, an dem es nur arbeitende Männer gibt?«

Vorsichtig geworden, erzählte ich ihnen nicht meine ganze Geschichte, sondern nur, dass ich von zu Hause abgehauen sei, weil ich wieder so doll verprügelt werden sollte. Den ganzen langen Weg aus Bünde, 50 Kilometer, sei ich deshalb gefahren.

Sie wollten es nicht glauben. Sie lachten einfach weiter, amüsierten sich offenbar über mich. Damit hatte ich nicht gerechnet. Es machte mich wütend, und ich brach in Tränen aus.

»Und, was ist dann das alles hier?«, schrie ich verzweifelt und riss meine Spielhose herunter, um ihnen meinen blutunterlaufenen Po zu zeigen. Ich drehte mich im Kreis, damit sie auch alle Kochlöffel- und Kleiderbügelabdrücke auf dem Po, dem Rücken, den Schultern, den Armen und Beinen richtig sehen konnten. Ich griff sogar zwischen meine nassgeschwitzten Haare, schob sie auseinander, damit selbst dort die Beulen und blauen Flecken sichtbar wurden.

Schlagartig verschwand das Lachen aus ihren Gesichtern, und die Männer wurden ernst. Aber meine Angst und meine Erschöpfung ließen sich nicht mehr zurückhalten. Ich weinte laut und verzweifelt.

Die Männer waren erschüttert. Besorgt versuchten sie, mir gut zuzureden, streichelten mich, und einer schob mir ein Schälchen mit Eis zu.

»Wir glauben dir ja. Es war doch nicht böse gemeint. Pass auf, wir kümmern uns sofort um alles und rufen deinen Papa. Weine nicht mehr, es wird bestimmt alles wieder gut werden. Komm, sieh mal das leckere Eis. Es ist mein Nachtisch vom Mittagessen. Du kannst ihn haben!«

»Hier, nimm meinen auch, ich habe sogar Erdbeereis!«, versuchte nun auch der andere Mann, mich zu trösten, während sein Kollege schon nervös zum Telefonhörer gegriffen hatte, um meinen Vater suchen zu lassen.

Nach kurzer Zeit versammelten sich noch mehr Männer im und um das Wachhaus. Aufgeregt diskutierend standen sie bei mir. Manche stellten mir Fragen, andere redeten beruhigend und freundlich auf mich ein. Alle schienen mir uralt zu sein, wie mein Vater. Bestimmt schon fünfzig oder sechzig Jahre alt.

Ich verstand das ganze Gerede und die Aufregung nicht, aber meine Tränen versiegten nach und nach. Ich schaufelte mindestens fünf kleine Portionen Eis in mich hinein, die sie mir gebracht hatten, trank viel Zitronenlimonade und sagte schließlich laut und für alle vernehmlich: »Jetzt muss ich aber dringend aufs Klo.« Im gleichen Augenblick schoss mir die Schamesröte ins Gesicht. Aber mein Bekenntnis war wohl nicht der Rede wert gewesen. Einer der Männer nahm mich einfach an die Hand und brachte mich zur Toilette.

Als wir zurückkamen, stand ein etwas jüngerer Mann bei den anderen. Er war der Chef von allen, und er sagte zu mir: »Tja, Marianne, dein Vater ist zur Zeit gar nicht hier. Er ist bei einem Manöver. Das dauert immer etwa zehn Tage, aber ich werde ihn zurückrufen lassen. So lange nehme ich dich mit zu meiner Frau. Sie wird sich bestimmt freuen.«

Obwohl ich mit der Möglichkeit, dass mein Vater gar nicht da sein könnte, überhaupt nicht gerechnet hatte, war ich irgendwie erleichtert. Es würde also nicht sofort etwas passieren.

Das Ehepaar hieß Thomsen, und beide kümmerten sich rührend um mich. Ich wurde bestens mit Essen und Trinken versorgt, und sie spielten sogar mit mir – »Mensch ärgere dich nicht«. Abends durfte ich in ihrer großen Badewanne planschen und spielen, solange ich wollte. Anschließend verarztete Frau Thomsen meine Wunden mit Puder und Pflastern und unter großer Anteilnahme. Außer Tante Herta hatte mich nie jemand so liebevoll umsorgt seit meine Mutter tot war. Ich fühlte mich sehr wohl bei ihnen und sank abends todmüde ins Bett.

Die Gedanken an meinen Vater verursachten mir aber ein äußerst ungutes Gefühl. Nur mit Mühe schaffte ich es, sie beiseitezuschieben und endlich einzuschlafen.

Nach diesem schwülen und für mich so aufregenden Tag, ging in der Nacht ein schweres Gewitter über der Stadt nieder. Aus dem tiefsten Schlaf schreckte ich hoch. Blitze erhellten das Zimmer, dann krachte Donnerschlag auf Donnerschlag. Ich sprang schreiend auf, warf mich aber sofort ins Bett zurück und versuchte, Decken und Kissen über meinen Kopf zu zerren.

Gewitter und Spinnen waren immer noch meine größten Albträume. Ich hatte eine richtige Phobie gegen beides entwickelt, die selbst Lilo nicht mehr ignorieren konnte.

Frau Thomsen stürzte ins Zimmer, sie hatte mich gehört und setzte sich zu mir ans Bett, redete mit mir, streichelte mich und blieb, bis alles vorüber war. Ich war ihr sehr dankbar.

Erst sehr viel später erfuhr ich, dass mein Vater noch in der Nacht zurückgekommen war. Thomsens hatten lange mit ihm gesprochen und ihn einigermaßen beruhigt. Sie brachten ihn davon ab, mich sofort zu verprügeln und noch nachts nach Bünde zurückzubringen.

Der nächste Tag war grau in grau. Dauerregen fiel. Dann kam mein Vater. Er sah mich mit scharfem Blick lange an. Zorn spiegelte sich in seinen Augen, aber er sagte kein einziges Wort. Ich wurde unsicher.

Frau Thomsen hatte ihren Arm um meine Schultern gelegt. Sie schob mich zu ihm hin und meinte aufmunternd: »Na, begrüß deinen Vater, Marianne, er wird dir schon nicht den Kopf abreißen. Wir haben doch bereits alles geklärt.«

Vorsichtig trat ich näher an ihn heran und nahm meine Arme hoch, um ihm den obligatorischen Begrüßungskuss zu geben. Notgedrungen beugte er sich ein wenig vor, aber ich konnte seine Abwehr spüren. Trotzdem, endlich war das Schlimmste überstanden. Erleichtert atmete ich durch.

»Ja, Herr Döring, dann braucht das Kind jetzt aber noch ein paar Sachen. Bei dem Wetter kann sie ja nicht barfuß und in Spielhose gehen. Am besten ist, wir gehen das gleich gemeinsam besorgen. Nur, wenn es Ihnen recht ist natürlich.« Das war wieder die freundliche Stimme von Frau Thomsen.

Mein Vater konnte nichts dagegen sagen, also war er einverstanden. Schließlich war er kein armer Mann, aber er hatte sich bisher nie um diese Dinge gekümmert. Umgehend bekam ich neue Halbschuhe, Strümpfe, ein Sommerkleid, Unterwäsche und eine Strickjacke. Ich hatte ein sehr schlechtes Gewissen. Mein armer Papa betonte bei jedem Teil, dass er nur wenig Geld habe und alles doch so teuer sei. Frau Thomsen hielt konsequent dagegen:

»Aber es ist absolut notwendig, Herr Döring!«

Ihre Worte linderten meine Gewissensbisse ein wenig.

Ich bedankte mich mehrfach bei meinem Vater, Frau Thomsen lächelte zufrieden, aber wie immer reagierte er nicht auf mich. Er sprach wieder nicht mit mir, also schwieg ich ebenfalls. Über die vielen neuen Sachen konnte ich mich nicht freuen.

Als der Einkauf erledigt war, verabschiedete Frau Thomsen sich herzlich und wünschte mir alles Gute. Ich wäre viel lieber mit ihr gegangen und hielt ihre Hand noch einen Moment lang sehr fest. So mit ihm allein zu bleiben…, aber es ging ja nicht anders. Ich wollte nicht zusätzlichen Ärger machen und meinen Vater erneut erzürnen.

Wir gingen direkt zum Bahnhof. Er schob links das Fahrrad, mit der anderen Hand hielt er mich fest, als ob ich es wagen würde, wieder wegzulaufen. Er sah mich nicht an, er sprach nicht.

Ich trottete in den neuen Sachen neben ihm her und überlegte, was Lilo wohl sagen würde, doch ich wagte nicht, es mir bis zum Ende vorzustellen. Nieselregen fiel noch immer. Mir war kühl, aber das kam von innen.

Mein Vater kaufte die Fahrkarten, und plötzlich begann er furchtbar darüber zu schimpfen, dass er für den Fahrradtransport auch noch etwas bezahlen musste. Erstaunt und ängstlich sah ich ihn an. Ob das wirklich alles war, worüber er sich ärgerte? Es schien so.

Die Bahnfahrt dauerte eine knappe Stunde. Auch in Bünde regnete es. Noch eine Stunde zu Fuß, dann waren wir pitschnass und wieder zu Hause in Hunnebrock. Auch auf dem Weg schwieg er und ignorierte mich. Mehrfach versuchte ich schüchtern, ein Gespräch anzufangen, aber er reagierte nicht. Wütend und enttäuscht ließ ich es schließlich sein. Er war eben ein alter, fremder Mann. Und ich konnte schließlich auch nichts dafür, dass ich sein Kind war und das ganze Leben so schwierig war.

Zu Hause angekommen, sah Lilo mich nur kurz an.

»Verschwinde in dein Bett und lass dich nicht mehr blicken. Ich kann deinen Anblick nicht ertragen!«

Stumm verschwand ich, wie mir aufgetragen worden war. Mein Vater fuhr noch am selben Abend zurück. Völlig verunsichert wartete ich ein paar Tage lang auf das Donnerwetter. Doch komischerweise geschah in dieser Sache nichts weiter.

*Ein schlimmes Geheimnis*

Immer wenn es mal keinen Streit und keine Prügel gegeben hatte, sollte ich abends auf Lilos Seite des Ehebetts einschlafen, um es für sie anzuwärmen. Kamen sie und »Onkel Dieter« später dazu, trugen sie mich in mein Bett, aber manchmal ließen sie mich auch einfach in der Mitte liegen.

Instinktiv rutschte ich nachts zu Lilo. Morgens, wenn sie Frühschicht hatte, war sie schon weg, wenn ich aufwachte. Nur er lag noch da.

Eines Tages, Lilo war schon zur Arbeit gefahren, rutschte er im Bett auf meine Seite. Zuerst schlief ich noch, merkte es gar nicht, dann spürte ich plötzlich, wie jemand meine Schultern zu streicheln begann. Es war ein wunderschönes Gefühl. Ich bewegte mich nicht, genoss es einfach, glaubte zunächst, Lilo hätte vielleicht einen besonders guten Tag. Die Hände streichelten immer weiter. Zunächst in den Haaren, dann am Hals entlang, den ganzen Rücken hinunter bis zu meinem Po.

Dort blieben die Hände, das Streicheln wurde intensiver. Nach einer Weile versuchten die Hände, von hinten zwischen meine Beine zu gleiten und an meine Scheide zu gelangen. Abrupt drehte ich mich um – und sah ihm direkt ins Gesicht.

Ich war sprachlos und vor Schreck wie erstarrt.

Er grinste mich an: »Na, das war doch schön, nicht wahr? Und da gibt es noch viel schönere Dinge. Das kannst du mir glauben.«

Ich sagte gar nichts, sprang aufgebracht aus dem Bett und lief in mein Zimmer hinüber. So schnell ich konnte, zog ich mich an und machte mich auf den Weg zur Schule. Er blieb einfach liegen und tat, als ob er wieder schlief.

Den ganzen Tag musste ich daran denken, was geschehen war.

*Ob ich mit Lilo darüber reden soll?*, fragte ich mich, verwarf die Frage aber gleich wieder. *Das hat keinen Sinn! Sie glaubt mir doch sowieso nicht, wird nur wütend, und dann gibt es gleich wieder Krach!*

Mit Kohlmanns konnte ich auf keinen Fall darüber sprechen, allein die Vorstellung, mich einem Dritten anzuvertrauen, war mir unangenehm. Also behielt ich es für mich und nahm mir vor, nicht mehr in Lilos Bett zu gehen.

Mehrere Tage lang blieb es ziemlich ruhig. Aber er, er schien immer da zu sein, und immer grinste er mich blöde an, wie ein

Verbündeter. Ich versuchte, jeden Blickkontakt zu vermeiden, war beschämt, verunsichert. Als Lilo mich einige Tage später wieder in ihr Bett beordern wollte, streikte ich. Doch sie blieb hart: »Stell dich nicht so an. Es ist lausig kalt, und ich bin todmüde. Wenigstens das kannst du mal für mich tun. Ich versteh das gar nicht. Du hast doch sonst nichts dagegen.«

Er warf mir einen beschwörenden Blick zu, der mich wissen ließ, was mir blühte, wenn ich es nur wagte, eine Erklärung abzugeben. Also schwieg ich, sah sie nicht an und tat, was von mir verlangt wurde.

Am nächsten Morgen ging das gleiche Spiel von vorn los. Allerdings war er diesmal gleich sehr fordernd, sagte: »Los, mach die Beine auseinander! Du weißt doch, es ist schön, und ich habe dir noch viele schöne Sachen versprochen.«

Ich tat, was er verlangte. Er streichelte, rieb und drückte an mir herum. Tausend Gedanken schossen mir durch den Kopf. Auch die unterschiedlichsten Gefühle, die mir bisher fremd waren. Ich war hin- und hergerissen. Zwar hatte ich mit meinen knapp zehn Jahren meinen Körper auch schon selbst erforscht, hatte durchaus eine erste Erregtheit dabei verspürt, aber das war eine ganz andere Sache gewesen als diese hier. Das war mein Geheimnis und ging nur mich selbst etwas an. Niemals hätte ich darüber mit jemandem gesprochen. Auch Lilo hatte solche Themen nie berührt.

*Was tue ich nur?*, dachte ich verzweifelt.

Plötzlich nahm er meine Hand, führte sie an sein hartes Glied und zeigte, wie ich damit umzugehen hatte. »Jetzt bist du dran. Ich habe lange genug an dir herumgemacht«, sagte er. Ekel und Neugier tobten in mir.

Als alles vorbei war, warnte er mich eindringlich, mit niemandem, vor allem aber niemals mit Lilo darüber zu sprechen.

»Sonst kannst du deine Zukunft, dein ganzes Leben vergessen! Dafür sorge ich!« Er grinste, als er das sagte. Und trotzdem meinte er es todernst, das war mir klar.

Ich fühlte mich gedemütigt und erniedrigt, mein Körper, aber auch der letzte Winkel meiner Seele waren beschmutzt. Was war ich nur für ein schlechtes Kind? Alle hatten das immer wieder gesagt, ohne zu wissen, wie viel Schlechtes wirklich in mir war.

# KINDERHEIM SCHÖLERBERG IN OSNABRÜCK
## Ein Heim und wieder keine Heimat (1952-1957)

Unter Lilos liebloser Art, der vielen Prügel und den angst-erfüllten Nächten, die ich im Kohlenkeller verbringen musste, litt ich sehr. Doch am schlimmsten litt ich unter »Onkel Dieter«. Ich war in einer hoffnungslosen Lage. Er drohte mir ständig, sollte ich ihn verraten, so würde er irgendeinen Vorwand finden, um Lilo auf mich zu hetzen. Was konnte ich tun? Gar nichts.

Im Mai 1950 war meine Mutter gestorben. In Hunnebrock wurde es nun schon zum zweiten Mal Mai – und dann wurde alles anders.

## Mich hat keiner gefragt

*Überraschung am 10. Mai*

Als ich an diesem Abend vom Spielen nach Hause kam, war die Atmosphäre anders als sonst. Zum Glück kam ich pünktlich, hatte ausnahmsweise keine nassen Füße, und selbst meine Kleidung war relativ sauber. Also, zunächst kein Grund für ein schlechtes Gewissen. Doch als ich meinen Vater in der Wohnküche sitzen sah, wurde mir trotzdem ein bisschen bange.

*Bei dem kann man auch nie wissen,* dachte ich.

Wieder einmal war er völlig überraschend zu Besuch gekommen. Er war gerade dabei, sein obligatorisches Fußbad zu nehmen und unterhielt sich dabei mit meiner Schwester. Trotz des höflichen Begrüßungskusses blieb die Stimmung zwischen uns kühl wie üblich.

Ich bekam meinen Abendbrotteller mit zwei Wurststullen in die Hand gedrückt und sollte im Kinderzimmer essen. Anschließend hatte ich mich gründlich zu waschen und im Bett zu verschwinden. Die beiden waren in ein ernsthaftes Gespräch vertieft. Mich ging das nichts an.

*Mensch*, dachte ich, *wer weiß, was die wieder petzt!* Stillschweigend verließ ich die Küche, aber die Gedanken begannen sich in meinem Kopf im Kreis zu drehen. Ich überlegte angestrengt, was ich in letzter Zeit Schlimmes verzapft hatte.

Lilo hatte mich vor zwei Tagen zuletzt verprügelt, aber da ging es, wie meistens, um eine Kleinigkeit. Ich war abends unpünktlich gewesen, hatte trotz des Verbots mit Lena gespielt oder etwas gegessen, das für Lilo oder ihren Kerl reserviert war. Mir fiel nicht mehr ein, was es war. Ich war unruhig.

Nach längerem Grübeln kamen mir natürlich doch mehrere Dinge ins Bewusstsein: die Nacht, in der ich mich auf dem Heuboden verstecken wollte, die 30 Pfennig Restgeld vom Geschichtsbuch, die ich für Eis ausgegeben hatte, die Flucht nach Osnabrück. Ja, da kam schon so manches zusammen. Beunruhigt schlief ich über diesen Grübeleien ein.

Der nächste Tag war ein Sonntag. Noch bevor ich richtig wach war und die Augen geöffnet hatte, spürte ich, dass der Druck vom Vorabend immer noch auf mir lastete. Etwas war los, nur was?

Obwohl es gerade mal sechs Uhr war, hörte ich Lilo in der Küche rumoren und mit unserem Vater sprechen. Plötzlich ging meine Zimmertür auf. »Steh auf«, hörte ich Lilos Stimme, »wir haben heute einiges zu erledigen. Also, beeil dich.«

Schweigend tat ich, was sie verlangte, und wagte nicht, Fragen zu stellen. Doch warum lagen im Bad meine Sonntagskleider bereit? Meine frisch geputzten Halbschuhe standen daneben. Nachdenklich machte ich mich fertig. Der Frühstückstisch war bereits fertig gedeckt. Wir aßen, und die beiden unterhielten sich miteinander, als ob ich gar nicht da wäre.

*Was hat das alles bloß zu bedeuten?* Ich verstand gar nichts.

Als ich mich nach dem Frühstück im Bad fertiggemacht hatte und wieder in die Küche kam, stand mein Vater auf. »Na, dann wollen wir mal«, sagte er und griff den alten kleinen Koffer, der auf dem Flur bereit stand. Lilo zeigte auf meine Jacke, und zu dritt verließen wir das Haus.

Den Koffer klemmte Lilo auf den Gepäckträger ihres Fahrrads, mein Vater nahm mich fest an die Hand, und bei strahlendem Sonnenschein gingen wir den Weg durch die Felder bis zum Bünder Bahnhof.

Ich begriff es nicht. Keiner erklärte es mir. Ich spürte nur deutlich, dass es besser war, mir jede Frage zu verkneifen, um die angespannte Situation nicht eskalieren zu lassen. Lilo und mein Vater unterhielten sich über belanglose Dinge. Ich hörte bald nicht mehr zu, sondern grübelte stumm vor mich hin.

Dann standen wir auf dem Bahnsteig. Ein Zug lief schnaufend ein. Die beiden Erwachsenen verabschiedeten sich herzlich voneinander. Dann drehte sich meine große Schwester zu mir um, nahm mich kurz in den Arm und sagte: »Mach's gut, und benimm dich ja anständig.« Erstaunt sah ich sie an.

»Was? Was denn? Wieso? Ich auch? Fahre ich denn mit?«

Sie nickte. Mein Vater schob mich kurzerhand die Stufen hoch in den Waggon. Der Zug setzte sich in Bewegung. Ich war sprachlos.

Im Abteil saßen wir uns gegenüber. Es fiel kein Wort. Ich sah aus dem Fenster. Es war ein schöner Tag. Die Sonne schien durch das Abteilfenster herein. Die Felder, die draußen an uns vorbeiglitten, standen in einem satten Frühlingsgrün. Die Bäume zeigten bereits die ersten zarten Blätter. Und irgendwie war ich plötzlich erleichtert. Mein Leben würde sich verändern. Und es konnte nur besser werden, so viel stand fest. Aber was geschah jetzt nur mit mir?

Ich versuchte, mir alles Mögliche vorzustellen, aber nichts wurde konkret, nur dieses Gefühl, dass es besser werden würde, nur das war greifbar. Ich fuhr in die weite Welt hinaus, es ging mir gut. Leise lachte ich vor mich hin.

Mit gerunzelter Stirn sah mein Vater von seinem Kalender auf, in dem er sich mit spitzer Schrift Notizen machte.

»Warum lachst du, was ist los?«, wollte er wissen.

Wir fuhren bereits seit einer halben Stunde, und das waren die ersten Worte, die er an mich richtete. Endlich traute ich mich zu fragen.

»Wohin fahren wir? Wo bringst du mich hin?«

»Das Maß ist voll!«, antwortete er. »Du kommst jetzt ins Heim nach Osnabrück. Die werden dich dort schon anständig erziehen. Deine Schwester hat nämlich genug von dir.«

»Oh, Papa, wie schön! Ich freue mich! Da werde ich nie wieder allein sein und immer andere Kinder zum Spielen haben. Das ist ja toll, ganz toll!«

Ja, ich freute mich wirklich. Was Lilo und auch »Onkel Dieter« mir über Heime erzählt hatten, verdrängte ich völlig.

Ich hatte keine Ahnung, was in den nächsten fünfeinhalb Jahren auf mich zukommen sollte.


*Das Maß ist voll*

Ich wagte nicht, nach Einzelheiten zu fragen oder gar, meine Freude noch deutlicher zu zeigen.

Am Bahnhof in Osnabrück wartete ein großes englisches Militärauto mit zwei alten Männern auf uns. Vermutlich Freunde oder Arbeitskollegen meines Vaters. Alle schwiegen, keiner lächelte mich an, nicht mal ein klein wenig. Stumm stiegen wir ein, stumm fuhren wir durch die ganze Stadt. Dann bogen wir in einen Weg ein, der zu einem größeren Waldstück führte. Das Auto hielt. Mein Vater und ich stiegen aus. Die Männer vereinbarten mit ihm, dass sie auf ihn warten würden.

Wiederum schweigend ging mein Vater los. Links hielt er den Koffer, rechts mit festem Griff mich. Plötzlich stieg doch Angst in mir auf. Das Märchen von Hänsel und Gretel fiel mir ein. Aber wir waren noch nicht lange durch den Wald gegangen, da sah ich ein großes, helles Gebäude mit hohen Fenstern und, vorne am Eingang, einer kleinen Glasveranda. Das Kinderheim!

Eine Steintreppe führte nach oben zur Eingangstür. Neugierig schaute ich schon einmal vorsichtig durch die Scheiben hinein, während mein Vater klingelte, aber nichts war zu sehen, nicht einmal Blumentöpfe, lediglich zwei einfache Stühle standen in der Veranda. Alles war still, und die Tür war verschlossen.

Nach einigen Augenblicken wurden wir eingelassen. Man hatte uns erwartet. Eine Frau, klein, sehr schmal, aber mit energischen Gesichtszügen und rauer Stimme sagte: »Ich bin Tante Ella.« Sie führte uns gleich in die Privatwohnung des Heimleiters in den ersten Stock des Hauses.

Die Atmosphäre dort war kühl. Die Menschen schienen alle sehr distanziert zu sein. Das passte so gar nicht zu meinen Hoffnungen auf eine glücklichere Zukunft. Ein ungutes Gefühl machte sich in der Magengegend breit.

Wir standen in einem ziemlich kleinen Raum. Eine Art Wohnzimmer, das von einem übergroßen Schreibtisch dominiert wurde. Dahinter thronte der Diakon und Heimleiter Richard Klingenschmidt in seiner ganzen Pracht und Körperfülle. Im Mund qualmte eine Zigarre, rechts neben ihm saß seine Frau Anni, links nahm Tante Ella Platz. Mit trüben, etwas glasigen Augen sah er abwechselnd mich und dann wieder meinen Vater abwartend an.

Ich blickte mich vorsichtig um. Versuchte, mir meinen Optimismus nicht nehmen zu lassen. Ich wollte so sehr, dass mein Leben nun besser würde. Ich konnte nicht wissen, dass dieses Wohnzimmer mit dem kleinen Fenster, durch das man nur die Spitzen der Bäume und ein kleines Stück Himmel sehen konnte, in den nächsten Jahren ein Ort der Trostlosigkeit, der Hoffnungslosigkeit, ja, der Verzweiflung für mich werden sollte.

Und das alles begann gleich hier und jetzt und heute.

»Das Maß ist voll! Du kommst jetzt ins Heim!« Das hatte mein Vater tatsächlich gesagt. Aber noch im Zug sitzend hatte ich mir etwas ganz anderes darunter vorgestellt. Nun, da ich in diesem Raum saß und die Blicke der Erwachsenen mich taxierten, wurde ich unsicher. Meine »Familie« wollte mich nicht mehr und gab mich einfach ab an diese Leute hier!

Klingenschmidts Frau und Tante Ella, die wahre Hauptperson im Heim, wie ich bald feststellen sollte, streiften mich mit kurzem Blick, kein Wort, kein Lächeln. Mein Vater kam direkt zur Sache.

»Hier bringe ich Ihnen meine Tochter Marianne, wie vereinbart. Sie kennen ja die Vorgeschichte. Wir haben ja schon alles genau besprochen. Also, sie ist ein total verlogenes, verkommenes Stück und macht nur Schwierigkeiten. Darum übertrage ich Ihnen alle Vollmachten und ausdrücklich auch die Erlaubnis, sie jederzeit zu schlagen. Ich bin ein gebrochener Mann mit diesen vier Kindern seit meine Frau tot ist. Sie wissen ja Bescheid. Ich bin Ihnen sehr dankbar, Herr Klingenschmidt.«

*Wieso sagt er so etwas?* Ich erschrak, als ich hörte, was mein Vater da über mich sagte. *So wie er mich geschildert hat, bin ich doch gar nicht. Klar, bei Lilo war ich kein Engel gewesen, aber sie hat mich für jeden Fehler auch mächtig verprügelt. Habe ich meine Strafe damit nicht abgebüßt? Papa weiß das doch alles!*

Klingenschmidt sah mich derweil äußerst missbilligend an, dann antwortete er: »Na ja, wir sind schon mit ganz anderen Kalibern fertiggeworden! Die kriegen wir klein, machen Sie sich mal keine Sorgen.«

*Wie unfair der ist, der kennt mich doch gar nicht! Und warum wollen die mich kleinkriegen?* Solche und ähnliche Gedanken gingen mir durch den Kopf. Das hatte ich nicht erwartet. Trotzdem wollte ich mich noch immer nicht entmutigen lassen, aber ich war enttäuscht und traurig. Niemand hatte mich etwas gefragt oder irgendwie angesprochen. Ich schämte mich unter ihren »Dir zeigen wir es schon noch«-Blicken.

Mein Vater verabschiedete sich von den Erwachsenen. Zu mir sagte er im Davoneilen: »Benimm dich ja anständig! Du weißt, was dir sonst blüht!« – und weg war er.

So viel hatte er selten an einem Stück mit mir gesprochen. Von diesem Tag an war er für mich ein Verräter.

## Heimleben

Klingenschmidt, seine Frau und Tante Ella verließen mit mir die Wohnung. Wir gingen nach unten in den Essenssaal. Dort sah ich zum ersten Mal die anderen Kinder. Sie saßen an verschiedenen Tischen, Jungen und Mädchen getrennt, immer zu sechst oder siebent. Nur die Kleinen hatten einen größeren Tisch, an dem sie alle fünfzehn zusammen waren. Es war ganz still. Einige Kinder waren älter als ich, andere viel kleiner, erst drei oder vier Jahre alt. In der Mitte des großen Saals stand der sogenannte »Tantentisch«, an dem fünf oder sechs Frauen saßen, offensichtlich Betreuerinnen.

Als wir hereinkamen, sahen alle auf mich. Ich war sehr verunsichert.

Klingenschmidt stellte mich vor und, ich traute meinen Ohren nicht, als ich hörte, was er da sagte: »Das ist hier Marianne Döring. Wir werden mal sehen, was für ein Herzchen wir uns da eingehandelt haben. Was ich bisher von ihr gehört habe, lässt ja allerlei erwarten, aber weiß Gott nichts Gutes. Das heißt, haltet euch bei der erst mal zurück.«

Ich wäre am liebsten im Boden versunken.

### Die Mahlzeiten

Man wies mir irgendwo am Mädchentisch einen Platz zu, und ich machte mich so klein wie möglich.

Klingenschmidt ging zur Tagesordnung über. Er nahm am Kopfende des Mitteltisches Platz und sagte: »Ihr wisst ja, heute ist Muttertag. Denkt darüber nach, was Tante Klingenschmidt, meine liebe Frau, euch stets Gutes tut. Heute zum Beispiel gibt es den ersten frischen Salat in diesem Jahr und sehr leckeres Essen. Das hat sie für euch ausgesucht. Seid dankbar dafür und freundlich zu ihr.«

Dann sprach er ein längeres Tischgebet, in das er seine »liebe Frau« besonders einbezog. Alle reichten sich die Hände und wünschten einander guten Appetit.

Ich schaute mich vorsichtig um. Jedes Kind blickte auf seinen Teller. Also machte ich es ihnen nach. Beim Essen durfte nicht gesprochen werden. Nur die Erwachsenen am Mitteltisch unterhielten sich gedämpft, denn ihre Worte gingen die Kinder nichts an.

Das Essen schmeckte an diesem Sonntag wirklich, aber ich fühlte mich nicht gut. Nur um nicht aufzufallen, schob ich automatisch Löffel für Löffel in den Mund, so wie alle anderen. Endlich war auch ich, als Letzte am Tisch, fertig. Ich stellte fest, dass alle Teller blitzblank ausgekratzt waren. Niemand hatte etwas übrig gelassen.

Später, nach einigen Tagen, merkte ich, dass es beim Essen ohne zu flüstern und mit Hilfe von Zeichensprache nicht ging. Meistens gab es nämlich Eintöpfe, und darin schwamm ekliges fettes Fleisch, Speck oder richtige Schweineschwartenstücke, an denen noch die Borsten hingen. Man musste irgendwie versuchen, zu tauschen oder solche Dinge anders loszuwerden, wenn man sich nicht übergeben wollte. Und das wäre das Letzte gewesen, denn dann hätte man alles wieder aufessen müssen.

Das war nur eine der vielen Strafmaßnahmen. Ich habe das oft genug, besonders bei den Kleinen, gesehen. Jeder Teller musste leer sein, egal, wie viel und was darauf war.

Erbrechen wurde als Widerstand und Aufsässigkeit gesehen, und das war etwas sehr Schlimmes. Nur selten übergab sich jemand von uns, denn das jeweilige Kind wurde so bloßgestellt und bestraft, dass wir alle versuchten, uns diese Qual zu ersparen.

Manchmal war das nicht so leicht, wenn jemand eine Mahlzeit so gar nicht mochte. Aber es gab kein Entrinnen. Tante Ella füllte jeden Teller für jedes Kind persönlich. Mittags ging es noch, aber abends musste man einen ganzen tiefen Teller Eintopf vom Mittag essen, und danach einen ganzen tiefen Teller Milchsuppe, gekocht aus Trockenmilch mit Nudeln, Haferflocken, Mehlklümpchen oder Reis, dazu noch eine Scheibe Graubrot. Die Heimleitung wollte sich nicht nachsagen lassen, die Kinder seien schlecht genährt.

Bis heute habe ich den Ton von Tante Ellas Stimme im Ohr: »Marianne Döring, quatsch nicht dauernd, halt gefälligst deinen Mund.«

»Ich habe gar nicht gesprochen«, kam von mir.

»Aha, auch noch Widerworte geben, halte jetzt die Klappe und sei still!« War ihr Ton bereits scharf gewesen, klang sie nun verärgert.

Jahrzehntelang hasste ich meinen Namen aufgrund dieses regelmäßig wiederkehrenden Satzes von ihr. Es war egal, ob ich gesprochen hatte oder nicht. Es war der Ton, die Verachtung, die in ihrer Stimme lag, die so verletzend war.

*Der Mädchenschlafraum*

In unserem Schlafraum der »großen Mädchen« standen zwanzig Betten. An den Wänden waren sieben Etagenbetten aufgereiht, sechs einzelne Betten standen in der Mitte. Ein großes Fenster ging zum Garten hinaus. Direkt dahinter begann der Wald. Ein kleines Fenster ging zum Heizungskeller. Hier beobachteten wir abends vom Bett aus, wenn wir nicht schlafen konnten, die Ratten. Sie liefen auf der Mauer zum Heizungskeller entlang, sie stritten und bissen sich. Man konnte sie beinahe mit uns vergleichen. Wir verhielten uns untereinander oft ähnlich.

Unsere Kleidung hatte jeder ordentlich auf seinen Hocker abzulegen. Außerdem gab es in unserem Raum einen Regalschrank mit zwanzig Fächern. Dort war der Platz für unser Eigentum, wenn wir denn so etwas besaßen. Aber die wirklich wichtigen Dinge ließ man dort besser nicht liegen. Immer wieder wurden Sachen durchwühlt, geklaut und von den Betreuerinnen kontrolliert und kommentiert.

Bevor wir ins Bett gingen, hatten wir uns vor den Augen der Betreuerinnen zu waschen. Oft waren sie aber anderweitig beschäftigt. Dann ließen wir das Ganze einfach ausfallen, denn es gab sowieso nur vier Waschbecken mit kaltem Wasser. War »Kontrolle« da, stellten wir uns hintereinander in Reihen auf und warteten, bis wir dran waren. Das war natürlich todlangweilig. Eines Tages erwischte mich Tante Gisela deshalb dabei, wie ich in der Schlange stehend in einem Schmöker las. Jürgen K. aus der »Große-Jungen-Gruppe« hatte ihn mir ausgeliehen. Es war ein echter Liebesroman. Eigentlich hatten Jungen und Mädchen überhaupt keinen Kontakt miteinander. Nur der Schulweg der »Stadtkinder« bildete eine Ausnahme.

Tante Gisela hatte sich leise von hinten an mich herangeschlichen, mir dann blitzschnell das Heft aus der Hand gerissen und das Titelbild betrachtet, auf dem ein Mann hinter einer nackten Frau herschwamm. Spöttisch rief sie: »Typisch Marianne Döring!«, und rannte dann triumphierend damit zu Klingenschmidt hoch, um mich zu verpetzen. Die Strafe folgte am Freitag darauf – wie immer nach der Andacht. Aber davon später mehr.

Waren wir im Bett, hatte sofort Ruhe zu herrschen. Jede Unterhaltung war verboten. So blieben wir stumm. Jede behielt ihre Sorgen und Nöte für sich. Wir wussten, hinter der nur angelehnten Tür, lauschte in regelmäßigen Abständen eine Betreuerin. Nur Tante Margot machte dabei nicht mit. Sie war herzlich und freundlich, sie war ziemlich dick mit einem riesigen Busen und rote Backen. Tante Margot erzählte uns manchmal Geschichten von Rübezahl, denn sie kam aus dem Riesengebirge. Abends sang sie uns wunderschöne Lieder vor. Manchmal waren die auch traurig, und ich musste leise weinen. Tante Margot wohnte nicht im Heim, sondern war verheiratet und hatte auch einen kleinen Sohn, den wir schon kennengelernt hatten.

Ein oder zweimal im Jahr machte sie für alle Kinder Hefeklöße mit Backobst zum Abendbrot. Da schlugen wir richtig zu. Ich schaffte von den Mädchen die meisten. Manchmal bis zu sieben Stück, aber die Jungen schlugen alle Rekorde. Da kam auch ich nicht mit.

*Allgemeine Regeln*

Von Anfang an hatte ich einen schweren Stand im Heim, obwohl ich »privat« war. Das hieß, es gab auch einige Privilegien für mich. Außerdem hieß privat, dass ich nicht durch »die Fürsorge« ins Heim »eingewiesen« worden war, sondern praktisch »von selbst« gekommen war.

Das war auch bei einigen wenigen anderen Kindern der Fall. Da gab es Evi K. Ihr Vater war Kunstmaler, ihre Mutter tot, Geschwister hatte sie keine. Oder die sogenannten Deister-Mädchen. Sie waren drei Schwestern, Helene, Charlotte und Susanne P. Ihre Eltern waren Botschafter oder Diplomaten in China und aus politischen Gründen dort ins Gefängnis gekommen.

Die drei Mädchen waren die Lieblingskinder aller Erwachsenen. Aus Hamburg meldete sich in regelmäßigen Abständen ihr Vormund und ließ dem Heim Spenden zukommen. Manchmal gab es für alle Kinder frische Ananas, grünen Salat oder sogar eine Portion Eis. Der Vormund wurde immer lobend von Herrn Klingenschmidt erwähnt, und wir wurden ermahnt, ihn in unsere Gebete einzuschließen und dankbar zu sein. Wir beneideten die drei Mädchen um ihr Glück, so jemanden zu haben.

Auch der »schöne Robert M.«, den wir Mädchen alle toll fanden, gehörte zu den »Privaten« und genauso Jürgen K. Wir alle durften die höheren Schulen besuchen, das hieß, wie auch in meinem Fall, die Mittelschule. Die Deister-Mädchen gingen sogar auf das Gymnasium. Der Rest der Kinder besuchte gemeinsam die Volksschule, bis auf eine Gruppe von etwa fünfzehn Kindern, die auf die sogenannte Hilfsschule außerhalb des Heimes gingen.

Dass das Heim ein kirchliches war, merkte man nur daran, dass wir vor und nach jeder Mahlzeit beteten und freitags in Klingenschmidts Wohnung zur Andacht mussten, was aber nur die größeren Kinder betraf. Sonntags gingen wir selbstverständlich in den Gottesdienst. Dass, was ich von meiner Mutter über christliche Nächstenliebe gelernt hatte, wurde hier aber nicht praktiziert.

Wir waren ungefähr achtzig Kinder zwischen drei und sechzehn Jahren und alle aus unterschiedlichen Gründen im Heim gelandet. Warum wir hier waren, darüber durften wir untereinander nicht sprechen. Wahrscheinlich wären einige von uns schockiert gewesen, wenn sie erfahren hätten, was an innerfamiliärer Gewalt bis hin zu sexuellem Missbrauch bei manchem Kind bereits vorgefallen war. Die meisten Kinder hielten sich an diese Regel, aber ich erfuhr doch einiges über sie.

Freundschaften waren streng verboten. Da wir nicht miteinander über unsere Herkunft sprechen durften, war es auch schwierig, persönlichere Verbindungen untereinander zu knüpfen. In diesem Heim musste jedes Kind alleine mit seinen schlimmen Erlebnissen fertigwerden. Nur im Zwiegespräch mit sich selbst. Entstand trotzdem hier oder da eine engere Bindung zwischen zwei Kindern, wurde jedes Mittel genutzt, diese schnellstens wieder zu unterbinden.

Die Vorstellung, hier Freunde zu finden, nicht mehr allein sein zu müssen, hatte ich also schnell aus meinem Kopf verbannen müssen. Hier war jeder allein! Misstrauen, Neid und Intrigen gehörten genauso zum Alltag wie Prügel und andere kleine Bösartigkeiten. Jeder versuchte irgendwie, zu überleben.

Wenn wir abends im Bett lagen, fühlten sich manche von uns sehr einsam und allein. Oft hörte ich von irgendwo im Schlafsaal ein leises, unterdrücktes Schluchzen. Auch mir selbst ging es häufig so, aber ich war nicht fähig, jemanden zu trösten, zumal wir nicht sprechen durften, geschweige denn das Bett verlassen. Niemals hätten wir zu zweit in einem Bett liegen dürfen. Das wäre als eine »Schweinerei« geahndet worden.

Warum, war für uns völlig unverständlich, aber wir wussten, wenn wir zu zweit erwischt würden, hieß es sofort: »Hoch zu Onkel Klingenschmidt.« Und darauf wollte es natürlich niemand ankommen lassen.

Die Jungen hatten ihre Zimmer im oberen Stockwerk, sehr nahe der Klingenschmidtschen Wohnung. Damit standen sie jederzeit unter besonders strenger Beobachtung. Während das für uns Mädchen seltener der Fall war, wurden sie immer wieder mit Prügelstrafen von Klingenschmidt bedacht. Eine Ausnahme schien hier nur ich zu sein.


*Renate B.*

Ich bekam einen der letzten freien Plätze an der evangelischen Möser-Mittelschule. Obwohl ich immer eine sehr gute Schülerin gewesen war, hatte ich nun große Schwierigkeiten. In Niedersachsen benutzte man andere Lehrbücher als in Westfalen und offensichtlich auch andere Lehrmethoden. Außerdem war man mit dem Stoff in allem weiter als an meiner Schule in Bünde.

Die Umstellung gelang mir nur mühsam und langsam. Ich musste mich an so vieles gewöhnen und fühlte mich fremd und hilflos. Kaum begann ich, mich in meiner Klasse einzugewöhnen und Fuß zu fassen, da kam Renate B. in unser Heim. Sie hatte keine Eltern, aber eine wohlhabende Tante mit einem großen Bauernhof. Renate wollte um jeden Preis auch auf eine Mittelschule, und sie wollte dabei nicht alleine sein.

Die Möser-Mittelschule war voll. Also nahm Klingenschmidt mich kommentarlos von der Schule. Mein Vater hatte ihm ja sämtliche Vollmachten überlassen. Ich wurde gar nicht gefragt und war machtlos. Fortan besuchte ich mit Renate zusammen die katholische Backhaus-Mittelschule. Ich konnte diese reiche und zickige Renate nicht leiden. Sie war größer als ich, selbstsicherer und stärker. Sie behandelte mich herablassend und so, als wäre sie etwas Besseres als ich.

Nach zwei Monaten musste sie die Schule wieder verlassen. Es war zu schwer für sie. Ich blieb zwar, scheiterte aber, weil ich nie wirklichen Anschluss in dieser wiederum neuen Klasse fand. Gerne wäre ich von Anfang an mit den anderen Kindern einfach in die Volksschule gegangen, nur um mit ihnen zusammen zu sein. Von alleine hätte ich mich nicht getraut, danach zu fragen oder das Thema zu berühren.

In Bünde hatte ich die Prüfung fürs Gymnasium gemacht und mit Bravour bestanden, aber mein Vater wollte kein Schulgeld bezahlen. Wenigstens konnten die Lehrer ihn davon überzeugen, mich die Mittelschule besuchen zu lassen, die etwas weniger kostete.

Einen Vorteil hatte es jedoch, dass ich nun als Stadtkind ganz alleine meine Schule besuchte: Es gelang mir bald, meinen Stundenplan so zu manipulieren, dass mein Unterricht niemals später als um acht Uhr begann. Damit entfiel für mich die ganze Prozedur des Kartoffelschälens.

*Kartoffelschälen*

Morgens, um sechs Uhr wurden alle Schulkinder geweckt. Die Volksschüler frühstückten gemeinsam im Essenssaal, die Stadtschüler, weil sie früher los mussten, stehend in der Küche. Daneben saßen schon die Kartoffelschäl-Kinder. Das waren die, die erst später Unterricht hatten. Sie aßen erst, wenn sie ihre Arbeit erledigt hatten.

Für jedes Schulkind gab es einen Pott Malzkaffee mit Milch und zwei zusammengeklappte Graubrotscheiben – oben mit Vierfruchtmarmelade, unten mit Margarine beschmiert. Ich hasste diese Klappstullen.

Wer nicht um acht Uhr in der Schule zu sein hatte, musste in die Küche, die im kalten Keller lag, zum Kartoffelschälen antreten. Das war schlimm, die Kartoffeln stanken widerlich, denn es waren stets verfaulte darunter. Zuerst gab es immer einen Kampf um den besten Kartoffelschäler. Wohl dem, der einen eigenen besaß. Meiner war ein Weihnachtsgeschenk von meiner »fürsorglichen« Schwester gewesen. Damit ging es mir relativ gut, aber so früh am Morgen waren wir alle müde, es war dunkel und zugig. Wir stritten darum, wer auf welchem Platz sitzen konnte oder einfach nur um die Kartoffelschäler, bis ein Erwachsener für sofortige Ruhe sorgte. Unsere Hände waren bald klamm, wir froren dort sogar im Sommer. Es musste fast bis zur letzten Minute vor unserem Abmarsch zur Schule geschält werden. Im Schnitt dauerte es drei bis vier Stunden, ehe genügend Kartoffeln geschält waren.

In jedem Herbst mussten wir den Kartoffelkeller von den verfaulten Kartoffeln reinigen und dann neue einkellern. Obwohl wir viele Kinder waren, dauerte das einen ganzen Tag, manchmal auch zwei. Anschließend stanken wir alle genau so ekelig wie die verfaulten Kartoffeln. Es war widerlich. Man glaubte, den Geruch nie wieder loszuwerden. Später erfuhr ich aus einem alten Zeitungsartikel über das Heim, dass die Kartoffeleinkellerung immer mit einem kleinen Fest begangen wurde, aber daran kann ich mich beim besten Willen überhaupt nicht erinnern. Nur an den Gestank.

*Backhaus Mittelschule*

Ich ging immer um halb acht Uhr los. Der Unterricht begann um acht Uhr pünktlich. Hatte ich jedoch erst um 8.45 Uhr Schule, benutzte ich diese freie Stunde, um meine Schulkameradin Marianne W. von zu Hause abzuholen. Manchmal durfte ich dort auch frühstücken oder schrieb schnell noch ein paar nicht gemachte Hausaufgaben ab. Mit einigen Mädchen aus meiner Klasse verstand ich mich später doch richtig gut.

Da war zum Beispiel die zarte Steffi B. mit langen roten Haaren. Sie hatte so ihre Schwierigkeiten in Deutsch. Ich schrieb manche Aufsätze oder Referate für sie, erklärte ihr auch sonst noch manches, übte sogar Diktate mit ihr. Sie hatte immer die leckersten Schulbrote, die man sich vorstellen konnte. Ihre Eltern besaßen eine große Schlachterei.

Nicht nur Schinken in doppelter Lage packte ihre Mutter auf die Brote, erst einmal schmierte sie ganz dick »gute« Landbutter darauf. Und das alles nicht auf so labbriges Graubrot, sondern auf frisches Bauernbrot mit knackiger Kruste. Und ganz obenauf kam manchmal noch ein Spiegelei. Ich konnte mir nichts Schöneres vorstellen! Steffi verschenkte ihre Brote regelmäßig – meistens gab sie sie mir.

Auf den Schulbroten vom Heim hatten wir immer orangefarbenen Chesterkäse aus der Dose, eine der vielen Lebensmittelspenden der Amerikaner. Ich hasste ihn, daran hat sich auch im Laufe der Jahre nichts geändert.

In den Pausen konnten sich alle Kinder beim Hausmeister eine Viertelliterflasche Milch oder Kakao für 10 oder 12 Pfennig kaufen. Viele hatten das Geld dabei. Ich beneidete sie. Doch bald fand ich auch dafür eine Lösung.

Wenn es klingelte und alle Kinder wie wild in ihre Klassen stürmten, wartete ich, bis der Tumult vorüber war, um dann schnell zu den Kästen mit den leeren Flaschen zu flitzen. Ich suchte die Flaschen mit Resten heraus und trank aus, was übrig geblieben war. Dafür nahm ich den Rüffel fürs Zuspätkommen gern in Kauf. Was blieb, war aber ein bitterer Nachgeschmack. Wenn ich auch niemals dabei erwischt worden war, schämte ich mich für dieses Verhalten – vor mir selbst.

*Tante Ella*

Kamen wir aus der Schule zurück ins Heim, gab es Mittagessen. Alle Mahlzeiten waren schlimm, denn wir wurden immer gezwungen, zu essen, was wir auf unseren Tellern vorfanden. Niemals konnten wir selbst über die Menge entscheiden, schon gar nicht, ob wir eine Mahlzeit mochten oder nicht.

Nach dem Essen wurde das Geschirr von den dafür eingeteilten Mädchen zusammengeräumt und in die Küche im Keller getragen. Dort hatten sie alles abzuwaschen, die großen Töpfe und Pfannen zu schrubben und in Schränke und Regale zu räumen. Die Aufgabe der Jungen war es indessen, die Tische abzuwischen, die Stühle hochzustellen, den Fußboden zu fegen und dann die Stühle wieder herunterzustellen.

Danach saßen wir alle zusammen in dem nun sauberen Saal und hatten Hausaufgaben zu machen. Tante Ella teilte genau ein, wer was zu tun hatte. Sie war die Dominanteste, die immer Bestimmende, die Strengste von allen. Eine Mittdreißigerin mit pechschwarzem Haar, durch das sich erste graue Fäden zogen, und einer chronisch heiseren, Stimme die wir niemals überhörten. Sie kontrollierte auch alle unsere Hausaufgaben.

Frau Klingenschmidt kam meistens später dazu und war insbesondere für Englisch und Mathe zuständig. Vor allem aber kümmerte sie sich um die Deister-Mädchen. Dennoch, mit Tante Ella stand und fiel der ganze Laden. Sie wurde von den Kindern ebenso wie von den Erwachsenen respektiert – und gefürchtet.

Wenn einmal etwas nicht so klappen wollte, wie es nach Tante Ellas Meinung zu klappen hatte, egal ob mit dem übrigen Personal oder mit den Kindern, stand »Onkel Klingenschmidt« hinter ihr wie eine Eins. Der fragte gar nicht erst nach Gründen.

Während Tante Ella nachmittags meine Aufgaben kontrollierte, beobachtete ich sie stets sehr genau, um so schnell wie möglich erste Anzeichen von Missbilligung wahrzunehmen und mich dagegen zu wappnen. Ich kannte jede einzelne Falte auf ihrer Stirn, um die dunklen Augen und um ihre Mundwinkel. Ich fragte mich manchmal, warum sie so viele Adern auf den Handrücken hatte. Ob sie früher schon so viel hatte arbeiten müssen? Vielleicht war sie auch darum so dünn und gleichzeitig so stark.

Sie war immer sehr nervös, aber ich hatte das Gefühl, dass sie tatsächlich sehr um Gerechtigkeit bemüht war. Vielleicht bewunderte ich auch nur ihre Stärke, ihr Durchsetzungsvermögen.

Eines Tages, Tante Ella war gerade wieder dabei, meine Aufgaben zu kontrollieren, da erschien mir ihr Gesicht anders als sonst. Und sie war an diesem Tag besonders kurz angebunden. Warum, verstand ich nicht. Jedenfalls schien sie sich nicht gut zu fühlen. Vorsichtig fragte ich: »Tante Ella, du siehst heute so ganz anders aus. Deine Backen sind auch dick. Bist du krank?«

Zunächst sah sie mich erstaunt an, sprang dann wütend auf und rannte aus dem Saal. Fünf Minuten später wurde ich zu »Onkel Klingenschmidt« beordert.

Es hieß, ich hätte Tante Ella beleidigt. Mir verschlug es die Sprache. Ich hatte ihr doch nur mein Mitgefühl zeigen wollen. Sie hatte mir einfach leidgetan.

*Genau*, dachte ich, *egal, was man in diesem blöden Haus auch sagt oder tut, immer wird etwas Schlechtes daraus gemacht. Die wollen uns nicht verstehen! Die sehen in jedem von uns entweder einen Blödmann oder etwas Asoziales oder Kriminelles. Wir haben keine Chance, und das wird auch nie anders werden.* Ich war enttäuscht und traurig.

Später erzählten mir andere Kinder, dass Tante Ella beim Zahnarzt gewesen war, der hatte ihr mehrere Zähne gezogen. Alle sollten deshalb besonders leise und rücksichtsvoll sein, hatte Klingenschmidt beim Essen gesagt. Ich war nicht dabei gewesen, weil ich an diesem Tag später aus der Schule kam und war dann stattdessen mit meiner »taktlosen Frage« herausgeplatzt.

Nichts blieb ungestraft. Bald darauf war Nikolaustag. Mein Schuh blieb als einziger leer.

Nach den Hausaufgaben, die bis drei Uhr nachmittags angesetzt waren, versammelten sich alle Kinder im hinteren Teil des

Essensraums, auch »kleiner Saal« genannt. Dort wurde Kaffee getrunken. Es gab einen dünnen Muckefuck und eine Scheibe Weißbrot mit der immer gleichen Vierfruchtmarmelade sowie eine Scheibe Graubrot nur mit Margarine.

Wer seine Schulaufgaben noch nicht fertig hatte, für den gab es zwanzig Minuten »Toleranzzeit«. Obwohl ich meistens nur einen Bruchteil meiner Aufgaben geschafft hatte, nahm ich diese Zeit niemals in Anspruch und ließ nur das Nötigste von Tante Ella nachsehen. Ich bat sie auch nie um Hilfe, denn ich wollte einfach nicht meine eigene Dummheit zur Schau stellen. Es war ohnehin alles so schwer erträglich, da konnte ich nicht noch irgendwelche Vorwürfe ertragen.

Am nächsten Tag schrieb ich lieber von meinen Klassenkameradinnen ab, sofern sie mich ließen. Das war nicht oft der Fall, denn mit Heimkindern wollten die meisten von ihnen auch nicht viel zu tun haben, außer Marianne W. Bei den Lehrern spürte ich das noch deutlicher. Ich sah für mich keine wirkliche Chance. Weder im Heim noch in der Schule. Das alles kannte ich schon aus Bünde und Hunnebrock. Da hatte es geheißen: »Flüchtlingspack, haut wieder ab.« Hier hieß es: »Heimkind« und außerdem »Flüchtlingskind«. Die allgemeine Ablehnung war deutlich.

*Mein Schulweg*

Die Regeln im Heim waren streng. Niemals konnte man sich zurückziehen. Bei jedem Gang hatte man sich abzumelden, beim Zurückkommen wieder anzumelden. Ständig hieß es »kann ich bitte zur Toilette gehen?« oder »ich komme von der Toilette«, »ich habe um acht Uhr Schule und gehe jetzt los« oder »ich hatte bis 13.30 Uhr Schule und bin jetzt zurück«. Es war wirklich ein Theater.

*Sie wollen wissen, wann und wie oft wir pinkeln müssen, aber wie es uns wirklich geht, das interessiert keinen Menschen!*

Zur Schule durften nur wir »Stadtkinder« alleine gehen, die anderen wurden von einer Betreuerin begleitet. Ich hatte auf meinem Schulweg immer Angst, seit mir in dem Waldstück zwischen Heim und Straßenbahnhaltestelle einmal ein nackter Mann aufgelauert hatte. Selbst wenn ich bummelte, brauchte ich höchstens zehn Minuten für den Weg. Und trotzdem hatte ich Angst. Seit dem Anblick des nackten Mannes flitzte ich meistens aber wie ein Hase bis zur Straßenbahnhaltestelle.

Als ich später meiner Schwester von dem Mann erzählte, erklärte sie mir sehr überzeugend, dass Mörder und Verbrecher morgens schliefen und erst am Abend ihre schlimmen Dinge täten. Mit dieser Erklärung wurde der Weg für mich irgendwie erträglicher.

Auf dem Heimweg von der Schule sah ich von der Straßenbahn aus häufig »Onkel Klingenschmidt« mit seinem geliebten Schäferhund »Hasso« spazieren gehen. Meistens war er betrunken. Ich ekelte mich vor seinen glasigen Augen, dem weißlichen Schleim in den Mundwinkeln, der stinkenden Zigarre zwischen den Lippen und seinem salbungsvollen Gerede.

Ich wich ihm aus, obwohl ich wusste, dass er den Kindern, die er unterwegs traf, durchaus mal ein Eis spendierte. Einerseits hätte ich liebend gerne auch ein Eis bekommen, andererseits waren die anderen immer zu mehreren und ich ganz alleine. Ich traute ihm nicht über den Weg.

Jahrelang habe ich ihn dabei beobachtet, wie er nachts in unser Schlafzimmer, den Raum der »großen Mädchen«, kam. Mit einer Taschenlampe kontrollierte er, ob wir schliefen, und streichelte dabei über nackte Pos, von denen die Zudecken heruntergerutscht waren. Dann deckte er sie ordentlich zu.

Ich schlief schlecht im Heim, träumte wieder viel von tiefen Löchern, in die ich hinabstürzte, und von anderen bedrohlichen Situationen, in denen ich wie gelähmt war, mich einfach nicht mehr bewegen konnte und schon gar nicht fliehen.

Wenn ich dann im Dunkeln aufwachte, weinte ich vor Angst und Sehnsucht nach meiner toten Mutter, die ich für immer verloren hatte.

Betrat Klingenschmidt den Raum, stellte ich mich schlafend und sah ihm zu, wie er »seine Runde drehte« und dann leise wieder verschwand.

*Briefe und Pakete*

Dass es neben dem Heim und der Schule noch ein anderes Leben gegeben hatte, vergaß ich meistens, aber dann kam plötzlich ein Luftpostbrief aus Amerika für mich. Der lag auf dem Schränkchen neben der Essensausgabe. Natürlich war er schon geöffnet und kontrolliert worden, aber das war mir egal. Der Brief lag dort für alle anderen Kinder sichtbar, und sie beneideten mich darum, denn selten bekam jemand Post außer mir – und aus Amerika schon gar nicht.

Mein großer Bruder Konrad war inzwischen nach Amerika ausgewandert. Ich liebte Konrad heiß und innig für seine Briefe. Er schrieb, dass er nun ein amerikanischer Soldat sei und in Texas ausgebildet würde. Dort sei es furchtbar heiß und trocken und die Ausbildung sehr anstrengend. Die Chefs würden die einfachen Soldaten richtig quälen und am liebsten würde er wieder abhauen, aber das sei ganz und gar unmöglich.

Ich schrieb ihm nicht zurück. Das wäre zu aufwendig und zu teuer gewesen zur damaligen Zeit. Außerdem hätte im Heim für derlei »Pipifax« niemand Verständnis gehabt. Keine Extrawürste also, aber ich dachte viel an ihn, und er tat mir schrecklich leid.

Hin und wieder schickte meine Schwester mir ein Paket mit Anziehsachen. Lieber hätte ich, wie die anderen Mädchen, ein Kleid aus der Frauengemeinde getragen. Die Frauen nähten sie für uns Heimkinder, und man durfte sich den Stoff und die Farbe aussuchen. Sie strickten auch Kniestrümpfe aus brauner Wolle für uns. Aber mit denen hatte ich große Probleme, weil die Gummis so eng saßen, dass ich mit 13 Jahren bereits erste Krampfadern bekam.

In dem Paket von Lilo waren auch ein paar Frottee-Handtücher, die ich sehr mochte. Sie wurden nicht so schnell steinhart nach dem Waschen wie die dünnen, gekörnten Stoffhandtücher, die wir vom Heim bekamen. Das Wichtigste waren aber bei Weitem die vielen Süßigkeiten. Pfefferminzbruchschokolade, tannenbaumförmige Dauerlutscher, Himbeer-Bonbons, Esspapier, Schokoladenplättchen mit weißen Krümeln darauf und Puffreisschokolade. Ich schwelgte wahrlich im Luxus. Sicher hatte meine Schwester ein schlechtes Gewissen, aber das hätte sie nie zugegeben. Die beigelegten Briefe waren wie immer kurz und nüchtern – ausschließlich mit Hinweisen, mich gut und ordentlich zu benehmen. Niemals fragte sie, wie es mir ginge.

Meine Schwester hatte nämlich auch dafür gesorgt, dass ich diese Dinge alle sofort bekam und sie nicht, wie bei anderen Kindern, erst im Schrank eingeschlossen und in kleine Portionen eingeteilt wurden. Ich konnte so viele Süßigkeiten auf einmal essen oder verschenken wie ich wollte. Ersteres tat ich auch. Ich aß, bis ich mich übergeben musste. Danach aß ich weiter, bis alles aufgegessen war. Ich war maßlos und gierig.

Fürs Verschenken hatte ich nicht mehr so viel übrig wie früher. Eigentlich war ich immer freigiebig, offen und freundlich gewesen. Selbst mein letztes Bonbon habe ich an jeden verschenkt, der keins hatte. Inzwischen hatte ich mich so verändert, dass ich meine Schätze nur noch mit denen teilte, die nett zu mir waren und sich als Freundinnen anboten. Und ich verschenkte meine Süßigkeiten meistens auch erst, wenn ich mich selbst satt gegessen hatte.

Die Betreuerinnen, besonders Tante Ella, zeigten überhaupt kein Verständnis für derartige Extra-Würste, aber sie sagten nichts dazu. Es gab genügend Situationen im Alltag, in denen sie jemanden wie mich fühlen lassen konnten, was sie davon hielten und dass sie mich nicht mochten. Vor allem, weil ich nicht wirklich kleinzukriegen war, sondern oft mutig widersprach.

*Aber wen mögen die denn überhaupt?*, dachte ich oft und zunehmend resigniert. Wir hatten niemanden, der sich für uns einsetzte. Keiner wusste, wie wir lebten, und niemanden interessierte es wirklich. Es gab kein Amt, keinen Arzt, keine Heimaufsicht, keine Verwandten, bis auf wenige Ausnahmen, die sich um ihre Sprösslinge kümmerten. Doch die Macht hatten andere. Es war Nachkriegszeit. Man konnte niemandem trauen.

Hätten wir gewagt, uns zu beschweren, hätte man uns sicher empört gesagt, wir sollten doch froh und dankbar sein, dass wir hier versorgt würden. Es sei warm und gab täglich etwas zu essen. Prügel gab es auch zu Hause und in den Schulen, das war für uns nichts Ungewöhnliches. Aber diese absolute Unfreiheit, die vielen Schikanen und die Unterdrückung der Einzelnen, das machte mürbe. Es gab keine Rechte, nur Pflichten, die darin bestanden, Ordnung und Disziplin zu wahren. Alles andere spielte keine Rolle.

## Gottesdienst – wenn es sein musste, auch mit dem Rohrstock

Auch die Kirche spendete weder Trost, noch sah jemand unsere wirkliche Lage. Jeden Sonntagmorgen gingen wir in den Gottesdienst. Wir Schulkinder mussten gemeinsam immer am Erwachsenen-Gottesdienst teilnehmen. Die Lutherkirche war lausig kalt, selbst im Sommer. Besonders langweilig und unverständlich waren die Predigten von dem strengen Pastor Herrig. Bei ihm hatten wir auch unsere zweijährige Konfirmandenzeit abzuleisten. Das stumpfe Auswendiglernen langer Bibeltexte, die wir selten verstanden, strengste Disziplin und der Druck, bei Fehlverhalten von der Konfirmation ausgeschlossen zu werden, sorgten dafür, dass unser Interesse an Glaubensfragen schwand. Dabei hätte ein wirklicher Glaube manchem von uns vielleicht Halt gegeben, eine Richtung gewiesen oder sogar das Leben gerettet. Aber so wie unser Leben im Heim von Strafen und Sanktionen geprägt war, wurde uns auch in der Kirche nur von einem strengen, strafenden Gott gepredigt.

Freitagabends, nach dem Abendessen, mussten wir »Großen« in Klingenschmidts Wohnzimmer zur Andacht antreten. Wir beteten, wir sangen Kirchenlieder, was ich ja eigentlich schön fand, dann beteten wir wieder. Zwischendurch las Klingenschmidt aus der Bibel. Wir beteten erneut, wir sangen – und warteten mit gemischten Gefühlen auf das Ende der Andacht. Denn nach der Andacht kam die wöchentliche Abrechnung aller unserer bösen Taten.

An mir rauschte bald die gesamte Andacht nur so vorbei. Ich hatte inzwischen gelernt, meine Ohren auf Durchzug zu stellen. Aber an manchen Tagen hasste ich Gott für so viele Gemeinheiten.

Unsere »bösen Taten« bestanden meist nur aus Kleinigkeiten, die aber streng geahndet wurden, und zwar vor den Augen aller Anwesenden. Die Jungen wurden zuerst moralisch fertiggemacht, dann mussten sie sich bücken und bekamen ihre Prügel mit dem Rohrstock. Mädchen wurden seltener so bestraft. Ich war leider eine Ausnahme. Dabei ging es um Widerworte, oder darum, dass ich nicht sofort auf das Wort einer Betreuerin gehört, ja, gespurt hatte. Manchmal war ich erwischt worden, wie ich abends im Bett geredet hatte, noch mal aufgestanden war, um – ohne zu fragen – auf die Toilette zu gehen, denn dazu hatte man selten Ruhe bei zwanzig Kindern und zwei Toiletten.

Einmal wurde ich nach der Freitagsandacht auch dafür bestraft, dass mich Tante Gisela eines »größeren Vergehens überführt« hatte – der Schmöker von Jürgen K. war damit gemeint. Dafür musste ich vortreten und meine Hände ausstrecken. Klingenschmidt schlug diesmal öfter als sonst auf die Fingerspitzen. Ich war nah daran, zu heulen, schaffte es dann aber doch durchzuhalten, ohne mir eine Blöße zu geben, und auch Jürgen verpetzte ich nicht. Später sah man zuerst rote Streifen auf den Innenflächen meiner Hände, dann schwollen die Finger an und wurden ziemlich unbeweglich.

Klingenschmidt muss meinen Widerstand und meine Abneigung gegen ihn und seinen Freund, Pastor Herrig, immer gespürt haben. Wahrscheinlich ließ er mich das fühlen. Zum Glück waren ihm dadurch, dass ich »privat« im Heim untergebracht war, einigermaßen die Hände gebunden. Ein paar Kindern erging es da ganz anders.

## Die »schönen Dinge« im Heim

Im Frühling, im Sommer, im Herbst und im Winter, egal, ob es regnete oder schneite, ging es für uns täglich hinaus in den Wald. Immer nach dem Kaffee im kleinen Saal, teilte Tante Ella uns in drei Gruppen ein. Mädchengruppe, Jungengruppe und die Gruppe mit Kleinen. Das einzig Wichtige für uns dabei war, mit welcher Betreuerin wir unterwegs sein würden, ob sie freundlich oder zickig war.

Ich liebte diese Nachmittage im Wald, in denen wir dem streng strukturierten Heimalltag für wenige Stunden entkamen. Am liebsten gingen wir Mädchen mit Tante Liselotte. Sie war ein friedlicher Mensch und uns gegenüber, jedenfalls draußen, ziemlich tolerant. Manchmal konnte man sich sogar mit ihr unterhalten, Fragen stellen, die sie nicht nur anhörte, sondern auch beantwortete. Wir durften uns die Wege und Plätze im Wald selbst aussuchen. Meistens entschieden wir uns für »die kleine Wiese«, eine Lichtung mit Gebüschen und jungen Birken. Rundherum stand auf einer Seite hoher Buchenwald, auf der anderen ein Tannenwald. Vor uns lag eine Kuhweide, die einen freien Blick ins weite Land ermöglichte.

Wir lagen im Gras, flochten aus Gänseblümchen und Glockenblumen Kränzchen und Armbänder, pflückten Brombeeren, Himbeeren oder Walderdbeeren, je nach Jahreszeit. Häufig spielten wir Verstecken oder Fangen, wir tobten und turnten, aber leider lag auch immer schnell Streit in der Luft. Keiner gönnte der anderen auch nur ein nettes Wort.

Manche Betreuerinnen schwiegen dazu, andere brüllten dazwischen, aber eingegriffen wurde erst, wenn eine Prügelei angefangen hatte. Dabei ging es hart zur Sache. Es setzte Fußtritte gegen das Schienbein, Haare wurden ausgerissen, wir spuckten uns ins Gesicht, schlugen und boxten. Alles unter wilden Beschimpfungen. Voller Zorn und Wut rollten wir irgendwann am Boden – und wussten eigentlich kaum, was wir taten. Uns fehlte jeder Respekt vor uns selbst und vor den anderen.

Manchmal wollten wir im Wald auch in die andere Richtung gehen, zur »großen Wiese«. Die war besonders für Gruppenspiele wie Völkerball oder Schlagball geeignet. Das machte uns auch viel Spaß, hierbei konnten wir uns richtig austoben. Aber selbst dabei drohte schon bei jeder Kleinigkeit, ein Streit auszubrechen. Unsere Stimmung schwankte ständig zwischen Eskalation und Resignation.

Sonntags waren wir etwas freier und durften in kleinen Gruppen und ohne Betreuerinnen im Wald spazieren gehen. Vorher, nach dem Küchendienst, versammelten wir Mädchen uns allerdings erst noch einmal im großen Saal – zum Strümpfestopfen. Da es im Heim kein Radio und auch keine Bücher oder sonstigen Lesestoff gab, schaltete Klingenschmidt für eine halbe Stunde seinen Lautsprecher zum Saal an, und wir konnten beim Stopfen den Kinderfunk hören.

An diesem Tag war das Stopfen nicht so schlimm wie wochentags, denn wir hatten die sauberen Strümpfe vor uns. In der Woche, nach dem Küchendienst, musste abends immer gestopft werden, und die Strümpfe waren hart vom Schweiß und stanken. Besonders die der Jungen.

Und wehe dem Mädchen, dass keine Stopfnadel und keinen Stopfpilz besaß oder wenigstens eine kleine Cremedose. Denn um ein Loch vernünftig stopfen zu können, musste man die Fäden richtig spannen. Dafür brauchte man eine feste Unterlage, eben möglichst einen Stopfpilz. Nur so über die hohle Hand gezogen, funktionierte das nicht richtig bei uns Kindern. Und wir stachen uns oft mit den Nadeln.

Mein Vater, der etwa alle drei bis vier Monate zu einem kurzen Besuch ins Heim kam oder sich mit mir in der Stadt traf, musste mir diese Dinge stets mitbringen. Ich teilte sie mit denen, die nie Besuch bekamen, und er war ärgerlich darüber, dass er mir immer wieder Dosen und Nadeln mitbringen musste.

Waren wir fertig mit dem Stopfen, machten wir uns eilig auf zu einem Waldcafé. Der Weg war weit und die Zeit knapp, aber dort gab es ein kleines Kinderkarussell im Garten. Im Sommer saßen hier Familien und tranken Kaffee. Wir Heimkinder waren sonntags bei jedem Wetter auch hier anzutreffen, sommers wie winters. Den Betreuerinnen war der Weg zu weit. Niemand hat uns dort je beschimpft oder weggejagt. Wir fuhren ohne Pause in dem kleinen Karussell, solange unsere Zeit eben reichte. Dann ging es im Eilschritt zurück. Allerdings mussten wir manchmal eine Pause einlegen, weil sich immer wieder jemand übergeben musste, der vom Karussell einen »Drehwurm« bekommen hatte.

Dann und wann trafen wir Klingenschmidt unvermutet im Wald. Er lud uns dann zu einer Fahrt mit der Sommerrodelbahn ein, die vom Heim nicht weit entfernt lag, oder zu einem Eis. Er gab sich großzügig und erwartete natürlich unsere ganze Dankbarkeit dafür.

Ab und zu gingen wir in den damals noch sehr kleinen Tiergarten, der beinahe vor unserer Tür lag. Zwei Sensationen hatten wir dort schon erlebt: Die eine davon war eine Tigerin, die ihrem Männchen beim Liebesspiel den Schwanz abgebissen hatte, und zwar bis obenhin. Das stand damals sogar in allen Zeitungen. Von den Folgen dieser Rauferei konnten wir uns vor dem Käfig selbst überzeugen. Endlich hatten wir in der Schule auch einmal etwas zu erzählen.

Ein anderes Mal stand ich mit Evi K. bei den Lamas, ein Eis von Klingenschmidt noch in der Hand, da spuckte eines der Tiere ganz plötzlich genau in Evis rosa Eismuschel hinein. Wir hatten gar nicht so schnell gucken können, wie das geschehen war.

Nach kurzem Überlegen entschied Evi sich dafür, ihr Eis trotzdem weiter zu essen. Mir drehte sich fast der Magen um, aber ihr schien das nichts auszumachen. Nun ja, wir waren Heimkinder. Manches sahen wir aufgrund unserer Situation eben anders. Wenn zum Beispiel jemand mal Bonbons hatte, und es ging darum, das letzte zu essen, dann lutschten wir es auch gemeinschaftlich. Es wanderte dann in kurzen Abständen klebrig von einem Mund zum anderen. Natürlich machten wir das nur mit »Verbündeten«.

Ich war auch glücklich, wenn mir beim Mittagessen jemand die eklige Schweineborstenschwarte abnahm und durchaus bereit dafür, von anderen kleine angebratene Speckstücke zu essen. Dieses Geben und Nehmen funktionierte aber nur mit den Kindern, die man mochte. Ansonsten herrschte immer und überall Neid und Missgunst unter uns.

Die »schönste Zeit« im Heim für mich aber war, als ich plötzlich Mumps bekam, und zwar so richtig doll. Auf beiden Seiten wurden meine Drüsen unter den Ohren und am Hals mächtig dick, hohes Fieber kam dazu, und ich sah völlig entstellt aus. Tante Ella ordnete an, dass ich sofort in eines der unteren Betten ziehen müsse, damit ich nicht im Fieberwahn von oben herunterfiele. Tante Liselotte half mir beim Umzug, denn ich konnte kaum stehen. Sonst zogen wir unsere Betten natürlich immer selbst ab und machten sie neu.

Diesmal durfte ich mich in ein frisch gemachtes Bett legen. Um den Kopf hatte ich einen Wollschal geschlungen. Am Hals und um die Ohren herum hatte Tante Ella mich persönlich mit einem wärmenden Öl eingerieben, und diese Stellen unterm Schal zusätzlich mit Watte ausgepolstert. Es tat wirklich alles gemein weh, Tag und Nacht. Ich konnte kaum sprechen, so zugeschwollen und schief war mein Gesicht. Ich dämmerte nur vor mich hin. Aber: Auf dem Hocker neben mir stand ein Becher mit Himbeersaft, der ständig neu gefüllt wurde. Tante Ella kam mindestens zweimal am Tag, sah nach mir und ölte mich frisch ein. Wenn ich aufwachte, waren alle nett zu mir. Eigentlich war mein Mumps fast noch schöner als die Adventszeit.

Die Adventszeit im Heim war wunderschön. Im Essenssaal hing ein riesengroßer Adventskranz von der Decke herab. Er war mit roten Schleifen, Kerzen und Strohsternen geschmückt. Jeden Abend wurden die Lichter angezündet, und wir sangen Adventslieder.

An den halbhohen holzverkleideten Wänden zog sich außerdem ein breites weihnachtliches Band rundherum. Daran waren achtzig gefaltete Briefchen befestigt, die mit einem Stern in der Mitte zugeklebt worden waren. Am Ende der Mahlzeit wurden zwei »nette« Kinder ausgesucht, die sich ein Briefchen aussuchen und vor den Augen aller öffnen durften. Entweder ein Mädchen und ein Junge oder ein älteres mit einem jüngeren Kind. Wir waren alle aufgeregt, und es herrschte gespannte Stille im Raum. Manchmal war ein Bildchen in dem Umschlag, mal ein Luftballon, Zopfspangen oder ein Bonbon. Was es auch war, jeder wollte es unbedingt kurz sehen, wusste es zu würdigen und hoffte, bald selbst an die Reihe zu kommen. Diese heimelige Stimmung hatte ich noch nie in meinem Leben gespürt. Und das nun im Heim.

Der Nikolaustag war wieder ein besonderer Tag für uns alle, denn Süßigkeiten gab es nur im Nikolausschuh. Die Jungen hatten, wie immer nach dem Abendessen, alle Schuhe gründlich geputzt. Diesmal besonders gründlich. Sie standen in langen Reihen im Flur vor dem Esssaal bereit. Wir hielten das Warten bis zum nächsten Morgen kaum aus. Endlich kam das Kommando von Tante Ella: »Schuhe.«

Alle Schuhe und Stiefel waren gefüllt, selbst die der frechsten und am geringsten geschätzten Kinder. Nur mein Schuh war wieder als einziger leer. Ich konnte es nicht fassen!

*Jetzt ist mir das schon zum zweiten Mal passiert,* dachte ich entgeistert. Ich fand es unendlich gemein, und ich hatte einfach keine Ahnung, warum sie das mit mir machten. Damals, beim ersten leeren Nikolausschuh, leuchtete mir der Grund ja noch ein. Angeblich hatte ich Tante Ella wegen ihrer dicken Backe beleidigt, obwohl ich doch eigentlich nur besorgt um sie war. Aber diesmal?

Die anderen Kinder schienen sich auch zu wundern. In manchen Augen sah ich hämische Schadenfreunde, in anderen Mitleid. Niemand verlor ein Wort darüber.

Weihnachten erlebte ich nur einmal im Heim, und zwar im Jahr 1954. Ich durfte damals nicht nach Hause fahren, weil meine Schwester Ende Dezember ihr Kind bekam. Es war ein stimmungsvolles Weihnachtsfest. Nie hatte ich eine solche Atmosphäre zu Hause erlebt. Es war wunderschön.


## Eigene Wege

Manchmal verschwand ich sonntags aber auch ganz alleine. Das war natürlich nur in Absprache mit den anderen Mädchen meiner Gruppe möglich. Meistens musste ich sie bestechen. Das war nicht so schwer. Entweder teilte ich meine Süßigkeiten, ich erzählte ihnen abends im Bett eine ausgedachte Geschichte, oder ich schrieb ihnen für die Schule einen Aufsatz.

Mit meiner Monatskarte für die Straßenbahn konnte ich den Weg bis zu meinem Bruder Axel schaffen, der in Osnabrück inzwischen eine Lehre machte und in einem möblierten Zimmer wohnte. Seine Wirtin stellte ihm zum Wochenende immer zwei Stück selbstgebackenen Kuchen ins Zimmer. Er lud mich zwar nie ein, ermunterte mich nicht, ihn zu besuchen, sondern sagte höchstens: »Du nervst, halt am besten den Mund wenn du hier bist, sonst gehst du mir auf den Keks«, aber er hob den Kuchen auf und aß ihn erst, wenn er sicher war, dass ich nicht mehr kommen würde.

Eine andere Möglichkeit, eigene Wege zu gehen, war für mich das Hüten der Kleinen im Heim. Das übernahm ich gerne, weil ich ihnen Zuwendung geben konnte, mit ihnen reden und singen, ihre Tränen abwischen und versuchen konnte, sie zum Lächeln zu bringen. Sie verstanden noch überhaupt nichts und waren schon kaputt gemacht worden. Gelang es mir, ihre Aufmerksamkeit wenigstens für kurze Zeit zu wecken, gab das auch mir etwas in dieser rauen Heimwelt.

## Axel in Osnabrück

Wenn ich bei Axel vorbeischaute, hatten wir uns nicht viel zu sagen. Im Heim besuchte er mich nie. Die gemeinsame Zeit in Kaltennordheim, in den Lagern, in Bünde und Hunnebrock hatten seine Einstellung, dass ich nur Ballast und »mein Fressen« nicht wert sei, geprägt. Daran hatte sich kaum etwas verändert. Mir war inzwischen bewusst geworden, was das bedeutete. Mein Bruder mochte mich einfach nicht, er hielt mich für doof, für peinlich, für nicht brauchbar. Das würde er natürlich vor niemandem zugeben. Vielleicht hatte er auch ein schlechtes Gewissen seiner diesbezüglichen Gedanken wegen, aber vor mir tat er sich keinen Zwang an.

Axel schämte sich meinetwegen. Besonders schlimm war für ihn, dass ich später auch auf die Backhaus-Mittelschule kam. Er hatte dort mit viel Ehrgeiz und großem Erfolg seine Mittlere Reife gemacht. Nach eigenen Aussagen war er der Lieblingsschüler des strengen Schulleiters Zacharias gewesen. Der Mann hatte seinen großen Fleiß, seine penible Sauberkeit und Ordnung, seine Disziplin und Pünktlichkeit sowie seine tatsächlich vorhandene Leistungsfähigkeit zu schätzen gewusst. Aus Axels Sicht bedeutete das: Endlich war da mal jemand, der ihn entsprechend beurteilte, nämlich so, wie Axel sich selbst sah. Ich hörte nur noch: »Herr Doktor Zacharias hier, her Doktor Zacharias dort« und »der Mann ist ein wirklich kluger Mann. So müssten alle Lehrer sein!«

Und dann kam ausgerechnet seine blöde Schwester an dieselbe Schule. Diese dämliche Geiß, eine Versagerin auf der ganzen

Linie von klein auf, und sie war leider Gottes seine Schwester. Nun blamierte sie ihn vor Herrn Doktor Zacharias. Das einzige Gefühl, dass er im Hinblick auf mich entwickelt hatte, war sein schlechtes Gewissen. Wahrscheinlich nicht einmal Mitleid.

Ich kämpfte mein ganzes Leben lang um seine Anerkennung. Es war hoffnungslos. Nach Jahrzehnten voller Demütigungen und Beleidigungen brach ich den Kontakt endgültig ab.


## Die Kleinen vom Schölerberg

Immer, wenn nicht genug Betreuerinnen da waren, und das war sehr häufig der Fall, bekam ich an den Sonntagen eine Gruppe von jüngeren Kindern zugeteilt. Das war wirklich eine echte Anerkennung von Tante Ella für mich. Ich zog mit ungefähr acht oder zehn Kindern, im Alter zwischen drei und sechs Jahren, alleine los in den Wald. Ich versuchte, mit ihnen auf den Wiesen und Wegen zu rennen oder zu turnen.

Viele dieser Kinder waren aber einfach stumm und total passiv. Obwohl sie es natürlich konnten, sprachen sie nicht oder kaum. Und sie waren sehr ängstlich. Die großen Augen in den blassen Gesichtern schienen im positivsten Fall immer etwas zu fragen oder zu sagen, aber man hörte nichts, so sehr man sich auch anstrengte. Es waren kleine Jungen und Mädchen, die schon im Säuglingsheim gelebt hatten, bevor sie im Alter von drei Jahren zu uns gekommen waren. Die meisten sahen niemandem ins Gesicht, sondern durch alles hindurch. Viele von ihnen machten noch ins Bett. Bekam Klingenschmidt das zufällig mit, versohlte er ihnen den Po und schimpfte, ja brüllte laut dabei. Die Kleinen weinten trotzdem selten, sahen nur stumm auf den Boden.

Wenn ich mit ihnen allein im Wald war, wurden sie etwas offener. Sie blickten mich manchmal an, und es schien, als hörten sie mir zu. Es gab bei einzelnen sogar ein ganz kleines Lächeln zu entdecken. Ich erzählte ihnen bewusst nur sanfte, schöne

Geschichten, die ein glückliches Ende hatten und ihnen keine Angst machen konnten, denn Angst und Unsicherheit bestimmte ohnehin unser aller Leben.

## Schikane oder was?

Im Sommer durfte mal die eine, mal die andere Kindergruppe ins Schwimmbad gehen. Ich war leider nie dabei. Es fand sich immer irgendein Grund, warum ich gerade bestraft werden musste. Im Herbst gab es Schützenfeste, Einladungen zu verschiedenen Vereinen, aber auch dahin durfte ich niemals mitgehen. Enttäuschung, Wut, ja Zorn kochten in mir hoch, aber übrig blieb am Ende nur Hilflosigkeit und Resignation.

Um diese Zeit begann Tante Ella wieder mit dem Chorsingen. Alle größeren Kinder konnten mitmachen. Wir lernten Volkslieder jeder Art und natürlich Advents- und Weihnachtslieder. Ich war begeistert. Ich hatte schon immer gerne gesungen, und auf dem Zeugnis hatte ich in Musik stets eine Zwei gehabt, genau wie in Deutsch. Manche Lieder fand ich so schön, dass mir beim Singen die Tränen in die Augen stiegen.

Leider ging auch das Singen nicht lange gut. Mehrfach hatte Tante Ella mich als »Falschsinger« herausgepickt. Ich war traurig, denn ich hatte mir solche Mühe gegeben. Nun sang ich nur noch ganz leise mit, aber nach einer Weile hatte sie trotzdem die Nase voll von mir, und ich musste den Chor verlassen.

Tatsächlich hatte sich etwas verändert in mir. Seit ich ins Heim gekommen war, konnte ich meine Stimme nicht mehr halten. Auch mit dem Malen, meinem zweiten Hobby, war es vorbei.

Beim Volkstanz flog ich ebenfalls raus. Ich hätte kein Rhythmusgefühl, machte immer wieder die falschen Schritte, sei ein Störenfried für die Gruppe und brächte alles durcheinander, hieß es. An mir schien wirklich alles falsch zu sein.

Ich spürte es ja selbst. Ich entwickelte mich nicht mehr weiter. Ich blieb auf dem Stand einer Achtjährigen. Genauso alt wie ich war, als meine Mutter starb. Zu der Zeit begann meine Entwicklung ganz offensichtlich zu stagnieren.

## Angstvolle Gedanken an Hunnebrock

Als das neue Jahr 1955 begann und mein kleiner Neffe geboren war, wusste ich, dass ich nun wieder alle Ferien in Hunnebrock bei meiner Schwester verbringen würde. Einerseits freute ich mich darauf, das Heim für einige Zeit verlassen zu können, Kohlmanns wiederzusehen und vor allem das Baby kennenzulernen, andererseits lastete der Gedanke an meinen Schwager schwer auf mir und ließ mich nicht los.

*Was soll ich nur tun?*, fragte ich mich immer wieder. *Weder hier noch dort würde mir jemand glauben, wenn ich erzählte, was der immer mit mir anstellt.* Wie sollte ich dieser Falle entkommen? *Wenn ich den Mund aufmache, steht mir das Erziehungsheim bis zum 21. Lebensjahr bevor, so viel ist sicher. Lilo wird mich bestimmt fallen lassen, ja, gar nicht mehr kennen! Aber sie ist doch die Einzige, die ich im Leben habe. Wenn überhaupt, dann hilft sie mir in schwierigen Situationen.*

Aber mit diesem Problem konnte ich nicht zu ihr gehen. Ich wusste, dass ich *darüber* überhaupt niemals würde sprechen können. Ich schämte mich schon vor mir selbst so furchtbar, dass ich mein Gesicht nicht im Spiegel ansehen mochte, wenn ich vorher solche Gedanken gehabt hatte.

Bis zu den Osterferien dauerte es noch eine Weile. Ich versuchte, nicht ständig an diese Sache zu denken, sondern konzentrierte mich auf den Heimalltag. Der war schwierig genug zu bewältigen. Aber natürlich fuhr ich in den Ferien weiterhin nach Hunnebrock. Wo sollte ich auch anders hin? Und so war ich »Onkel Dieter« weiterhin ausgeliefert.

An jedem Wochenende wurde es hektisch. Freitag war Wasch-
und gleichzeitig Badetag im Heim. Die beiden Badezimmer lagen
oben im ersten Stock. Auf dem immer schlecht beleuchteten Flur
davor stand Tante Ursula und teilte aus einem großen Schrank
Wäsche aus. Jedes Kind hatte seine Anziehsachen einzeln bei
ihr abzugeben. Sie kontrollierte den Zustand der Kleider, und
wenn man gebadet hatte, gab es frische Sachen für die nächste
Woche. Für jeden genau eine Unterhose, ein Unterhemd, ein
paar Strümpfe, ein Kleid. Gerne hätte ich, wie »normale Kinder«
in Familien, täglich meine Unterhose und die Strümpfe gewech-
selt, aber das war nicht möglich. Dabei fehlte häufig, beinah fast
immer, das Toilettenpapier auf den Klos.

Einige der Mädchen hatten bereits ihre Tage. Tante Ursula
teilte uns in diesem Fall einige Stoffbinden zu. Nach Gebrauch
wuschen wir sie nachts, klammheimlich und verschämt im
Waschbecken aus. Sie wurden nie richtig sauber. Auch die Bin-
den mussten wir mehrmals tragen, bevor wir sie zum Freitag
abgezählt bei Tante Ursula umtauschen konnten.

Richtig aufgeklärt waren die wenigsten von uns. Ich war 15,
fast 16, als »es mir zum ersten Mal passierte«. Obwohl ich davon gehört hatte, konnte ich das Blut nicht zuordnen, sondern
glaubte, eine schlimme Krankheit mit Durchfall hätte mich
überfallen. Nach drei Monaten hatte ich von Schulkameradin-
nen endlich genauere Informationen bekommen, um »es« ohne
Angst zu ertragen.

Zum Waschdienst in die Waschküche im Keller wurden die
Mädchen ab acht oder neun Jahren eingeteilt. Zuerst mussten in
Zubern endlos viele grobe und verdreckte Strümpfe auf einem
Waschbrett weich und sauber gerubbelt werden, dann wurden
sie gespült. In Kesseln kochten die »Leibwäsche« und Handtücher. Mit einem Wäschestampfer mussten wir die Wäsche mehrfach kräftig in den Kesseln stampfen, während uns dabei der
heiße Dampf einnebelte. Anschließend wurde die Seifenlauge

herausgepresst, indem alle Teile durch den Auswringer gedreht und mehrmals gespült werden.

Auf dem Hof waren Leinen gezogen. Wir schleppten die Körbe mit der nassen Wäsche dorthin und hängten sie auf. Das Ganze war richtig schwere körperliche Arbeit, die von uns Kindern unter der Aufsicht unserer Betreuer geleistet wurde. In diesem Fall hatte ich allerdings Glück. Ich wurde nicht zum Waschen abkommandiert, denn ich wurde an anderer Stelle gebraucht.

Tante Ella teilte mich dazu ein, bei den Kleinen zu helfen. Die kannten mich schon gut von den Sonntagsspaziergängen. Außerdem war ich ja fast täglich abends bei ihnen, half den »Tanten«, die Kinder zu waschen, abzutrocknen, und brachte sie zu Bett. Wenn das erledigt war, hielt ich ungefähr eine Stunde Schlafwache bei ihnen, sang etwas vor, erzählte wieder kleine friedliche Geschichten von Tieren, Pflanzen und Elfen, so, wie ich sie selbst von Tante Irene im Kindergarten gehört und geliebt hatte. Bald schliefen die Kleinen. Manchmal weinte eines der Kinder, dann tröstete und streichelte ich es, bis es sich wieder beruhigt hatte. Ich wusste ja, wie es war, wenn man sich traurig und einsam fühlte.

Wenn die 25 oder 30 Kleinen fertig gebadet und wieder unten in ihrem eigenen Raum waren, badete ich selbst. Wie bei allem im Heim, ging es auch hier darum, besonders schnell, einfach sehr flink zu sein. Das hatte ich in diesem Hause sehr früh begriffen und richtete mich danach.

Nur kurz tauchte ich im Badewasser unter, und ohne mich groß zu waschen trocknete ich mich gleich wieder ab. Eine gründlichere Aktion lohnte sich sowieso nicht, denn wir teilten uns zu dritt das Badewasser. Meistens war ich dabei die Letzte.

Wenn ich mich bei Tante Ella mit den Worten »Die Kleinen sind fertig und im Bett, und ich habe auch gebadet« abmeldete, dann sah sie mich fast freundlich an und war mit mir zufrieden. Das machte mich glücklich. Endlich mal ein Fünkchen Anerkennung! Mein Erfolg zeigte sich auch darin, dass ich weder zur großen Wäsche noch zum Küchendienst eingeteilt wurde, nur samstags zum Bügeln.

Darin war ich geschickt. Besonders die gestärkten weißen Schwesternschürzen brachten mir manches Lob ein. Ich bügelte gerne und ausdauernd. Sogar länger, als die »Strümpfe-Stopfaktion« dauerte, die ja täglich nach dem Küchendienst anstand. Die anderen in meinem Schlafsaal warteten dann im Bett liegend schon auf mich, und es hieß: »Marianne, erzähl uns eine Geschichte. Bitte, das ist so spannend!« Ich kannte alle Märchen der Brüder Grimm.

Das hatte ich meinem Bruder Axel zu verdanken. Als wir noch zusammen wohnten, hatte er alle vorgelesen, damit ich ihn abends nicht nervte und möglichst schnell im Bett verschwand. Manches Butterbrot musste ich allerdings dafür an ihn abtreten.

*Im Saal sitzen*

Das Märchenerzählen war nicht ohne Risiko. Denn auch damit widersprach ich dem Rede-Verbot. Und wurde jemand beim Reden erwischt, hieß es: »Los, Mantel an und ab in den Saal!«

Das »Saal-Sitzen« war eine schlimme Sache. Ich war oft an der Reihe damit, weil ich ja den anderen die Geschichten erzählte.

Ich musste ganz allein im dunklen Essenssaal sitzen und fror immer fürchterlich. Es war unheimlich dort. An den großen Fenstern hingen keine Gardinen. Der Mond schien in den dunklen Raum und ließ grausige Schatten entstehen. Wenn sich die Wolken vor den Mond schoben, war es aber fast noch schlimmer, dann wurde es ganz dunkel im Saal. Die Baumwipfel wogten hin und her. Außer dem Rauschen des Windes und der Bäume waren von draußen auch die Ratten zu hören. Sie rannten wie immer auf der Mauer hin und her, und ihr Quieken drang bis zu mir herein. Das alte Parkett knarrte mal hier, mal da. Ich hatte Angst, kerzengerade saß ich auf meinem Kinderstuhl. Mit der Hand hielt ich den Mantel über der Brust zusammen. Zuerst wurden meine Füße kalt. Trotzdem wurde ich müde, nickte ein, schreckte wieder hoch.

*Wann lässt mich die blöde Kuh endlich wieder ins Bett?*, fragte ich mich. Die Zeit schien überhaupt nicht zu vergehen.

Mir fiel Klingenschmidts Lieblingsgeschichte ein. Er gab sie bei jeder Gelegenheit zum Besten, und wir nahmen sie sehr ernst. Es ging um den tiefen Bombentrichter direkt vor unserem Schlafsaalfenster. Dort war der Eingang zu einem Bunker gewesen, in den sich die Heimkinder und das Personal während des Krieges geflüchtet hatten. Als der Krieg praktisch schon vorbei war, fiel eine Bombe genau auf den Eingang des Bunkers. Alle Menschen darin kamen auf grausame Art ums Leben. Klingenschmidt malte das dann noch ein bisschen aus. Sein letzter Satz lautete stets: »Niemand wurde gerettet, sie sind wohl alle erstickt und ihre Körper liegen noch heute dort.«

Bei der Geschichte schauderte es mich noch mehr dort im Saal. Meiner Fantasie waren auch keine Grenzen gesetzt –, und ich hatte viel Fantasie.

Nach einer ganzen Weile wurde mir klar, dass man mich wieder einmal hier vergessen hatte. Es würde eine lange Nacht werden. Wahrscheinlich schlief die blöde Tante Gisela schon in ihrem warmen Bett. Ich legte mich auf die Erde in der Nähe der Heizung und versuchte, mich in den Mantel einzurollen. Nach einer Weile schlief ich tatsächlich ein.


*Nicht mehr sein wollen*

Gefühle wie Niedergeschlagenheit, Aussichtslosigkeit, ja Hoffnungslosigkeit wurden mit der Zeit, die ich im Heim verbrachte, immer stärker.

*Hier kommst du nie mehr heraus und wenn doch, wie soll dann dein Leben weitergehen können?* Diese und ähnliche Fragen bewegten mich oft. Aber weil ich einfach keinen Ausweg für mich sah, resignierte ich zusehends.

Was sollte ich auch tun? Zu Lilo konnte ich nicht zurück. Dieses Schwein lebte ja mit ihr, und sie hatte keine Ahnung, zu was der fähig war. Außerdem konnte sie mich ja auch nicht leiden. Ich war allen eine Last. Überall war ich im Wege. Sie half mir nur, weil sie es unserer Mutter im Krankenhaus versprochen hatte. Sonst hatte ich niemanden mehr auf der Welt. Konrad war in Amerika, und an Axel brauchte ich nicht mal zu denken.

Auch in der Schule, die mir einmal so viel Spaß gemacht hatte, erlebte ich eine Katastrophe und Enttäuschung nach der andern. Es gab einfach nichts, wofür es sich lohnte irgendwie weiterzumachen. Nicht jetzt und auch in Zukunft nicht.

*Ich bin doof, ich bin eine Versagerin, ich sollte eigentlich gar nicht auf dieser Welt sein!* Ein Gedanke, der mir nun immer öfter durch den Kopf ging. Axel und Konrad hatten es ja auch so oft gesagt, und sie hatten recht: Unsere Eltern hatten sich furchtbar geirrt mit mir! Eigentlich hatte Lilo mich nur aus Versehen nicht richtig totgeschlagen. Und ihr Kerl hatte schnell gemerkt, was für ein Schweinekind ich war, denn sonst hätte er die schlimmen Sachen nicht mit mir gemacht. *Nur weil ich so blöd bin, habe ich nicht gleich verstanden, dass alles aus mir heraus und durch mich selbst geschieht.*

Dabei hatte ich mir immer wieder Mühe gegeben. Auch zu Gott hatte ich gebetet, aber er wollte mich nicht. Also konnte ich auch gleich aufhören, zu leben.

Tage und Wochen dachte ich darüber nach, wie ich Schluss machen könnte, aber nichts fiel mir ein. Dann hörte ich eines Tages in der Schule zufällig ein Gespräch zwischen älteren Schülerinnen mit an.

»Habt ihr gehört, dass Hans Peter tot ist?«

»Nein, woher weißt du das denn? Das kann ich mir überhaupt nicht vorstellen. Der war doch bloß erkältet oder so.«

»Doch, dass stimmt! Seine Schwester hat mich gestern Abend angerufen und war total fertig. Sie hat nur noch geweint!«, meinte eine andere.

»Ja, aber was war denn wirklich los mit ihm? Man stirbt doch nicht einfach so oder wegen einer blöden Erkältung?«, fragte eine Dritte.

»Also«, antwortete die Erste, »ich traf seine Mutter, die ich ja schon länger kenne. Ich war bei denen ja manchmal zu Hause, habe mit Hans Peter gelernt. Sie war total in Schwarz gekleidet und hatte dicke Augenränder vom Weinen. Als ich sie fragte, was denn los sei, erzählte sie mir, dass er plötzlich sehr hohes Fieber und Atembeschwerden bekommen hatte. Erst kam der Notarzt, dann sofort der Krankenwagen, und die Nacht im Krankenhaus hat er nicht mehr überstanden. Sie hatten zu lange gewartet, meinte der Arzt!«

Die großen aus der achten Klasse waren sehr betroffen. Eine weinte sogar, die anderen schwiegen. Mich beeindruckte das. Wenn alle mal so traurig über meinen Tod reden würden, wäre wenigstens mein Leben nicht ganz umsonst gewesen. Und meine Geschwister wären vielleicht auch traurig. Aber das hätten sie dann davon gehabt, dass sie mich nie ernst nahmen und ich ihnen immer nur im Weg und total unnütz war. Damit hätten sie ihren Frieden vor mir für alle Zeiten.

*Wie aber kommt man an eine Lungenentzündung?* Ich fing an zu grübeln. Das ging also nur über eine starke Erkältung. Das sollte mein Weg werden.

Es war Herbst. Fast immer wehte kalter Wind, es war neblig und feucht draußen, also die passende Voraussetzung. Spät abends, als endlich alle Mädchen schliefen und keine Aufsicht mehr herumschlich, ging ich leise zur Toilette. Hier war es immer lausig kalt, weil die oberen Fenster wegen des schlechten Geruchs ständig geöffnet sein mussten.

Ich zog mein Nachthemd aus, legte mich auf den eisigen steinernen Fußboden, wickelte mich regelrecht um das Klo und blieb ganz still liegen. Ich versuchte, nicht nachzudenken. Es war so kalt, dass ich zitterte und bald mit den Zähnen klapperte, aber ich blieb liegen. Das musste so sein. Die Nase lief, Tränen rollten mir übers Gesicht, aber es war ja alles egal. Es musste sein. Ich wollte endlich tot sein, sterben, nichts und niemanden mehr sehen oder hören. Es hatte keinen Zweck. Nichts ging mehr. Ich war zehn Jahre alt.

Irgendwann spürte ich die Kälte nicht mehr, auch keine Tränen, keine verstopfte Nase. Völlig bewegungslos lag ich da, nur meine Lippen flüsterten leise: »Mami, Mamilein, ich will zu dir! Bitte, bitte hol mich endlich hier ab! Ich kann es alles nicht mehr aushalten! Ich will nicht mehr! Ich will gar nichts mehr! Ich will nur tot sein und zu dir!«

Stunde um Stunde verging. Ich fiel in einen traumlosen Dämmerschlaf. Immer wieder erwachte ich für kurze Augenblicke. Die Nacht schien kein Ende zu nehmen. Irgendwann dämmerte es langsam, Geräusche wurden hörbar – und ich lebte immer noch!

Selbst zum Sterben war ich also zu blöd! Und Gott hatte mich wieder nicht gehört, mir nicht geholfen. Auch Mutti nicht? Warum nicht? Mühsam zog ich mich an der Toilette hoch und versuchte, mich aufzurichten. Mein Körper war total steifgefroren. Ich streifte mir das Nachthemd über und schlurfte mühsam zu meinem Bett.

Niemand hatte etwas gemerkt, niemand hat je davon erfahren. Eine sehr üble Bronchitis war die Folge meines ersten Selbstmordversuchs. Ich bekam Fieber und dämmerte einige Tage im Bett vor mich hin. Nichts interessierte mich rundherum. Ich wollte weder essen noch trinken, nahm die Anteilnahme Tante Ellas nicht wahr. Warum sollte ich mir Mühe geben, wieder gesund zu werden, wo ich doch gerade hatte mein Leben beenden wollen.

Ich erinnere mich noch lebhaft an einen Traum, den ich während dieser fiebrigen Bronchitis hatte: Ich befand mich aus irgendwelchen Gründen, an die ich mich nicht mehr erinnern konnte, ganz alleine in dem Krankenhaus, in dem meine Mutter gestorben war. Ich saß am Ende eines langen Flures in einer kleinen Warteecke. Kein Mensch war zu sehen oder zu hören. Alles wirkte wie ausgestorben. Wieder und wieder fragte ich mich, warum ich eigentlich hier war, worauf ich denn warte, als plötzlich eine Frau auftauchte. Gelangweilt sah ich ihr entgegen. Ich meinte, sie nicht zu kennen, und doch kam mir etwas an ihr ungeheuer vertraut vor.

Je näher sie kam, desto sicherer wurde ich, und plötzlich schoss es wie ein Blitz durch mein Gehirn: »Mutti, Mutti, Muttilein!!!« Ich sprang auf und rannte ihr wild entgegen. »Mutti, Mutti, woher kommst du nur? Mutti, ich habe dich so vermisst!« Sie breitete ihre Arme aus, und ich warf mich ihr entgegen. Tränen der Freude liefen über mein Gesicht. Ich konnte mein Glück kaum fassen! Immer wieder stammelte ich: »Wo warst du nur so lange? Wo kommst du auf einmal her? Ich liebe dich! Bitte geh nie wieder weg. Das halte ich sonst nicht aus. Alle haben gesagt, du seist tot, aber du bist ja hier?«

Sie setzte sich nun auf einen der Stühle, nahm mich auf ihren Schoß, streichelte sanft meine Haare, wischte meine Tränen ab. Dann begann sie zu sprechen. Währenddessen schlang ich beide Arme um ihren Hals und hielt sie ganz fest: »Meine liebe kleine Putti, ich habe dich auch ganz doll lieb. Ich bin immer bei dir und denke an dich, auch wenn du mich nicht siehst, bin ich da. Manchmal gibt es Dinge, die man nicht verstehen kann. Ich bin nicht tot, aber ich kann auch nicht bei euch sein. Es lässt sich nicht erklären. Glaube es mir. Wenn du wieder in so großer Not bist wie jetzt, komme ich zu dir, aber jetzt muss ich wieder gehen.«

Ich erwachte und war erstaunt, im Mädchenschlafraum in meinem Bett zu liegen. Dennoch war ich glücklich über diesen intensiven Traum, so glücklich. Ich versuchte, dieses Glück in mir ganz, ganz festzuhalten. Mein Glaube daran, dass meine Mutter wiederkommen würde, gab mir einen Teil meiner alten Kraft zurück.

Diese wortwörtlich über Nacht wiedergewonnene Kraft half mir in mancher schwierigen Situation. An eine Geschichte erinnere ich mich noch besonders: Christa T. und ich waren gleich alt, nur vier Tage lagen zwischen unseren Geburtstagen. Bisher schien noch niemand bemerkt zu haben, dass wir uns heimlich angefreundet hatten und sie ab und zu in mein Bett kam. Ich schlief im Etagenbett über ihr. Abends und nachts, wenn die anderen nichts mehr hörten und auch die Betreuerinnen schliefen, unterhielten wir uns flüsternd und tauschten Geheimnisse aus.

Christa war ein hübsches Mädchen, aber sie litt unter einer starken Schuppenflechte, die sich über ihre Arme und Beine und besonders auf ihrer Kopfhaut ausgebreitet hatte. Immer wieder rieben die Betreuerinnen sie dick mit einem übel riechenden Öl ein. Ihr Kopf musste einen ganzen Tag mit ölgetränkten Tüchern bedeckt gehalten werden. Abends versuchte dann jemand von den Erwachsenen die dicken Schuppenstücke und abgestorbenen Hautpartikel von Christas Armen und Beinen zu schaben und mit einem Spachtel vom Kopf zu lösen. Es war eine Strapaze für Christa. Sie weinte dabei, beschwerte sich aber nicht. Trotzdem wurde sie oft rüde zurechtgewiesen. »Stell dich nicht so an und hör auf zu heulen«, hieß es dann.

»Weißt du, wie das ist?«, fragte die sonst so schweigsame, aber immer freundlich lächelnde Christa mich.

»Es tut so weh! Ich könnte nur heulen und würde ihnen am liebsten den Kamm und den Spachtel aus den Händen schlagen. Manchmal blutet es sogar, aber nicht mal dann macht es einen Sinn, etwas dazu zu sagen. Wenn ich weine oder jammere, dann kämmen sie mich noch härter und schneller. Sie wissen überhaupt nicht, wie weh es tut.«

»Oh weia, ich würde das gar nicht aushalten und schreien, egal was sie sagen, ich würde weglaufen und sie nicht an mich heranlassen«, antwortete ich, obwohl ich wusste, dass es dafür gar keine Chance gab.

»Weißt du«, meinte Christa dann traurig, »ich muss es aushalten! Ich bin so furchtbar hässlich mit dem Zeug überall. Niemand will in der Schule oder hier neben mir sitzen außer dir. Das kann ich auch nicht ertragen.«

Es gab auch andere Themen über die wir sprachen, nämlich, warum und wie wir hierhergekommen waren. Wir zwei wussten alles voneinander.

Obwohl auch Christas Bruder Gerhard bei uns im Heim lebte, war sie sehr allein. Die Kinder ekelten sich wirklich vor ihr und wollten sie nicht berühren. Auch ich ekelte mich ein bisschen, ging aber darüber hinweg, weil sie so einsam war, so absolut allein. Und ich war es ja letztendlich auch.

Christas Mutter war an Tuberkulose gestorben, und ihr Vater hatte sich vor den Augen der Kinder umgebracht. »Er hat sich erfolgreich vor eine Straßenbahn geworfen«, sagte Christa immer trocken. Ob das wirklich stimmte, weiß ich nicht. Vielleicht hatte sie sich auch nur so verlassen von ihm gefühlt und bildete sich das ein.

Eines Tages herrschte im Heim große Aufregung, als ich aus der Schule kam. Erst schien niemand genau zu wissen, was los war. Aber bald stellte sich heraus, dass es um Christa ging: Klingenschmidt verkündete uns beim Mittagessen, Christa habe sich in Tante Ellas Zimmer geschlichen und dort Geld geklaut. Aufgebracht war diese direkt zu ihm gerannt, um ihm davon zu berichten.

Im Speisesaal herrschte Totenstille, wir waren sprachlos. Christa, die neben mir saß, begann zu weinen. Klingenschmidt erklärte empört mit gewaltiger Stimme, dass er solche kriminellen Handlungen in »seinem« Heim nicht dulden werde. Christa würde noch am selben Tag in ein strenges Erziehungsheim gebracht werden. Dort müsste sie bleiben, bis sie 21 Jahre alt wäre. Sie sollte sofort ihre »Habseligkeiten« packen.

Nach dem Essen erwischte ich sie für einen kurzen Moment alleine im Waschraum. Verzweifelt beteuerte sie immer wieder ihre Unschuld. Sie sei weder in Tante Ellas Zimmer gewesen, noch habe sie etwas gestohlen.

*Wie hätte sie das auch anstellen sollen?*, überlegte ich. Tante Ellas Zimmer lag in der oberen Etage. Heute war weder Badetag noch Andacht, darum hielt sich keines der Mädchen dort oben auf. Christa war sowieso viel zu schüchtern und ängstlich, als dass sie ein fremdes Zimmer betreten hätte. Schon gar nicht das von Tante Ella. Das hätte nicht einmal ich gewagt.

»Und warum hättest du auch stehlen sollen?«, überlegte ich laut. »Und wenn du Geld gehabt hättest, was hättest du dir davon kaufen können? Alle anderen hätten es auf dem Schulweg gesehen und gepetzt.«

Eine knappe Stunde später war Christa verschwunden. Nicht einmal ihr Bruder hatte mit ihr gesprochen oder sie getröstet.

Jedes Mal, wenn es in der kommenden Zeit ein Problem mit einem Kind gab, führte Klingenschmidt Christa als warnendes Beispiel an. Er sprach lange und ausführlich über ihre Unehrlichkeit, über ihren kriminellen Charakter und drohte uns damit, dass wir ja nun wüssten, was mit solchen Kindern geschehe. In leuchtenden Farben malte er uns Christas Elend in dem streng geführten Erziehungsheim aus, damit seine Warnung auch bis tief in unsere Köpfe drang, wie er anschließend betonte.

Nach acht Wochen war Christa plötzlich wieder da. Klingenschmidt musste eine Erklärung abgeben. Er wand sich und meinte, der Vorgang wäre nicht genau aufzuklären gewesen, deshalb hätte das Erziehungsheim vorgeschlagen, Christa noch eine zweite Chance einzuräumen. Er selbst könne ihr nicht verzeihen, glaube aber an Gottes Gerechtigkeit und hätte daher zugestimmt, sie wieder aufzunehmen.

»Doch die Wahrheit wird bald ans Licht kommen«, sagte er mit gewichtiger Stimme. »Dann hat Christas Stunde ein für allemal geschlagen.« Er versicherte uns, dass mit ihrer Rückkehr auf keinen Fall alles wieder in Ordnung sei. Es handele sich lediglich um ein kurzes Zwischenspiel. Niemand sollte es wagen, in den nächsten vier ›Bewährungswochen‹ auch nur ein Wort mit Christa zu sprechen.

Ich hatte zwar genau so viel Angst vor ihm wie die anderen, fand sein Verbot aber so gemein, dass ich mich nicht daran hielt. Sobald kein Erwachsener mehr in der Nähe war, sprach ich sie an. Bei den anderen Mädchen ließ ich es darauf ankommen, ob mich eine von ihnen verpetzen würde. Aber das geschah nicht. Nachts weinte ich, weil ich nicht ganz offen mit Christa sprach und mir deshalb feige vorkam. Aber die Angst vor Klingenschmidt war übermächtig.

Abends, als wir wieder einmal gemeinsam in meinem Bett lagen, fragte ich: »Wie war es denn dort? Ist es wirklich so schlimm, wie alle immer sagen?«

»Ach, weißt du, mit mir waren die eigentlich ganz freundlich, haben mich ausgefragt und so, immer wieder ganz viel geredet. Ich glaube, die mögen den Onkel Klingenschmidt auch nicht richtig, denn es geht da sonst schon sehr, sehr streng mit den anderen zu.

Fast alle sind auch viel älter als wir und gehen nicht mehr zur Schule. Dafür müssen sie hart arbeiten. Beim Bauern auf den Feldern. Das geht schon sehr früh am Morgen los und bis zum Dunkelwerden. Die Betreuer sind mehr Männer als Frauen. Sie schlagen sofort auf die Jungen ein, wenn die nicht spuren oder Widerworte geben. Die Mädchen müssen in einer Wäscherei arbeiten. Die sind abends auch immer ganz kaputt und müde, reden kaum noch, wollen nur ihre Ruhe. Denen geht es nicht viel besser als den Jungen.

Geld bekommt keiner für seine Arbeit. Wenn sie sich unterhalten, geht es nur um die Wut in ihrem Bauch und wie man am besten abhauen könnte, aber das ist bisher kaum jemandem gelungen.

Ja, dort ist es viel schlimmer als hier, und sie müssen fast alle bis sie 21 Jahre alt sind dort bleiben. Besuch bekommt kaum jemand. Sie prügeln und streiten noch viel mehr als wir hier.«

Das war eine lange Rede gewesen für Christa. Ich merkte, wie beeindruckt sie war von den Erlebnissen dort und konnte es mir selbst kaum vorstellen.

Christa überstand diese vier schlimmen Wochen, brachte ihre Volksschule zu Ende und begann eine Lehre zur Fotolaborantin in einem bekannten Fotogeschäft mitten in der Stadt. Sie wohnte während dieser Zeit im Mädchenheim. Das lag auch am Schölerberg, genau wie das Rot-Kreuz-Säuglingsheim, das die kleinen Kinder an unser Heim weitergab, wenn sie drei Jahre alt waren. Christa brachte ihre dreijährige Ausbildung zu einem guten Abschluss. Erst Jahre später sollten wir uns wieder treffen.

Warum Christa fortgeschickt wurde, hat sich nie aufgeklärt. Aber es war doch sehr offensichtlich, dass Klingenschmidt ein Exempel statuieren wollte. Zu Disziplinierungszwecken brauchte er einen Sündenbock – und die zurückhaltende, schüchterne Christa war sein Opfer, glaube ich.

*Fluchtpläne mit Barbara M.*

Ich wurde im Heim zunehmend lebensunfähiger, sah die Außenwelt inzwischen völlig unrealistisch und resignierte mehr und mehr. Bald lebte ich mehr in meinen Träumen, Wunschvorstellungen und Märchen als in der Wirklichkeit. Es waren nicht nur die vielen Nächte, die ich voller Angst im dunklen Saal verbracht hatte, in dem man mich so oft vergaß. Es war auch nicht die Geschichte mit Christa und dem Erziehungsheim. Insbesondere die kleinen Dinge, die im Heimalltag ständig vorkamen, wie die Strenge, die Disziplin und vor allem die absolut unpersönliche Art uns Kindern gegenüber. Das war es, was uns mürbe machte und im Laufe der Zeit jeden Widerstand in uns zerbrechen ließ.

Niemals fragte jemand danach, was wir dachten, was wir mochten oder uns wünschten, oder warum wir dieses oder jenes getan hätten. Es war einfach das ständige Misstrauen und die nie enden wollende Überwachung und Kontrolle, weil man ja der Meinung war, dass wir alle unwert, asozial und kriminell wären. Von uns war eigentlich niemals etwas Sinnvolles oder Gutes zu

268

erwarten, denn zusätzlich waren die meisten von uns ja angeblich auch noch doof. Das war so verletzend. Trotzdem hätte ich von alleine niemals an eine Flucht gedacht – bis Barbara diese Idee aufbrachte.

Sie war kein Heimkind, sondern eine Klassenkameradin von mir. Ein selbstbewusstes, temperamentvolles, abenteuerlustiges Mädchen und eine sehr gute Schülerin. Wir mochten uns von Anfang an. Sie lebte allein mit ihrem Vater, einem Künstler, und ihrem jüngeren behinderten Bruder zusammen. Barbaras Mutter lag schon lange in einem Sanatorium, und für eine Haushälterin gab es wohl kein Geld.

Barbara fühlte sich oft überfordert, auch ausgenutzt, denn sie musste ihren Bruder versorgen, den Haushalt führen, einkaufen und vieles mehr. Der Vater war selten zu Hause, selbst abends oder am Wochenende nicht. Zur Mutter gab es wenig Kontakt.

In den Schulpausen tauschten wir uns über unser Leben aus und kamen zu dem Schluss, dass wir grundsätzlich etwas verändern mussten, damit es uns besser ginge. Immer wieder kreisten unsere Gespräche um dieses Thema.

»Na, wie war es denn gestern in dem blöden Heim? Haben sie wieder nur herumgemeckert und dich gepiesackt?« war oft schon bei unserer morgendlichen Begrüßung ihre Frage. Was sollte ich darauf groß antworten? Sie wusste ja schon, wie es so ablief.

»Wie war es bei dir? Hat dein Bruder wieder so lange Theater beim Einschlafen gemacht, oder konntest du endlich mal in Ruhe lesen?« war meine Gegenfrage. In den Pausen hatten wir mehr Zeit und konnten gemeinsam die Einzelheiten austauschen.

Eines Tages erzählte Barbara von ihrer Lieblingstante, der Schwester ihres Vaters, die in Amerika lebte und nach Hamburg gekommen war, um Freunde zu besuchen. Osnabrück stand leider nicht auf ihrem Reiseplan, weil sie mit ihrem Bruder zerstritten war. Barbara war sehr traurig darüber, aber plötzlich begannen ihre Augen zu leuchten. »Mensch, ich hab's. Ich habe eine ganz tolle Idee!«

»Wieso, was ist denn los?«, fragte ich verdattert. »Was für eine Idee hat du denn?«

»Ach, es ist doch ganz einfach!«, sagte sie. »Mein Vater und sie reden überhaupt nicht miteinander. Wenn ich meine Tante anrufe und ihr erzähle, wie blöde das hier alles ist, dann hilft sie uns bestimmt hier wegzukommen.«

»Und, wie soll das gehen? Dir hilft sie vielleicht, aber mich kennt sie doch gar nicht«, sagte ich zweifelnd, und Traurigkeit stieg in mir auf. »Wenn sie dich mitnimmt, dann bin ich ganz allein. Das halte ich nicht aus!«

»Quatsch!«, meinte Barbara. »Sie hat ihren Spaß daran, meinen Vater richtig zu ärgern. Schon deshalb macht sie bestimmt bei meiner Idee mit. Außerdem hat sie keine Kinder und keinen Mann und ziemlich viel Geld. Sie wird uns die Haare färben, gleiche Kleider kaufen, Pässe besorgen und uns als ihre Zwillingstöchter mit nach Amerika nehmen.«

Ihre Worte klangen so sicher und bestimmt, dass eine leise Hoffnung in mir aufkeimte. »Naja«, antwortete ich zögernd, »das könnte tatsächlich ein Ausweg sein.«

»Wir müssen einfach so bald wie möglich zu ihr nach Hamburg fahren. Das ist besser, als erst zu telefonieren. Ich weiß, bei wem sie wohnt. Ich kümmere mich sofort um alles und sage dir Bescheid, wann es losgehen kann, aber bis dahin musst du schweigen!« Sie nahm mir das Versprechen ab, mit niemandem über unseren Plan zu reden. Von diesem Augenblick an glaubte ich fest daran, dass wir bald frei sein würden.

Es musste einfach klappen. Schon der Gedanke war wunderbar.

Täglich fragte ich Barbara, wann es endlich so weit sei, aber immer sagte sie nur: »Wir müssen noch warten, es geht nicht so schnell.« Ich drängte sie voller Ungeduld, aber das half nichts. Das Warten erschien mir endlos. Ich konnte es kaum noch aushalten.

Es wurde Sommer. Die großen Ferien standen bald bevor. Eines Tages kam Barbara nicht zur Schule. Das hatte es noch nie gegeben. Am Vortag war sie ganz gesund gewesen.

*Was hat das zu bedeuten?*, grübelte ich angstvoll. *Ob sie am Ende vielleicht doch ohne mich abgehauen ist?*

Ich machte mir große Sorgen. Der Unterricht kam mir heute besonders langweilig und öde vor und schien kein Ende zu nehmen. Als die Schule endlich aus war, ich zurück ins Heim fuhr und mich bei Tante Ella aus der Schule zurückmeldete, sah sie mich misstrauisch an und erklärte, ich solle sofort zu Onkel Klingenschmidt kommen.

Langsam und nachdenklich stieg ich die Treppen hoch, grübelnd, was wohl der Grund dafür sein könnte. Auf mein zaghaftes Klopfen hin wurde schwungvoll die Tür aufgerissen. Er hatte auf mich gewartet.

»Komm herein, du hinterhältiges, verlogenes Gör«, begrüßte er mich, »wo hast du dich herumgetrieben?«

»Ich komme gerade aus der Schule, hatte fünf Stunden heute«, stotterte ich verdattert.

»Lüg mich nicht an! Schon wieder diese Unverschämtheit!«, brüllte er.

Dann begann eine scharfe Befragung, aber ich konnte ihm nichts anderes sagen, obwohl er mir absolut nicht glauben wollte. Ich bat ihn, in der Schule anzurufen, aber darauf ging er nicht ein, sondern öffnete nur die Tür zum Nebenzimmer.

»Komm herein, meine Kleine«, säuselte er mit sanfter Stimme.

Mit offenem Mund starrte ich das Mädchen an, das nun ins Zimmer trat, und traute meinen Augen kaum. Es war Barbara. Und sie lächelte mich freundlich an. Sie hatte die Schule geschwänzt und Klingenschmidt erzählt, wir hätten heute schulfrei. Er hatte ihr geglaubt. Ihr schien diese Lüge leicht über die Lippen gekommen zu sein. Ich war unglaublich wütend auf sie – und gleichzeitig verstand ich die Welt nicht mehr. Warum hatte Barbara das gemacht?

»Das wird für dich böse Folgen haben, Marianne Döring«, tönte Klingenschmidt inzwischen. »Wir beide sprechen uns noch. Dieses nette und höfliche Mädchen sollte sich wirklich nicht mit dir abgeben. Los, geht jetzt beide nach unten zum Essen.«

Als wir dann nebeneinander die Treppe hinuntergingen und ich mir gerade überlegte, ob ich überhaupt jemals wieder auch nur ein Wort mit Barbara sprechen sollte, flüsterte sie: »Heute ist es so weit! Heute ist unser Tag! Ich habe alle meine Sachen dabei. Sogar Damenbinden von Camelia, falls eine von uns unterwegs so weit sein sollte. Die hatte mein Vater wohl vorsichtshalber schon mal gekauft. Du hast ja heute deinen Schwimmkurs im Hallenbad Pottgraben, also melde dich schnellstens nach dem Essen ab, damit wir los können. Alles andere zeige und erkläre ich dir draußen.«

Erstaunlicherweise durfte ich tatsächlich trotz der Rüge von Klingenschmidt zum Schwimmkurs gehen. Meine Schwester hatte das vor einigen Wochen wieder einmal so angeordnet. Mein Vater hatte zugestimmt und bezahlte, obwohl ich das Schwimmen in dem tiefen, kalten Wasser hasste und es völlig unnütz fand. Aber mich fragte ja keiner.

Mit den harmlosesten Mienen waren wir losgezogen, nachdem Barbara sich noch mit einem sanften Lächeln von Klingenschmidt verabschiedet hatte.

»Warum hast du bloß solche Angst vor dem blöden Kerl? Den wickelt man doch um den Finger«, meinte Barbara, als wir draußen waren.

»Du hast ja keine Ahnung, wie er ist«, war meine Antwort. »Du hast ihn eben noch nicht richtig kennengelernt.« Beim Gedanken an ihn kroch die Angst wieder in mir hoch.

Die Anspannung durch die Ungewissheit lastete auf mir. Ich hatte keine Vorstellung davon, wie es nun weitergehen sollte. Aber Barbara war bestens vorbereitet, wie ich bald feststellen konnte, als wir unweit vom Heim an eine Stelle mit dichterem Gebüsch gelangten. Hier hatte Barbara zwei große Koffer und eine riesige Reisetasche versteckt. Oben drauf lagen noch ein dicker Wintermantel und eine warme Jacke. Da schon den ganzen Tag ein kräftiger Landregen fiel, hatte sie zwei dunkle Herrenregenschirme darüber aufgespannt. Ich traute meinen Augen kaum.

»Und jetzt, wie hast du dir das gedacht? Wie sollen wir mit dem ganzen Kram nach Hamburg zu deiner Tante kommen? Das können wir niemals alles tragen. Hamburg ist weit, und wir haben außerdem überhaupt kein Geld«, sagte ich, plötzlich sehr unsicher ob unseres kühnen Plans.

»Doch, doch, das schaffen wir schon. Geld haben wir auch. Ich habe die Spardose von meinem Bruder geknackt. Da waren fast zehn Mark drin. Wir kriegen das hin! Jetzt geht es endlich los. Ein riesiger Spaß wird das! Ich kann mir das Gesicht von meinem Vater schon genau vorstellen, wenn er heute nach Hause kommt.«

»Aber bis nach Hamburg kommen wir nie mit dem Geld«, lautete mein Einwand. »Die lassen uns doch nicht umsonst mitfahren. Die rufen die Polizei, und dann ist alles aus und vorbei!«

»Quatsch!«, erwiderte Barbara. »Du erzählst doch immer von deiner Schwester, die dich nicht leiden kann und nicht haben will. Da fahren wir zuerst hin und holen uns das restliche Geld für die Fahrkarten nach Hamburg. Die wird froh sein, wenn sie hört, dass du dann für immer verschwunden bist.«

Das konnte ich mir sogar gut vorstellen, auch wenn mir bei dem Gedanken an meine Schwester etwas bange wurde. Aber die Sache war nun einmal, wie sie war. Wir mussten die Chance nutzen. Also beluden wir uns mit dem Gepäck, schleppten es durch den Wald zur Straßenbahn und fuhren Richtung Bahnhof.

Ängstlich beobachtete ich unterwegs die Leute. Wir durften auf keinen Fall auffallen. In meinem Kopf gab es nur einen einzigen Gedanken: Unser Plan musste gelingen! Er bot uns eine Chance für unser ganzes zukünftiges Leben. Wenn er gelang, waren wir alle Sorgen los!

Barbara schien viel weniger besorgt zu sein als ich. Ich fürchtete die Konsequenzen. Was mit mir geschehen würde, wenn wir aufflogen, wagte ich mir kaum auszumalen. Der Gedanke an die Sache mit Christa streifte mich.

Trotz des vielen Gepäcks fielen wir niemandem auf. Auch den ersten Fahrkartenkauf nach Bünde erledigte Barbara problemlos. Das Geld reichte dafür gerade aus. Der Zug kam, und unser Abenteuer begann. Beide waren wir nun munter und guter Dinge.

## Zu früh gefreut

In Bünde angekommen, ging die Schlepperei wieder los. Aber wenigstens regnete es hier nicht mehr, sondern eine warme Sommersonne meinte es mehr als gut mit uns.

Wegen des Gepäcks entschieden wir uns für den Bus nach Hunnebrock. Doch der war gerade abgefahren, und das bedeutete eine ganze Stunde Wartezeit. Wir waren ungeduldig, aber auch diese Zeit ging vorüber. In Hunnebrock angekommen, mussten wir noch einmal dreißig Minuten zu Fuß weiter, schleppend, schwitzend.

Endlich, endlich kamen wir zu Kohlmanns Haus. Ich klingelte.

»Onkel Dieter« öffnete und starrte uns fassungslos an. Dann rief er durch den Hausflur: »Lilo, komm mal schnell! Das musst du einfach gesehen haben!«

Sie kam, sah uns und blieb komischerweise ganz ruhig. Nachdem wir aufgeregt unsere Erklärung hervorgebracht hatten, meinte sie nur: »Na, die Überraschung ist euch gelungen. Aber warum konntet ihr damit nicht noch die letzten drei Tage bis zu den Sommerferien warten? Egal, kommt hoch und nehmt das ganze Gepäck gleich mit.« Beim Tragen halfen sie uns nicht.

Oben setzten wir uns an den Küchentisch. Lilo bot uns Brote an, die wir hungrig verschlangen. Nebenbei berichteten wir ihr, was wir vorhatten. Sie war ausgesprochen freundlich und nickte uns hin und wieder lächelnd zu. Selten hatte sie mich so freundlich behandelt. Wir durften sogar noch ein bisschen nach draußen gehen, damit ich Barbara meine alten Spielplätze zeigen konnte. Ich staunte, und ich genoss Lilos Verständnis. Noch einmal besprachen Barbara und ich unsere Zukunftspläne im Detail. Lilo hatte keine Anstalten gemacht, uns aufzuhalten, sondern lediglich alle weiteren Pläne auf den nächsten Tag verschoben.

Wir redeten und redeten, malten uns unsere goldene Zukunft aus, bis es anfing, langsam dunkel zu werden. Dann machten wir uns auf den Heimweg. Müde von dem langen, aufregenden Tag verschwanden wir gleich im Kinderzimmer und gingen in mein Bett. Wenig später schliefen wir tief und fest.

Sehr früh am nächsten Morgen flog plötzlich mit einem lauten Rums die Zimmertür auf. Erschreckt setzten wir uns auf und rieben uns die Augen. In der Tür stand mein Vater und sah uns mit undurchdringlicher und keineswegs gütiger Miene an. »Aufstehen, und zwar gleich!« war das Einzige, was er sagte.

Die Tür knallte wieder zu. Wir sprangen aus dem Bett und schlüpften in unsere Sachen. Das verhieß nichts Gutes. Mein Vater arbeitete inzwischen in Münster. Das war nicht gerade um die Ecke, sondern mindestens siebzig oder achtzig Kilometer entfernt.

*Warum ist der nun plötzlich hier?*, fragte ich mich, und Unbehagen stieg in mir auf. *Und wie ist er hergekommen?* Ein Telefon hatte meine Schwester nicht.

Wir wagten jedoch nicht zu fragen, als wir zum Frühstück kamen und hastig ein paar Bissen herunterschlangen. Wieder einmal wurde das Gepäck auf Lilos Fahrrad geladen. Mein Vater nahm jede von uns wieder einmal fest an eine Hand – als ob wir es wagen würden, wegzulaufen.

Zu Fuß gingen wir die fünf Kilometer durch die Felder und zum Bünder Bahnhof zurück. Mein Vater kaufte die Fahrkarten, und wir stiegen in den Zug nach Osnabrück. Es herrschte ein bedrückendes Schweigen. Was würde nun mit uns werden?

Dann kam der Bahnhof Osnabrück. Der Zug hielt. Barbara stieg als Erste aus. Sie hatte den Bahnsteig noch nicht einmal mit beiden Füßen betreten, als ihr Vater ihr rechts und links ins Gesicht schlug. Ich erntete einen vernichtenden Blick von ihm. Die Männer wechselten nur wenige Worte, bevor sie sich verabschiedeten. Barbara folgte ihrem Vater, ohne sich noch einmal umzusehen.

Mein Vater und ich machten uns auf den Weg zum Heim. Dort angekommen, ging er mit mir direkt zu Klingenschmidt. Wie es schien, wurden wir bereits wieder erwartet. Mein Vater verschwand nach der Begrüßung gleich und ohne sich von mir zu verabschieden. Man hatte wieder alles telefonisch abgeklärt. Klingenschmidt ging mit mir zu den anderen Kindern in den Saal.

Voll tiefster Empörung erzählte er hier allen, welche Unverschämtheit ich mir erlaubt hätte.

»In meiner ganzen Zeit als Heimleiter hat sich niemals ein Kind eine derartige Unverfrorenheit erlaubt! Eigentlich müssten wir Marianne Döring nun rausschmeißen, aber der liebe Gott wird sie schon entsprechend bestrafen.« So oder so ähnlich lauteten seine Worte. Heute denke ich, dass mein Vater einfach zu gut zahlte, als dass er mich hätte weggeben können und wollen.

*Das sagt der doch nur so,* dachte ich. *Wenn sich das bis jetzt wirklich keiner getraut hat, müssen die anderen ganz schön feige gewesen sein. Vielleicht ändert sich das nun auch! Jedenfalls würde hier wahrscheinlich jeder am liebsten abhauen.* Und was den lieben Gott anging, sagte ich mir: *Der wird sich da bestimmt nicht einmischen. Hat er bei mir ja noch nie getan.*

Klingenschmidt sprach für vier lange Wochen eines seiner beliebten Sprechverbote gegen mich aus. Diese vier Wochen der Isolation überstand ich nur mit zusammengebissenen Zähnen, aber innerlich litt ich sehr darunter.

Mit Tante Ella probten wir damals gerade das Märchen »Der Froschkönig« für eine Theateraufführung vor der Frauengemeinde. Eigentlich hatte ich der Froschkönig sein sollen, aber diese Rolle war ich nun natürlich los.

Später erfuhr ich von meiner Schwester, dass es nachts eine große polizeiliche Suchaktion gegeben hatte. Barbaras Vater hatte das veranlasst. Mein Vater musste wieder einmal aus einem Manöver zurückgeholt werden.

Nach meinem gescheiterten Fluchtversuch stand für alle Erwachsenen und vielleicht auch für manche Kinder fest, dass ich ein asoziales Subjekt war, verkommen, dumm und mit starker Tendenz zur Kriminalität. Das einzige Mittel, mich auf den richtigen Weg zu führen, waren harte Strafen.

In der Schule ließen meine Leistungen immer mehr nach, ich konnte mir einfach nichts mehr merken, und viele Lehrer gaben mir das Gefühl, dass es sich nicht lohnte, mir den Stoff genauer oder auch ein zweites Mal zu erklären. Ich galt als faul, zu nichts nütze, aber nicht als aufsässig oder aggressiv, nur eben als jemand, aus dem nie etwas werden würde. Das zeigte sich von Tag zu Tag deutlicher.

Barbara war übrigens nach dem Vorfall in die Parallelklasse versetzt worden.


### Die letzte Mathearbeit

Die achte Klasse hatte ich nicht bestanden. Nur in Deutsch hatte ich gute Noten. Mathe war für mich eine hoffnungslose Angelegenheit. Obwohl ich gerade in diesem Fach die einzig nette Lehrerin hatte, Frau Merse. Sie kümmerte sich um mich und versuchte, mir ihr Fach näher zu bringen und meine Angst vor Zahlen zu lösen. Leider half es nichts, obwohl sie mich mehrfach auf eine sehr freundliche Weise ermutigt hatte, an die Tafel zu kommen, die Klasse um Ruhe gebeten hatte und mir dann in einfachsten Schritten die Vorgänge zu erklären versucht hatte.

Mein Kopf war wie vernagelt. Knallrot im Gesicht, unruhig hin- und her hampelnd, bemühte ich mich zu verstehen, aber ich konnte nicht einmal »3 x 3« und »3 plus 3« voneinander unterscheiden. Es war wirklich hoffnungslos. Frau Merse schützte mich jederzeit vor dem Spott der anderen Kinder, indem sie versuchte, ihnen einfühlsam klarzumachen, dass es manchmal Gründe für »sogenannte Blockaden« gab.

Ich musste die Klasse wiederholen. Das Wiederholungsjahr ging vorbei, und ich hatte trotzdem nichts dazu gelernt. Für mich hatte sich nichts geändert, außer, dass die schüchterne Marianne W. und ich richtig enge Schulfreundinnen geworden waren. Nun sollte sie plötzlich sitzen bleiben und war sehr verzweifelt. Ich konnte das nur zu gut verstehen, ich kannte das ja, und versprach ihr deshalb ganz fest, sie nicht allein zu lassen. Ich würde mit ihr zusammen noch ein zweites Mal die achte Klasse wiederholen.

In letzter Minute schaffte sie dann die Versetzung. Ich blieb allein auf der Strecke – und war fassungslos. Das hätte so nicht kommen müssen. Nur Marianne zuliebe hatte ich überhaupt nichts mehr für die Schule getan, und entsprechend sah mein Zeugnis aus. In Deutsch und in Verhalten hatte ich nach wie vor eine Zwei, dann vier Dreien, drei Vieren und fünf Fünfen. Unter meinem Zeugnis stand: »Wir raten Marianne dringend ins Berufsleben abzugehen.«

Ich war verzweifelt, denn im Laufe der Zeit war die Schule für mich der einzige Ausgleich zu dem Heimalltag geworden. Ich ahnte nicht, dass meine Zeit im Heim langsam zu Ende gehen sollte, aber noch stand die allerletzte Mathearbeit aus. Sie würde alles entscheiden, sie war die allerletzte Chance.

Dann war es so weit. Am Abend davor lag ich im Bett und grübelte wieder einmal über alles. Währenddessen musste ich ständig husten. Der Husten quälte mich schon eine ganze Weile, und mein Hals war rau. Die anderen schliefen trotzdem. Ich war traurig, richtig verzweifelt und weinte leise vor mich hin. Ich wusste, dass meine Versetzung von der bevorstehenden Mathearbeit abhing. Ich hatte keinen blassen Schimmer, wie ich das schaffen sollte, hatte nichts verstanden, mir wieder mal nichts merken können, und mir war klar, dass ich Mathe nie im Leben verstehen würde.

Plötzlich stand Klingenschmidt im Raum und fragte, wer denn hier so furchtbar huste. Erst schwieg ich, aber dann musste ich erneut husten und meldete mich mit leiser Stimme. Er kam an mein Bett, fühlte meine Stirn und sagte: »Du gehst morgen besser nicht zur Schule. Tante Ella soll bei dir Fieber messen.« Dann ging er wieder und schloss leise die Tür hinter sich.

Sehr früh am nächsten Morgen kam Tante Ella mit dem Fieberthermometer. Ich witterte meine Chance und rieb das Thermometer an der Bettdecke warm. Wie hoch die Gradzahl stieg, habe ich in meiner Naivität gar nicht kontrolliert. Auch meine Wangen und die Stirn rieb ich schnell heiß, bevor Tante Ella wieder den Raum betrat. Wortlos las sie das Thermometer ab und sagte dann: »Du bleibst im Bett. Ich rufe Doktor Heisler an. Er wird dich untersuchen.«

Im Laufe des Vormittags kam der Kinderarzt und untersuchte mich. Außer Husten hatte ich nichts zu bieten, lediglich mein erneut rotgerubbeltes Gesicht. Der Arzt war sich offensichtlich auch unsicher. Als er meinen Bauch abtastete, stöhnte ich vorsichtshalber auf. Er tastete weiter und wieder stöhnte ich, diesmal etwas lauter. Dann stand seine Diagnose fest.

»Blinddarm, akut, Krankenhaus«, sagte er kurz angebunden.

Damit hatte ich nicht gerechnet, aber nun gab es kein Zurück mehr. Plötzlich zeigte sich auch Tante Ella besorgt, organisierte meinen Krankentransport in Klingenschmidts hellgrünem VW ins Marienhospital. Tante Ursula begleitete mich. Ich genoss die viele Aufmerksamkeit. Zu reden gab es nichts. Die Sache lief nun ganz von allein.

Als wir im katholischen Krankenhaus ankamen, musste ich nicht warten, sondern wurde sofort untersucht. Alles begann wieder mit dem Fiebermessen. Tante Ursula saß neben mir, auch die mich behandelnde Ordensschwester wartete. Das Thermometer zeigte eine völlig normale Körpertemperatur an. Die Schwester zog die Brauen hoch, zögerte einen Moment und meinte dann:

»Das Kind hat nichts. Kein Fieber, und ohne Fieber auch nichts am Blinddarm.«

Tante Ursula war empört und setzte sich für mich ein. Bestimmt sei ich sehr krank, sie selbst habe doch morgens meine Temperatur gemeldet bekommen, das müsse ein Irrtum sein. Ich war erstaunt. Niemals hatte mich jemand vom Heim verteidigt. Auch das war ein gutes Gefühl.

Ein Arzt wurde gerufen. Er untersuchte mich, redete ein bisschen mit mir und entschied, dass ich ins Krankenhaus aufgenommen würde. Ich kam in ein Achtbettzimmer. Nur Erwachsene lagen dort. Sie waren freundlich zu mir und neugierig. Es ging mir gut.

Später kam derselbe Arzt noch einmal. »Morgen früh nehmen wir also deinen Blinddarm heraus. Wir beide wissen schon, dass das nötig ist und warum. Es wird alles gut gehen.«

Ich wurde das Gefühl nicht los, dass er mich durchschaut und verstanden hatte. Aber ich konnte mir einfach nicht vorstellen, dass ich tatsächlich operiert würde.

In der Nacht kamen die Angst und auch das schlechte Gewissen in mir hoch. Ich fand keine Ruhe. Zum ersten Mal hatte ich mich bewusst in eine Situation manövriert, aus der ich nun nicht wusste, wie ich wieder herauskommen sollte. Ich stellte mich aufs Sterben ein. Das hatte ich ja lange genug gewollt. Aber nun, so kurz davor, war irgendwie alles ganz anders.

Ganz furchtbar wurde es, als man mich am nächsten Morgen mit einer Trage abholte und zum OP brachte. Weinend musste ich es geschehen lassen. Es gab keinen Ausweg. Immer noch war ich nicht bereit, die Wahrheit zu sagen, sondern ließ mich im festen Glauben daran, dass nun mein Ende gekommen wäre, operieren. Verzweifelt betete ich auf dem Weg in den OP, aber der liebe Gott hatte meine Gebete ja noch nie erhört.

Aus der Narkose erwachte ich nur sehr langsam. Mir war übel, mehrfach musste ich mich übergeben. Ich schrie und weinte und glaubte, tot zu sein, so elend fühlte ich mich. Dieser Tod war keine Erlösung. Alles tat weh, und ich kam nicht wirklich zu mir. Während des Aufwachens musste ich mächtig getobt haben. Man hatte mein Bett rechts und links mit einem Gitter versehen. Eine Ordensschwester saß neben mir, versuchte, mich zu beruhigen. Sie hielt meine Hände fest, mit denen ich immer wieder um mich schlug und versuchte, den Sandsack, den man mir auf den Bauch gelegt hatte, wegzuschieben und den Verband abzureißen. Das mit dem Sack war ein damals übliches Verfahren nach einer Operaion.

Langsam drangen dann doch ihre Worte an mein Ohr: »Es ist ja gut. Es ist alles vorbei. Du bist nicht tot. Du solltest jetzt endlich richtig aufwachen. Der liebe Gott beschützt dich die ganze Zeit.«

Ich brüllte: »Du lügst! Du lügst mich an. Ich weiß, es stimmt wieder alles nicht!« Durch mein eigenes Geschrei wurde ich dann endlich richtig wach.

Die folgenden zehn Tage im Krankenhaus taten mir gut. Ich wurde umsorgt. Die anderen Patienten kümmerten sich um mich und waren ebenso freundlich zu mir wie die Schwestern und die Ärzte.

Dann stand eines Tages mein Vater im Krankenzimmer und holte mich ab.

»Du gehst nicht mehr in die Schule und auch nicht ins Heim zurück«, sagte er. »Ich habe einen Ausbildungsplatz für dich gefunden. Du wirst Fotografin.«

Ich wusste nicht, was ich darauf antworten sollte. Zu mehr als zum Staunen war ich erst mal nicht fähig. Ich konnte das einfach nicht begreifen. Niemand hatte je zuvor mit mir über eine Berufsausbildung gesprochen. Ich selbst hatte keine Vorstellungen vom Berufsleben, geschweige denn Ideen oder Wünsche. Ich war ja sowieso zu nichts zu gebrauchen. Ich hatte Angst, weil ich nicht wusste, was nun werden würde mit mir. Und wieder sollte ein neuer Lebensabschnitt für mich beginnen.

# NACH DEM HEIM
## Sogenannte Berufserfahrung (1957-1962)

So wenig lebensfähig ich in der Zeit nach dem Heim war, so schwierig und voller Probleme sollten die nächsten fünf Jahre werden. Alles begann im November 1957. Ich hatte keine Orientierung, keine Zielvorstellungen, keinerlei Erfahrung mit der Welt, die außerhalb des Schölerbergs lag.

## Erste Stationen

*Fotograf Scheunemann in Osnabrück*

Mein Vater hatte meine wenigen Habseligkeiten bereits aus dem Heim geholt. Aus dem Krankenhaus entlassen, stiegen wir direkt in sein altes Auto. Schweigend fuhren wir los. Er fragte nicht, wie es mir ging, ob ich noch Schmerzen hätte, oder ob mich eine Ausbildung als Fotografin überhaupt interessieren würde.

Es war ein kalter, regnerischer Novembertag – und etwas ganz Neues sollte nun für mich beginnen. Unser Weg führte quer durch Osnabrück ans andere Ende der Stadt. Ich hatte keine Orientierung, aber irgendwann hielt mein Vater an und sagte: »So, wir sind da. Ich bringe dich jetzt zur Familie Scheunemann. Dort wirst du wohnen und die Fotografenlehre anfangen.« Ich nickte stumm. Was gab es dazu auch zu sagen? Ich musste einfach abwarten. Dass nun eventuell ein besserer Lebensabschnitt beginnen würde, wagte ich diesmal nicht mehr zu hoffen. Nach fast fünfeinhalb Jahren Heim war keine Hoffnung mehr übrig. Ich war inzwischen 16 Jahre alt.

In einem Mietshaus stiegen wir die Treppen in den zweiten Stock hinauf. Auf unser Klingeln öffnete eine kleine Frau, die Mitte fünfzig sein mochte.

»Kommen Sie bitte herein, mein Mann erwartet Sie bereits«, sagte sie. Ihr Tonfall klang gleichgültig.

Wir betraten eine kleine Küche. Herr Scheunemann begrüßte uns etwas freundlicher und stellte zuerst seine Tochter Sieglinde vor. Sie war etwa fünf Jahre älter als ich und beobachtete mich schweigend, genau wie ihre Mutter es tat. Ich wagte ein vorsichtiges Lächeln, aber es blieb unbeantwortet.

Dem Gespräch der Männer entnahm ich, dass ich ab sofort hier wohnen würde. Mein Vater hatte einen Beitrag für meinen Unterhalt zu zahlen. Jetzt musste nur noch mein Lehrvertrag unterschrieben werden. Meine Ausbildung würde drei Jahre dauern, im ersten Lehrjahr sollte ich monatlich 25 Mark Lehrlingsgeld bekommen. Dass ich eigenes Geld verdienen würde, war ein Lichtblick. Die Distanz von Mutter Scheunemann und Tochter Sieglinde verunsicherten mich jedoch sehr. Wenigstens schien der Vater etwas aufgeschlossener zu sein.

Herr Scheunemann zeigte uns die Wohnung. Hinter der Küche schlossen sich ein Wohnzimmer und das Elternschlafzimmer an. Auf der anderen Seite lag das kleine Zimmer von Sieglinde, das sie von nun an mit mir würde teilen müssen. Daneben gab es ein Badezimmer mit Waschbecken und Toilette.

Dann ging Herr Scheunemann mit meinem Vater, Sieglinde und mir zum Geschäft, das etwa 500 Meter weiter in der gleichen Straße lag. Es war ein ganz neuer Laden mit einem freundlichen hellen Verkaufsraum. Große Fenster, eine Verkaufstheke aus Glas und rundherum gläserne Regale mit Bilderrahmen in allen Größen und beeindruckenden Fotos von Menschen jeden Alters.

Ich staunte und konnte mir vorstellen, dass es mir Spaß machen würde, hier zu arbeiten und zu lernen, vielleicht selbst irgendwann solche Bilder zu machen.

Eine Treppe führte nach unten. Dort befand sich die Dunkelkammer. An das rote Licht musste man sich erst einen Moment gewöhnen, bevor man etwas erkennen konnte. Von der Decke hingen jede Menge lange Filmstreifen zum Trocknen herab. Auf den Arbeitstischen ringsherum an den Wänden standen Schalen mit verschiedenen Flüssigkeiten. Ich betrachtete unterschiedliche Apparate, deren Sinn ich nicht zu entschlüsseln vermochte, aber damit hatte es ja auch noch Zeit.

Wir betraten das Büro und danach noch einen äußerst interessant wirkenden Raum mit großen Lampen, richtigen Scheinwerfern. In der Mitte dieses Zimmers standen auf einem Teppich ein gemütlich wirkendes kleines Sofa, ein Sesselchen, verschiedene Sitzkissen und andere Requisiten und Dekorationsgegenstände. Kameras in allen Größen machten jedem Eintretenden klar, dass dies der Ort des Geschehens war.

Mein Interesse war geweckt, ich freute mich. »Toll, hier werden also die Porträts gemacht? Die Kinder- und Familienbilder, alles, was ich im Laden oben schon bestaunt habe?«

»Ja, Marianne«, gab Herr Scheunemann zur Antwort und fragte: »Glaubst du denn, dass du dazu Lust hast? Würde dir das Spaß machen?«.

Ich nickte begeistert.

»Na, dann steht dem ja nichts mehr im Wege, und morgen fangen wir gleich an«, freundlich lächelte er dabei. »Meine Tochter Sieglinde arbeitet auch hier. Wir werden dir gemeinsam alles zeigen und erklären.«

Wieder versuchte ich es mit einem Lächeln in Richtung Sieglinde, wieder keine Reaktion.

Mein Vater unterschrieb den Ausbildungsvertrag. Wie üblich überantwortete er Herrn Scheunemann und seiner Familie alle erzieherischen Vollmachten über mich und vergaß auch nicht, zu erwähnen, dass ich streng behandelt werden müsse, da ich ein schwieriges Kind sei. Beschämt blickte ich derweil zu Boden. Die gerade aufkommende Freude war schlagartig einem Gefühl der Beklommenheit gewichen.

Dann verabschiedete sich mein Vater sehr herzlich von Herrn Scheunemann und Tochter Sieglinde und drückte nochmals seine große Dankbarkeit aus. Zu mir sagte er knapp: »So, das war's dann. Benimm dich anständig.«

Sieglinde ging mit mir in die Wohnung zurück. In ihrem Zimmer bekam ich für meine eigenen Besitztümer eine kleine Kommode zugewiesen sowie ein wenig Platz in dem dunklen Kleiderschrank. Mein Tagebuch legte ich in einem unbeobachteten Moment unter mein Kopfkissen. Ich schrieb seit drei Jahren, nachdem ich das »Tagebuch der Anne Frank« gelesen hatte, ausgeliehen von Marianne W. aus meiner Klasse. Frau Scheunemann ermahnte mich, künftig alles im Zimmer sehr ordentlich zu halten, nichts herumliegen zu lassen und morgens gleich das Bett zu machen. An Sieglindes Sachen hätte ich nichts zu suchen. Das Licht sei immer auszuschalten.

Es gab ein einfaches Essen. Ich durfte zum ersten Mal meine Portion selbst auffüllen, und es schmeckte mir. Wir saßen alle in der kleinen, aber gemütlichen Küche zusammen. Ich wurde konsequent in alles eingewiesen. Schließlich war ich eine fremde Person und kam noch dazu aus einem Heim. Da musste man erst mal sehen, ich verstand das. Und auch mir war es lieber, ich wusste gleich, was mir erlaubt war und was nicht.

Die Atmosphäre blieb kühl. Ich war unsicher und besorgt, ob ich alle Regeln würde richtig befolgen können, aber ich nahm mir fest vor, mir die größte Mühe zu geben.


*Falsche Anschuldigungen*

Um sechs Uhr am nächsten Tag hieß es aufstehen. Während Sieglinde im Bad war, machte ich schon mal die Betten und räumte auf. In der Küche gab es ein schnelles Frühstück, und um halb sieben Uhr waren wir beide bereits auf dem Weg ins Geschäft.

Gleich begann Sieglinde, mir zu zeigen, was meine Aufgaben sein würden. Mit Fotografie hatte das erst mal nichts zu tun. Ich hatte all die gläsernen Regale zu putzen, auch die Bilderrahmen waren täglich abzustauben, die Verkaufstheke gründlich zu reinigen, ebenso wie die gläserne Eingangstür. Eifrig begann ich mit der Arbeit, aber Sieglinde schien nicht zufrieden zu sein. Ständig wies sie mich auf noch vorhandene Fingerabdrücke oder Fleckchen auf dem Glas hin, sodass ich wieder von vorne anfangen musste.

Sieglinde verstand keinen Spaß, sondern wurde schnell ärgerlich und wies mich streng zurecht. Wenn sie es so wollte, putzte ich eben das ganze Glaszeug noch einmal, selbst wenn ich keine Abdrücke auf dem Glas entdecken konnte. Stück für Stück arbeitete ich mich von Raum zu Raum, von Glas zu Glas vor.

Auch als Herr Scheunemann später dazu kam, änderte sich nichts. Ich putzte und putzte den ganzen Vormittag. Aber Sieglinde war nicht zufrieden. Langsam verlor ich meinen Elan, wollte mich aber nicht unterkriegen lassen. Es war ja eine neue Chance, und so gab ich mir weiterhin Mühe und blieb freundlich. In der Mittagszeit wurde der Laden geschlossen, und wir gingen zum Essen in die Wohnung. Danach sollte ich mich in unser Zimmerchen zurückziehen und ausruhen. Ich schrieb Tagebuch.

Pünktlich um drei Uhr nachmittags wurde das Geschäft wieder geöffnet, und es kamen auch einige Kunden. Sie kauften Filme oder brachten welche zum Entwickeln, aber große Porträts wurden nicht gemacht. Wenn jemand den Laden betrat, sollte ich in die unteren Räume verschwinden. Sieglinde hatte mir gezeigt, welche Schränke ich dort putzen sollte. Herr Scheunemann war die ganze Zeit über in der Dunkelkammer beschäftigt. Ich wünschte mir so sehr, dass er mich rufen und mir zeigen würde, was er dort machte, aber das geschah vorläufig nicht.

Regelmäßig schickte Sieglinde mich zum Einkaufen irgendwelcher Kleinigkeiten. Immer hatte ich den Bon vorzulegen und genau auf Heller und Pfennig bei ihr abzurechnen. Das war auch eine neue Erfahrung und nicht so langweilig wie meine anderen Tätigkeiten im Laden.

Um sieben Uhr abends wurde geschlossen. Ich wischte die Fußböden und räumte auf. Gemeinsam gingen wir nach Hause. Nach dem Abendbrot hatte ich mich wieder ins Zimmer zurückzuziehen. Sehr glücklich war ich nicht in diesen ersten vier Wochen meiner »Fotografenausbildung«, die mir wie ein gewöhnlicher Putzjob vorkamen.

Nach einem Monat zahlte mir Herr Scheunemann persönlich das erste Lehrlingsgeld aus: 25 Deutsche Mark. Die waren schwer verdient. Ich war stolz darauf – und setzte sie gleich in Süßigkeiten um. Abends, wenn ich allein im Zimmer saß, die Scheunemanns nebenan murmeln hörte, dann aß ich meine selbst erarbeiteten Leckereien. Leider dauerte diese Freude immer nur wenige Tage an. Ich musste erst lernen, mir die Dinge einzuteilen und begreifen, dass mir hier niemand etwas wegnahm.

Langsam wurde es auch im Geschäft ein wenig spannender. Herr Scheunemann holte mich endlich in die Dunkelkammer. Was immer er mir dort zeigte, erklärte, mich ausprobieren ließ, es machte großen Spaß. Anfangs sprach er nicht viel, aber sein knappes Lob reichte mir vollkommen. Das war viel mehr, als ich bei Lilo oder im Heim je bekommen hätte.

Im Laufe der Zeit entwickelte sich ein Vertrauensverhältnis zwischen uns. Wenn Sieglinde, wie so oft, in die Dunkelkammer kam, um mich für Putzdienste einzusetzen, dann widersprach er, weil ich gerade lernte, die Trockenmaschine oder die Schneidemaschine zu bedienen. Bald durfte ich immer selbständiger arbeiten. Er schien seine Freude daran zu haben, wie schnell ich lernte und wie motiviert ich war. Irgendwann begann er Fragen nach meiner Vergangenheit zu stellen und hörte geduldig zu. Mit ihm konnte ich offen reden, über meine Mutter, das Heim und all meine Probleme.

Auch er erzählte mir seine Geschichte. Mit dem allerletzten Gefangenentransport war er aus Russland zurückgekommen. Jahrelang hatte er gefroren und gelitten, war einsam gewesen.

*Vielleicht kann er mich deshalb so gut verstehen*, dachte ich manchmal.

Nur sein kaholischer Glaube hatte ihn am Leben erhalten. Trotz des furchtbaren Hungers hatte er sich für die Heilige Mutter Maria eine Kette aus Brotstückchen abgehungert, damit sie Frau und Kinder beschützen möge. Es hatte ja auch geholfen, sagte er.

Dennoch war sein größter Zukunftstraum nicht in Erfüllung gegangen, obwohl er vom Staat eine gute Abfindung als Startkapital für sein Geschäft erhalten hatte. Es war sein innigster Wunsch gewesen, das Geschäft gemeinsam mit seinem Sohn aufzubauen. Sie hatten immer ein enges Verhältnis gehabt, sich sehr nahe gestanden und ihre Leidenschaft für die Fotografie geteilt. Doch sein Sohn sei aus tiefer Gläubigkeit und Dankbarkeit über die Rückkehr des Vaters in ein Kloster eingetreten. Seitdem gab es kaum noch Kontakte zwischen ihnen.

Sieglinde hatte immer mehr auf der Seite ihrer Mutter gestanden und kein Interesse für den Laden gezeigt. Zwar hatte sie auch eine Fotografenlehre gemacht, war aber zwei Mal durch die Gesellenprüfung gefallen. Beim dritten Versuch hatte Herr Scheunemann dafür gesorgt, dass es klappte – einer musste ja später sein Geschäft übernehmen.

Inzwischen waren fünf Monate vergangen. Die Ausbildung war und blieb spannend für mich, und das Verhältnis zwischen Herrn Scheunemann und mir hätte nicht besser sein können.

Am Familienleben durfte ich nur bei den Mahlzeiten teilnehmen. Im Gegensatz zu Herrn Scheunemann sprachen Sieglinde und ihre Mutter kaum mit mir. Dafür kam nun auch Frau Scheunemann seit Wochen ins Geschäft, um mich zusammen mit ihrer Tochter beim Putzen zu kontrollieren und leider auch zu schikanieren. Was immer ich tat, sie waren nie zufrieden, sie maulten oder schimpften, stichelten oder machten sich lustig, ließen mich die Dinge immer mehrmals machen und redeten in meiner Gegenwart abfällig über meine Zeit im Heim.

Wenn Herr Scheunemann auftauchte, war der Spuk vorbei. Er schien von alledem nichts zu ahnen. So, wie ich diese Familie kennengelernt hatte, war mir klar, dass ich besser zu allem meinen Mund halten sollte, und das tat ich dann auch.

Eines Tages veränderte Herr Scheuermann sein Verhalten mir gegenüber plötzlich schlagartig. Wir waren gemeinsam in der Dunkelkammer, aber er sprach nicht mehr mit mir. Das ging einige Tage so. Dann traute ich mich endlich zu fragen, was denn los sei, und ob ich etwas falsch gemacht hätte.

Er sah mich lange sehr ernst an. »Das würde ich dich gerne fragen«, antwortete er schließlich.

Erstaunt blickte ich ihm direkt in Gesicht. »Wieso, ich verstehe Sie nicht. Es ist doch alles wie immer, oder nicht?«

»Nein, das ist es nicht, und ich erwarte, dass du mir sagst, was passiert ist und warum das so passiert ist.«

Verdattert schüttelte ich den Kopf. »Herr Scheunemann, wovon reden Sie? Ich verstehe Sie überhaupt nicht. Was soll denn passiert sein?«

»Marianne, wenn du jetzt nicht darüber sprechen willst, gebe ich dir Zeit, aber ich lasse diese Angelegenheit nicht auf sich beruhen. Du hast von heute an für die nächsten vier Wochen Gelegenheit, darüber nachzudenken und dich zu äußern. Solltest du das nicht tun, ist deine Lehrzeit für mich beendet.«

Ich war fassungslos und verzweifelt. Eine hilflose Wut tobte in mir. Was hatte ich bloß getan? Wie die Filme, die ich in der Dunkelkammer bearbeitete, spulte ich die Bilder der vergangenen Wochen und Monate in meinem Kopf zurück und dann wieder vor. Vergeblich. Ich war mir keiner Schuld bewusst.

Gemeinsam arbeiteten wir weiter, aber es fiel kein Wort mehr. Oft sah er mich lange an. Sein Blick war nicht böse, nur enttäuscht. Das tat weh. Auch ich war enttäuscht. Und schwieg vier lange Wochen. Dann schmissen Scheunemanns mich raus.

Mein Vater holte mich ab. Sogar meine Brüder waren mitgekommen. Gemeinsam ging es zu Lilo nach Hunnebrock. Axel fragte mich nach der Wahrheit. Ich sagte ihm, dass ich nichts getan hätte. Er schüttelte langsam den Kopf, widersprach mir nicht, sagte nur: »Die Sonne bringt es an den Tag. Du musst abwarten.« Ich klammerte mich an diesen Spruch fest, aber die Sonne brachte es nie an den Tag. Trotz langen Wartens nicht!

Nachmittags fand dann das große Tribunal im kalten Wohnzimmer statt. Unser Vater saß ganz hinten in der Ecke auf einem Stuhl. Konrad stand vor mir, lässig gegen den großen Esstisch gelehnt. Als Soldat war er inzwischen bei der amerikanischen Militärpolizei und in Deutschland stationiert.

*Toll sieht mein Bruder aus. Und so groß ist er, dass er sich an den Türen bücken muss,* dachte ich. *Und so schlank in seiner schicken Uniform der US-Army.*

Aber ausgerechnet Konrad sah mich nur streng an und fragte: »Warum hast du dort geklaut?«

»Was soll ich gemacht haben?«, fragte ich entgeistert. »Geklaut? Wie soll das denn möglich sein? Wo hätte ich denn da klauen sollen?«

Er holte aus, schlug mir mit der flachen Hand ins Gesicht und meinte: »Pass mal auf, liebe Schwester, dein ganzes Theater hängt uns allen hier zum Halse raus. Mach's Maul auf und sag die Wahrheit, sonst kann ich auch ganz anders. Ich habe in der Army viel gelernt und weiß genau, wie man mit Bekloppten oder Kriminellen umgeht.«

Ich schluckte, Tränen liefen mir über das Gesicht. Wie konnte er etwas Derartiges zu mir sagen? Warum glaubte er mir nicht? »Konrad, wirklich, ich habe nicht geklaut!«

Diesmal schlug er rechts und links zu. Unser Vater saß hinten und schaute sich alles an, ohne etwas dazu zu sagen. So ging es immer weiter, was ich auch sagte. Als mir das Blut aus Nase und Mund in den Mantel tropfte, begriff ich, dass es keinen Zweck hatte, weiter auf meiner Unschuld zu beharren. Also gab ich zu: »Ja, ich habe geklaut«.

Mit einem Grinsen in Richtung unseres Vater meinte Konrad: »Na bitte, ich sag es doch. Warum nicht gleich so?«

Erst nach dieser »Befragung« konnte ich mir nach und nach zusammenreimen, was da vorgefallen war, nämlich Folgendes: Sieglinde Scheunemanns kleine, gelbe Spardose hatte immer neben dem Brotkasten in der Küchenanrichte gestanden. Sie hatte die Form eines Briefkastens und war immer abgeschlossen. Ein einziges Mal hatte ich geäußert, dass ich sie hübsch fand, mich aber nie weiter für die Spardose interessiert. Angeblich hatte Frau Scheunemann eines Tages entdeckt, dass der Schlüssel in der Spardose steckte. Das konnte nur bedeuten, dass sich jemand daran zu schaffen gemacht hatte und dabei wohl unterbrochen worden sein musste. Sieglinde war es nicht, also *musste* ich es gewesen sein.

In Hunnebrock wurde ich für den Rest des Tages ins Bett geschickt. Keiner sprach mit mir, keiner sah mich an. Ich war für sie gar nicht mehr da. Dass ich den Diebstahl nicht begangen hatte, klärte sich nie auf.


*Hotel zur Mühle in Bielefeld-Ummeln*

Ein oder zwei Tage später war es wieder einmal so weit. Der kleine alte Koffer stand fertig gepackt im Flur. Wie ich es inzwischen schon kannte, stiegen mein Vater und ich, nach seiner kurzen Verabschiedung von den anderen, ins Auto. Diesmal hatte ich keine Lust mehr, das Schweigen zu brechen. Auch grübelte ich gar nicht mehr darüber nach, was kommen würde. Er wollte nicht sprechen, warum also sollte ich fragen? Es würde sich zeigen.

Wir fuhren Richtung Bielefeld. Das konnte ich an den gelben Straßenschildern ablesen. Im Ortsteil Ummeln steuerte er den Parkplatz eines Hotels an. Wir stiegen aus. An der Rezeption wies mein Vater den Angestellten darauf hin, dass er einen Termin mit dem Hotelbesitzer hatte. Wir wurden gleich ins Chefzimmer geführt.

Herr Woller machte einen freundlichen Eindruck. Als mein Vater mit den üblichen Floskeln begann, bremste er ihn zu meiner

Freude sogar. Verdattert wiederholte er trotzdem noch einmal, dass ich Aufsicht und eine strenge Hand brauche, da ich noch minderjährig sei, doch Herr Woller hat ihm den Wind aus den Segeln genommen. Er winkte ab und erklärte, alle seine Kochlehrlinge seien minderjährig, auch seine eigenen Söhne gehörten dazu, sie würden hier in der Hotelküche ausgebildet, und er sei an den Umgang mit Jugendlichen gewöhnt.

Als ich das Stichwort »Kochlehrling« hörte, wurde mir allerdings mulmig. Als Beruf konnte ich mir das nun gar nicht vorstellen. Aber was sollte ich tun? Es gab viel Arbeit in so einer Hotelküche. Der Chef arbeitete die meiste Zeit mit. Schon bald sollte ich erfahren, was meine Aufgabe in der Küche sein würde: Ich wurde als die lang erwartete Hilfe für die Spülfrau in der Spülküche eingesetzt.

*Oje, so habe ich mir das nicht vorgestellt,* dachte ich niedergeschlagen. *Das kann ja heiter werden.* Ich war gerade 16 Jahre alt geworden, in meinem Kopf gab es nach wie vor keine konkreten Vorstellungen, was meine Zukunft betraf, aber »Spülküche« war bestimmt nicht mein Traum. Mir graute davor.

Frau Schaller, die Spülfrau, der ich unterstand, war eine äußerst harte, unfreundliche Person, die schimpfte und mich ständig hetzte. Immer sollte ich schneller sein als ich konnte. Nach und nach verstand ich aber, dass dies einfach ihre Art war und sich nicht gegen mich persönlich richtete. Sie arbeitete selbst hart, blickte kaum auf, hatte mich aber aus dem Augenwinkel immer genau im Blick und ließ keine noch so kleine Ruhepause zu.

Die große Spülmaschine rauschte ständig. Bei dem Lärm konnte man kaum reden. Die Kellner brüllten ihre Bestellungen durchs Ausgabefenster herein, die Köche riefen den Lehrlingen Anweisungen zu, die großen Kessel und Töpfe schepperten und klapperten auf dem riesigen Herd. Hektik und Krach überall.

Das schmutzige Geschirr mit den Essensresten wurde auf die Ablagetische in der Spülküche geknallt. Ich raffte, so schnell ich konnte, alles zu Stapeln zusammen, denn ein Kellner nach dem anderen ließ seine Sachen dort praktisch fallen, um schnell wieder davonzuhetzen und wenige Minuten später neues verdrecktes Geschirr, Besteck und Gläser abzuladen. Immer wieder und wieder türmten sich die Geschirrberge. Ging es nicht schnell genug, wurden die Stapel hoch und höher, und manchmal knallte dann einer unter fürchterlichem Getöse auf die Erde. Frau Schaller stieß dann wilde spitze Schreie aus, und die Stimme des Chefs aus dem Hintergrund mahnte laut zur Vorsicht. Ich stand starr vor Schreck von dem Getöse vor dem Trümmerhaufen, den ich schnellstens zu beseitigen hatte. Fragen waren überflüssig, es musste einfach erledigt werden.

In den ersten Tagen war ich verzweifelt. Dieser Krach, dieser Lärm, diese ständige Hektik. Mein Kopf dröhnte, aber zum Glück war nur zur Mittagszeit so ein Wirbel. Wenn die überstanden war und alle Herde, Ablagen, Töpfe und Pfannen bis hin zu den Fußböden gescheuert, die Küche also tipptopp aussah, dann hatten auch wir endlich eine lange Pause.

Mit den zwei anderen weiblichen Lehrlingen Isolde und Christa teilte ich ein kleines Zimmer unter dem Dach. Mein Bett stand unter der Schräge. Liegend konnte ich durch das Dachfenster in den Himmel sehen. Wenn der Regen auf die Scheibe trommelte, fühlte ich mich wohl und geborgen.

Wir Mädchen verstanden uns gut. Isolde war im dritten Lehrjahr, Christa im zweiten. Dass ich nur Hilfskraft war, ließen sie mich nicht spüren. Zwischen der Mittags- und der Abendschicht hatten wir vier Stunden Zeit. Dann arbeiteten wir wieder bis um zehn Uhr und manchmal auch länger.

Im Sommer duschten wir nachmittags schnell und marschierten dann gemeinsam mit Jürgen und Jochen, den Zwillingen des Chefs, ins Schwimmbad. Sie waren im ersten Lehrjahr und benahmen sich meist noch wie kleine Jungen, aber sie waren freundlich und lustig. Zusammen gaben wir eine starke Gruppe ab, hatten viel Spaß und amüsierten uns köstlich mit allerlei Albernheiten. War das Wetter nicht zum Schwimmen geeignet, lagen wir Mädchen auf den Betten herum, erzählten uns Witze oder lasen Groschenromane. Fast täglich verschlang ich eins dieser Hefte und lebte mehr oder weniger in einer Traumwelt. Für mich war das eben alles neu. Doch trotz der schweren Arbeit war ich glücklich über meine neuen Freiheiten.

Jeder Tag fing früh um fünf Uhr an. Ich machte das Frühstück für das gesamte Küchen- und Bedienungspersonal. Die begannen ihren Dienst meistens um sechs Uhr. Das Frühstück war herrlich. Immer frische Brötchen und Toast, gekochte oder gebratene Eier, verschiedene Sorten Wurst, Käse und Schinken, jede Menge unterschiedlicher süßer Aufstriche, und statt Margarine gab es »gute« Butter. Ich fühlte mich wie im Schlaraffenland, aß, genoss – und wurde immer rundlicher.

Der Abenddienst fing ruhiger an als die Mittagsschicht. Bald durfte ich in der »kalten Küche« mithelfen. Dort galt es, Aufschnittplatten herzurichten und Eisbecher zu dekorieren. Ich war begeistert und entwickelte immer neue Ideen, die mir bald nicht nur die Anerkennung der Lehrlinge, sondern auch der Kellner und des Chefs einbrachten. Das tat ungemein gut. Ich flitzte und rannte und erledigte jeden Tag aufs Neue und mit größter Begeisterung, was auch immer anstand.

Kamen die Platten zur Küche zurück und waren nicht ganz leer, wanderten Schinken, Käse, Spargelröllchen und andere Leckereien schnell und selbstverständlich in meinen Mund statt in den Müll. Standen die Eisbecher an, verschwand ich im Kühlraum, erfreute mich an den vielen großen Dosen mit den herrlichen Sahneeissorten. Mit der bloßen Hand fuhr ich in die verlockendste Sorte, packte so viel Eis wie ich konnte und schlemmte erst einmal selbst in aller Ruhe. Nach der langen Zeit im Heim hatte ich immer noch Schwierigkeiten damit, mir solche Gaumenfreuden einzuteilen. Blieb ich zu lange, tauchten plötzlich Jürgen oder Jochen auf.

»Haben wir dich doch wieder mal erwischt«, sagten sie dann und lachten, während sie versuchten, mir an den Busen zu greifen oder auf den Po zu klatschen. Grund genug für mich, schnellstens aus der Kühlkammer zu flüchten.

Nach einigen Monaten bekam ich vom Chef offiziell die Aufgabe, morgens den Frühstücksbetrieb für die etwa 60 Hotelgäste zu übernehmen. Dies gab meinem Selbstvertrauen einen großen Schub, denn ich merkte, dass Herr Woller meine Arbeit schätzte. Geschickt und flink, wie ich inzwischen war, klappte auch alles zu seiner Zufriedenheit. Selbst mit den manchmal schwierigen Kellnern kam ich gut zurecht.

Vom Besuch einer Berufsschule war nie die Rede, und es quälte mich keiner damit. Alle vierzehn Tage hatte ich einen Mittwochnachmittag frei, und im Monat verdiente ich jetzt 50 DM.

Nach ungefähr sechs oder sieben Monaten passierte es zum ersten Mal. Mit einem vollen Tablett fiel ich die Treppe zum Personalraum hinunter. Alle waren erschrocken, hatten Mitleid mit mir. Aber das konnte ja mal passieren. Im Laufe der nächsten Wochen passierte es allerdings immer häufiger. Als ich irgendwann fast täglich mindestens einmal eine Treppe hinauf- oder hinunterstolperte und hinfiel, einen falschen Schritt machte und dabei Eisbecher oder Platten fallen ließ, wurden meine Kollegen langsam ärgerlich. Anfangs sagte niemand etwas, aber ich sah ihre missbilligenden Blicke. Dann stöhnten die Kellner oder der Koch schon mal, und mein Chef setzte eine fragende Miene auf, nach dem Motto: »Wer soll denn das alles bezahlen?«

Ich war unglücklich, gab mir allein die Schuld für meine ständige »Ungeschicklichkeit«, versuchte, alles langsamer und überlegter zu machen, aber es wurde nicht besser, sondern schlimmer. Ich verstand die Welt nicht mehr. Ich war gerne hier, ich war zufrieden, alle waren nett und freundlich. Was war nur los mit mir?

Meine Schwester Lilo wohnte nicht weit von Bielefeld entfernt. Mit dem Bus waren es etwa 22 Kilometer. Ich hatte während der ganzen Zeit im Hotel keinen Kontakt zu ihr aufgenommen. Auch sie hatte sich nie bei mir gemeldet. Im Schölerberg hatte sie ebenfalls nie angerufen oder mich besucht. Aber wen hätte ich fragen sollen, was mit mir plötzlich los war, wenn nicht Lilo?

Am nächsten freien Nachmittag fuhr ich nach Hunnebrock. Sie war erstaunt, mich zu sehen, aber nicht unfreundlich. Sie hörte sich alles an, schwieg eine Weile und meinte dann: »Das kann ich mir auch nicht erklären. Vielleicht ist es einfach zu viel Arbeit für dich. Ich werde mit deinem Vater darüber reden. Komm in vierzehn Tagen wieder her.«

Das tat ich. Als ich ich wieder bei Lilo vor der Tür stand, war schon alles geregelt. In der Zeitung hatte sie für mich kurzerhand eine neue Arbeitsstelle als Hausangestellte gesucht und in meinem Namen angenommen. Wiederum, ohne mich zu fragen.

»Papa kündigt für dich im Hotel«, hieß es, und eine Woche darauf brachte er mich zur Familie Spiekmann, die eine Bäckerei in Bielefeld besaß.

Niemand hatte mir die ganze Aktion erklärt, niemand hatte gesagt: »Marianne, die Arbeit ist so schwer und dein Wunsch, 150 Prozent zu geben so groß, dass es dich überfordert.« Auch versuchte mein Chef damals nicht, mich zu halten, was ich kaum glauben konnte. Aber vielleicht hat man mir auch nur nichts davon gesagt.

Dabei hatte es mir im Hotel zur Mühle gefallen. Ich hatte einen Hauch von Freiheit zu spüren bekommen und erfahren, wie es ist, Verantwortung zu übernehmen und Anerkennung zu bekommen.

Nun wusste ich wieder einmal nicht, was auf mich zukommen würde, nur, dass etwas Neues kam. Vielleicht gut, vielleicht schlecht. Auf jeden Fall würde ich mich eingewöhnen müssen und mein Bestes geben, in der Hoffnung, dass das ausreichen würde.

### Bäckerei Spiekmann

Der Laden lag an einer Straße mit regem Autoverkehr. Zwei große Schaufenster zeigten, was es bei Spiekmanns an Backwaren, Brot, Kuchen und sonstigen Lebensmitteln zu kaufen gab.

Hinter der Verkaufstheke im Geschäft standen ein großer Mann und eine kleine Frau. Beide mussten schon über sechzig sein. Er war unrasiert, trug ein weißes Unterhemd über dem dicken Bauch und eine gestreifte Bäckerhose. Um den Hals hatte er ein rotkariertes Tuch geknotet, eine kleine weiße Bäckermütze zierte seinen fast kahlen Kopf. Die Frau neben ihm ähnelte ein wenig Frau Scheunemann. Zuerst fiel mir ihre sorgfältig gebügelte weiße Schürze auf.

*Wie im Heim*, dachte ich.

Durch unser Eintreten fühlten sie sich zunächst nicht gestört, sie sahen einfach noch einen Moment lang schweigend nach draußen. Dann raffte sich die Frau auf: »Bitte schön, was bekommen Sie?«

Mein Vater stellte uns vor. Gemeinsam gingen wir in ihr Wohnzimmer. Ohne eine richtige Begrüßung setzten wir uns. Mein Vater sagte seine üblichen Worte zu meiner Vergangenheit, allerdings drückte er sich diesmal etwas gemäßigter aus. Doch Frau Spiekmann schien meine Vorgeschichte nicht zu interessieren. Sie erklärte einfach, was ich ab sofort täglich zu tun hätte und fragte, ob ich ordentlich putzen, waschen und kochen könne. Mein Vater, der darüber eigentlich nichts wusste, versicherte ihr, ich sei eine zuverlässige Kraft.

Mein neuer Arbeitstag begann um sechs Uhr früh am nächsten Morgen. Ich hatte im Laden anzutreten, um alte Backwaren in die Backstube zu räumen, Regale auszuwischen, Bleche zu säubern, die Theke zu putzen, den Fußboden und ebenso den Eingangsbereich vor dem Geschäft gründlich zu wischen. Dann hieß es Betten machen, anschließend sollte ich in der gesamten Wohnung staubsaugen, staubwischen, aufräumen.

Wenn später am Morgen die verheiratete Tochter der Spiekmanns mit ihrem Mann in den Laden herunterkam, um im Geschäft und in der Backstube zu helfen, sie wohnten im gleichen Haus, dann hatte ich auch noch deren Wohnung zu putzen, die im ersten Stock lag – und natürlich das Treppenhaus.

Auf das Putzen der Badezimmer und der beiden Küchen wurde größter Wert gelegt, aber das sollte ich später noch ganz genau gezeigt und erklärt bekommen. Alles sollte natürlich schnell und ohne Bummelei geschehen, denn das Mittagessen für acht Personen musste pünktlich um zwölf Uhr auf dem Küchentisch stehen.

Hatte ich nach dem Essen den Abwasch gemacht, während Spiekmanns im Wohnzimmer ihren Mittagsschlaf hielten, musste die Küche gewischt und gewienert werden. Dann stand noch das Saubermachen des Lehrlingszimmers an. Darin schliefen drei Jungen zwischen 15 und 17 Jahren, und der Raum sah eigentlich immer wie ein Trümmerfeld aus. Lilo hätte gesagt: »Ein elender Schweinestall ist das!«

*Aber was soll's,* dachte ich resigniert bei mir, *ich bin ja hier für alle die Putzfrau.* Auch sonst gingen die drei Bäckerlehrlinge recht ruppig mit mir um. Nicht nur, dass sie mir oft das Leben durch ihre ständige Unordnung schwer machten. Manche ihrer dummen Sprüche gingen ganz schön unter die Gürtellinie.

»Heh«, riefen sie zum Beispiel, »zeig uns mal deinen fetten Hintern oder deine Pietzen, wir brauchen ein bisschen Anregung!« Pietzen bedeutete Brüste. Das und Ähnliches musste ich mir oft anhören, und es beschämte mich. Es war mir unangenehm, dass ich immer durch ihr Zimmer musste, um in mein eigenes zu gelangen, das dahinter lag. Genauso musste ich jeden Morgen durch die Backstube, in der sie bereits arbeiteten, um in das Geschäft und die Wohnung von Spiekmanns zu gelangen.

War ich mit allem fertig, kam Frau Spiekmann zur täglichen Kontrolle angerückt. Das tat sie immer, und selten war sie zufrieden. Wenn die Lehrlinge auch nur kurz zwischendurch im Zimmer gewesen waren, herrschte dort das gleiche Chaos wie vorher. Sie warfen ihre Sachen einfach irgendwo hin. Zwischen gebrauchten Arbeitsklamotten, schmutziger Wäsche und stinkenden Socken fanden sich angebissene Brote, schmutziges Geschirr, Gläser, Flaschen, Schuhe.

Alle drei Wochen war die »große Wäsche« zu erledigen. Ein Kraftakt, wie im Heim, aber hier musste ich alles unter Anweisung und Kontrolle von Frau Spiekmann oder ihrer ebenso unfreundlichen Tochter alleine machen. Selten packten sie an, wenn ich ein großes Wäschestück von einem Zuber in den anderen hievte oder mich mit der Wringmaschine quälte.

Alle zwei Tage mussten die großen Schaufenster im Geschäft geputzt werden, und wehe mir, wenn es Streifen auf den Scheiben gab. Dabei hatte ich die Nase noch von der Scheibenputzerei bei Scheunemanns voll. Auch Frau Spiekmann ließ kein gutes Haar an mir. Aber am meisten hasste ich, dass ich auch die Straße vor dem Laden zu fegen und mit einem Wasserschlauch abzuspritzen hatte. Ich fühlte mich in diesen Momenten vor aller Welt wie die billigste Dienstmagd vorgeführt, und dazu missbrauchten sie mich ja schließlich auch.

Gegen sieben Uhr hatte ich endlich Feierabend. Mit meinem Abendbrot in der Hand zog ich mich leise zurück und ging meist gleich schlafen. Ich war ständig furchtbar müde und verschlief auch die meisten freien Sonntage in meinem ohnehin dunklen Zimmer über der Backstube.


*Träume vom eigenen Leben*

Ich war beinahe 17 Jahre alt, und ich war unglücklich. Das Leben rauschte nur so an mir vorbei. Wann würde ich endlich den Mann meines Lebens kennenlernen? Mit dem alles gut würde, mit dem ich lachen und lustig sein konnte, der die Musik von Conny Froboess und Peter Kraus mit mir genoss. Mit dem ich tanzen gehen und vielleicht auch mal Ferien machen könnte. Aber vor allem: dem ich vertrauen konnte und der mich so mochte, wie ich war.

In den schillerndsten Farben stellte ich mir vor, wie wir dann bald eine wunderschöne Hochzeit feiern würden, natürlich ganz in Weiß und in einer großen Kirche. Immer würden wir uns gut verstehen, glücklich sein und viele Kinder bekommen, mindestens sechs oder sieben.

Ich wusste, dass er möglichst groß, dunkelhaarig und schlank sein und ganz dunkle Augen haben sollte, so wie meine Mutter und ich. Denn meine Augen schienen das Beste an mir zu sein. Jedenfalls hatten die Erwachsenen früher oft gesagt: »Was hat dieses Kind für wunderschöne, große schwarze Augen!« Damals nahm ich diesen Umstand als selbstverständlich hin. Es war mir zwar immer ein bisschen peinlich, denn an Lob oder Komplimente war ich ja nun wirklich nicht gewöhnt, aber heute gehört dies zu den wenigen erfreulichen Kindheitserinnerungen.

Aber wie und wo sollte ich meinen Traummann kennenlernen? Im Hotel in Ummeln oder hier bei Spiekmanns oder in Hunnebrock bei Lilo war *ER* jedenfalls noch nicht aufgetaucht. Zum Tanzen war ich noch nie gewesen. Ich hätte nicht einmal gewusst, wo ich hätte hingehen sollen, und ich hätte mich auch niemals getraut. Außer Familie Spiekmann und den Lehrlingen kannte ich hier niemanden. Bei Lilo brauchte ich gar nicht aufzukreuzen. Die wollte ihre Ruhe, und außerdem wartete dort »Onkel Dieter«.

Manchmal, wenn sonntags die Sonne schien, überwand ich meine Lethargie, wusch meine Haare und probierte Frisuren aus, aber letztlich blieb es doch bei dem gewohnten Pferdeschwanz. Manchmal band ich lediglich ein gebügeltes Tuch in den Zopf ein. Dann ging ich in die Stadt bis zum Kesselbrink, dem zentralen Platz, an dem damals auch die meisten Busse abfuhren.

Ich überlegte, wohin ich fahren könnte, aber es fiel mir niemand ein, der sich über meinen Besuch gefreut hätte. Meine Leute aus dem Hotel arbeiteten und hatten keine Zeit. Zu Heike aus Bünde hatte ich schon lange keinen Kontakt mehr.

Manchmal setzte ich mich irgendwo auf eine Bank und sah mir die vorbeigehenden Leute an. Alle schienen sie ein Ziel zu haben, niemand wirkte so alleine, wie ich mich fühlte. Ich war traurig und ging bald zurück und verzog mich still in mein Zimmer.

Im Hotel hatte ich ein Stück der langersehnten Freiheit und Lebensfreude kennengelernt. Deshalb empfand ich meine Einsamkeit hier bei den Bäckersleuten besonders schlimm. Ich verstand nicht, was da mit mir geschah, warum ich immer müder und mutloser wurde, mich rundherum so gar nichts mehr interessierte. Standen mir denn nicht alle Wege offen? Warum nur sah ich keinen Ausweg?

Doch um einfach wegzugehen, meine Arbeit bei Spiekmanns abzubrechen und mir etwas zu suchen, eine Arbeit, die mir Spaß machte, fehlte mir der Mut, das Selbstbewusstsein. Ich hatte nicht gelernt, selbständig zu agieren. Bei Lilo und im Heim war mir immer alles vorgegeben worden.

Nur eines war sicher: Dieses war nicht das Leben, das ich mir ersehnt hatte. Es war überhaupt kein richtiges Leben. Wenn es immer so weiter gehen würde, dann hatte mein Dasein überhaupt keinen Sinn. Ich wollte nicht sterben, aber der Gedanke kam langsam immer wieder auf mich zu. Dabei hatte ich doch noch gar nicht wirklich gelebt!

Sieben Monate lang versuchte ich, durchzuhalten. Weihnachten verbrachte ich ganz allein und vorwiegend schlafend im Zimmer über der Backstube. Die Lehrlinge waren bei ihren Eltern, und ich hatte Ruhe. Mein Geburtstag verlief ebenso. Spiekmanns ignorierten ihn, und die anderen wussten gar nichts davon. Ich war mir inzwischen sicher, wenn ich hier nicht bald rauskäme, würde ich von ganz allein sterben.

Wieder erschien mir meine Mutter im Traum. Viele Male hatte ich verzweifelt nach ihr gerufen. In meinen Gedanken, Gebeten oder Tagträumen. Nun war sie plötzlich da, saß auf dem einzigen Stuhl in meinem Zimmer und beobachtete mich offensichtlich schon eine ganze Weile mit ernstem Blick. Ich hatte in diesem Traum lange auf dem Bett gelegen und grübelnd an die Decke gestarrt, ehe ich sie wahrnahm. Wir umarmten uns innig, und ich spürte, wie mein ausgekühlter Körper wieder warm wurde. Vor Glück konnte ich erst einmal gar nichts sagen, nur weinen.

»Du bist wiedergekommen, wie du es versprochen hast!«, dachte ich dankbar, aber ich fühlte mich innerlich nur hohl. Dann endlich begann sie zu sprechen, und sie war sehr ernst. Wie damals nannte sie mich bei meinem Kosenamen.

»Putti, du bist groß geworden, und du bist stark. Du musst anfangen, deinen eigenen Weg zu gehen. Warte nicht darauf, dass jemand kommt und dir hilft. Warte weder auf deinen Vater noch auf deine Schwester. Du kannst es alleine schaffen! Ich weiß das, und ich werde bei dir sein. Gib nicht auf, wenn du denkst, es ginge nicht mehr weiter.«

Bevor ich antworten konnte, war sie schon wieder verschwunden, und ich erwachte.

*Arzthaushalt Familie Doktor Schreiber*

Ich zog mich an, um mir zum ersten Mal in meinem Leben eine Zeitung zu kaufen. Ich studierte die Stellenanzeigen und stieß bald auf eine Annonce, in der für einen Arzthaushalt mit Kleinkind ein Kindermädchen gesucht wurde. Schon am nächsten Tag fand das Vorstellungsgespräch statt – und von der elf Monate alten Juliane war ich sofort begeistert.

Frau Doktor Schreiber war Kinderärztin, arbeitete aber in der Forschung, wie sie mir mitteilte. Sie kam aus einer adeligen Familie und wirkte auf den ersten Blick sehr reserviert auf mich. Ich spürte jedoch auch, dass sie sich bemühte, freundlich zu sein. Herr Doktor Schreiber war Internist in einem großen Krankenhaus. Er schien unkomplizierter zu sein.

Den Ausschlag gab für mich jedoch allein dieses kleine Mädchen. Ich spürte eine tiefe Zuneigung zu Juliane. Es fühlte sich an, als gäbe es da einen Draht zwischen dem Kind und mir. Ich zwinkerte ihr zu und lächelte ein bisschen. Juliane lächelte zurück. Damit war meine Entscheidung gefallen. Und auch die Schreibers wollten mich gleich einstellen.

Zum ersten Mal hatte ich ganz allein und ohne zu fragen über meine Zukunft entschieden. Und Lilo und mein Vater waren zu meiner großen Überraschung mit meiner Entscheidung einverstanden, als sie im Nachhinein davon erfuhren.

Nach vierzehntägiger Kündigungsfrist war mein altes, trauriges Leben bei Spiekmanns vorbei. Immer hatten diese Leute mir das Gefühl vermittelt, dass sie unzufrieden mit mir waren, dass ich meine Arbeit nicht gut genug machte. Nun besaßen sie die Unverfrorenheit, sich über meine Kündigung zu wundern, ja, sie sogar zu bedauern. Innerlich verspürte ich Genugtuung, wäre aber um nichts in der Welt auch nur einen Tag länger geblieben, so froh war ich, dass meine Zeit in der Bäckerei vorüber war.

Familie Schreiber wohnte in einer ganz anderen Gegend von Bielefeld. Sie bewohnten die geräumige obere Etage einer alten Villa, die in einer ruhigen Straße mit vielen Bäumen lag. Das Zimmer, das von nun an mein Zuhause sein sollte, war freundlich, hell und lag direkt neben dem Kinderzimmer.

Frau Doktor, wie ich sie nennen sollte, hatte sich eine Woche Zeit genommen, um mich einzuarbeiten – und meinen Umgang mit Juliane zu beobachten. Sie erklärte mir, worauf ich bei der Ernährung zu achten hatte, welche Gewohnheiten die Kleine hatte und wie ich Hausarbeit und Kinderbetreuung am besten verbinden könne. Den Haushalt zu führen gehörte mit zu meinen Aufgaben. Frau Doktor betonte aber, dass die Belange des Kindes immer Vorrang hätten. Das wäre für mich sowieso selbstverständlich gewesen, aber es war gut, dass sie das auch so sah, fand ich. Niemals hätte ich es von mir aus anders gemacht.

Juliane wurde zum Mittelpunkt meines Lebens. Wenn sie morgens in ihrem Bettchen saß und darauf wartete, dass ich sie herausholte, strahlten ihre Augen, und sie lachte mir entgegen, sobald ich die Tür nur einen Spalt öffnete. Ich konnte nicht anders, als sie erst einmal eine Weile zu knuddeln, zu drücken, zu küssen und ein bisschen mit ihr zu spielen. Dabei kiekste sie vor Freude und schlang immer wieder ihre Ärmchen um meinen

Hals. Ich streichelte sie, strich ihre blonden Löckchen aus dem zarten Gesicht und flüsterte liebevolle Worte in ihr kleines Ohr.

Wir beide mochten uns sehr. Ich war ihre »Nanni«, Marianne konnte sie anfangs nicht richtig aussprechen, und so blieb es bei Nanni. Nach kurzer Zeit ging ihre Liebe zu mir sogar so weit, dass Juliane nur bei mir sein wollte und sogar zu weinen begann, wenn Frau Doktor, die mittags nach Hause kam, sie auf den Arm nehmen wollte. Mich verunsicherte das. Frau Doktor Schreiber schimpfte zwar nicht, aber ich merkte schon, dass es ihr missfiel, dass Juliane offensichtlich mehr an mir als an ihr zu hängen schien.

Bald gingen Julianes Eltern beruhigt aus dem Haus, und wir zwei hatten den Tag für uns. Der Haushalt machte mir keine Schwierigkeiten. Ich war flink und hielt mich an alle Anweisungen. Juliane entwickelte sich zur größten Zufriedenheit aller. Das brachte mir großes Lob ein.

Nach wenigen Wochen erfuhr ich, dass Frau Doktor ein zweites Kind erwartete. Die Wohnung wurde zu klein, doch die Schreibers hatten bereits ein passendes Haus gefunden. Es lag im Johannisthal in Bielefeld, einer noch besseren und grüneren Gegend. Die neue Villa mit dem großen Garten voller Obstbäume, mit der ausladenden Terrasse und dem Swimmingpool war beeindruckend.

Der Umzug war für den nächsten Monat geplant. Frau Doktor nahm Urlaub, und ihre Mutter, eine echte Gräfin, kam ins Haus, um zu helfen. Der Herr Doktor ging weiter in die Klinik. Im Gegensatz zu ihrer Tochter war die Gräfin eine sehr warmherzige und liebenswürdige Frau. Ich fasste gleich Vertrauen zu ihr, und auch Juliane liebte ihre Oma von ganzem Herzen.

Mit Frau Doktor konnte ich nicht so recht warm werden, obwohl sie sah, dass ich mit dem Haushalt gut zurechtkam und sich Juliane unter meiner Betreuung wirklich gut entwickelte. Dennoch benahm sie sich mir und auch anderen Menschen gegenüber arrogant, ungeduldig und herrisch, sodass ihre Mutter sie oft zur Seite nahm und diskret darauf hinwies, aber das half nicht viel. Mich verletzte ihre Art zunächst, dann lernte ich nach und nach, es nicht allzu persönlich zu nehmen, da sich dieses Verhalten ja nicht allein gegen meine Person richtete.

Auch die Umzugshelfer kommandierte sie herum, stritt mit dem Fahrer des Möbeltransporters, schimpfte mit den Lebensmittellieferanten, war sogar unfreundlich zu Juliane. Abends, wenn ihr Mann nach Hause kam, wurde auch er mit Vorwürfen überschüttet. Offensichtlich fühlte sie sich überfordert und alleingelassen. Vielleicht machte ihr die zweite Schwangerschaft zu schaffen. Anstatt mit Verständnis zu reagieren, schob Herr Doktor jedoch alle Vorwürfe beiseite und ging mit einem bedauernden Lächeln weiter seiner Arbeit nach. Er fühlte sich so wichtig, dass er nicht bereit war, für den Umzug ein paar Tage frei zu nehmen. Das machte die Stimmung im Haus nicht bes-ser.

Ich arbeitete unermüdlich in dieser anstrengenden Zeit, packte ein, packte aus, sortierte, war für die Kleine da, versuchte wegzuhören, wenn Frau Doktor gemein wurde und versuchte, möglichst nicht in ihre Schusslinie zu geraten. Oft schuftete ich bis in die späten Abendstunden und arbeitete frühmorgens gleich weiter, denn jeder Raum, der fertig eingerichtet war, brachte uns allen große Befriedigung.

Als endlich alles fertig war und auch ich mein neues Zimmer unter dem Dach bezogen hatte, stellte ich fest, dass es mir gar nicht gefiel, nachts so alleine dort oben zu schlafen. In Hunnebrock hatte ich nach Axels Auszug zwar ein eigenes Zimmer gehabt, aber nie wirklich Privatsphäre. Und im Heim war es dann ganz damit vorbei gewesen. Nun musste ich mich erst wieder daran gewöhnen.

Langsam kehrte der Alltag ein. Juliane und ich frühstückten im Sonnenschein gemütlich auf der Terrasse und spielten im Garten bis zur frühen Mittagszeit. Wenn ich sah, dass sie müde wurde, brachte ich sie ins Bett. Danach erledigte ich den Haushalt, putzte und machte die Wäsche, was nun dank einer Waschmaschine kein großes Problem mehr war. Im Kochen war ich völlig ungeübt, aber gestärkt durch das Vertrauen meiner Arbeitgeber in meine Fähigkeiten, gelang es mir bald recht gut.

Wenn Juliane lange schlief, saß ich in Hörweite von ihr im Wohnzimmer. Oft ließ ich meinen Blick während dieser Zeit über die Bücherregale schweifen, und langsam erwachte mein Interesse an den vielen Büchern und Schallplatten. Nachmittags, wenn Frau Doktor zu Hause war und es mir erlaubte, begann ich manchmal, klassische Musik zu hören. Erst nur sehr bedächtig, denn weder bei Lilo noch im Heim hatte es so etwas gegeben. *Wahrscheinlich bin ich sowieso zu dumm, das zu verstehen*, dachte ich. Opernarien fand ich absolut scheußlich. Ohne Gesang gefiel mir diese Musik schon besser. Doch da ich die Gegenwart von Frau Doktor nicht sehr lange ertrug, ging ich bald wieder meiner Wege mit Juliane. Sobald sie wach war, erkundeten wir das schöne Johannisthal. Manchmal war auch eine Kleinigkeit einzukaufen.

Bald kannten wir alle Wege, Straßen, Parks und die wenigen Spielplätze der Gegend. Der Herbst kam, es war kalt, nass und feucht. Kein Wetter, um sich draußen aufzuhalten. Also wurde im Wohnzimmer unter Mutters Aufsicht gespielt, aber auch das dauerte nie sehr lange, denn immer wieder gab sie Kommentare zu unseren Spielen ab oder führte lange störende Telefonate. Dann gingen wir beide ins Kinderzimmer, um alleine und ungestört spielen zu können.

Wenn Juliane abends gegen sechs oder sieben Uhr im Bett war, hatte ich noch die Küche in Ordnung zu bringen, überall aufzuräumen und die Bügelwäsche zu erledigen, bevor ich mich in mein Zimmer zurückziehen konnte.

*Zeit, weiterzugehen*

Als der Winter kam, Juliane und ich wenig rausgehen konnten und der Alltag mir deshalb immer eintöniger vorkam, spürte ich die vertraute Einsamkeit langsam wieder in mir aufsteigen. Ich begann, mir Bücher auszuleihen, die ich abends im Bett las. Es gab ja genug davon. Ich las alles, was mir in die Hände fiel, um mich von meinen Gedanken abzulenken. Ich las oft, bis mir in den frühen Morgenstunden die Augen zufielen, aber der Wecker war unerbittlich. Bald fragte ich nicht mehr, ob dieses oder jenes Buch für mich geeignet sei. Ich lernte ferne Länder, Kulturen, Menschen und Weltanschauungen kennen, die mir bis dahin völlig unbekannt gewesen waren. Ich wollte immer mehr wissen, verstehen lernen und fing an, nachzudenken – auch über meine Traurigkeit und mich selbst.

Selten hatte Familie Doktor Schreiber Besuch. Wenn jemand vorbeikam, saß man zusammen im Wohnzimmer und trank Wein. Meine Aufgabe war es, nicht nur die Schnittchen zuzubereiten und hübsch zu dekorieren, sondern auch, sie zu servieren. Mir blieb nichts anderes übrig, aber ich tat es nur unwillig – und wahrscheinlich nicht gerade mit einem freundlichen Lächeln.

Herr Doktor ließ daraufhin grinsend ein paar Sprüche in meine Richtung hören, die ich nicht verstand, die aber ein allgemeines fröhliches Lachen hervorriefen. Frau Doktor amüsierte sich nicht so sehr, sie wies mich zurecht. Vor Dritten stellten die beiden immer und bei jeder Gelegenheit heraus, dass ich ja quasi zur Familie gehöre. Wie passte dies aber zu ihrem Verhalten mir gegenüber. Schließlich behandelte man Familienangehörige nicht wie Dienstboten. Wie der Ton oft war, wenn wir allein waren, passte er nach meinem Empfinden auch ganz und gar nicht zu diesem Getue vor anderen. Ich fand es unehrlich und verletzend.

Eines Tages, als Juliane noch ihren Mittagsschlaf hielt und ich wartend im Wohnzimmer saß, fiel mein Blick auf die elegante Zigarettendose, die ich am Vorabend hatte herumreichen müssen. Ärger über meine »Hausmädchenrolle« stieg in mir auf. Ich öffnete das Etui und griff hinein, hielt ein schlankes Zigarettenstäbchen in meiner Hand, drehte es hin und her, roch den Tabak. Dann nahm ich das dazugehörige silberne Feuerzeug und zündete die Zigarette an. Dabei ahmte ich die »vornehme Haltung« und den versonnenen, in die Ferne schweifenden Blick von Frau Doktor nach. Vorsichtig schob ich die Zigarettenspitze zwischen meine Lippen und zog daran, genauso, wie ich es bei ihr beobachtet hatte.

Ein Hustenanfall schüttelte meinen Körper. Ich konnte überhaupt nicht mehr aufhören, zu husten, bekam keine Luft und glaubte, zu ersticken. Mir wurde schlecht und schwindelig, ich dachte, ich müsste mich übergeben. Verzweifelt rutschte ich von der Couch auf den Fußboden. Ich legte mich flach auf den Teppich und versuchte, zu Atem zu kommen.

Es dauerte eine ganze Weile, bis ich mich langsam beruhigte. Das hatte ich nicht erwartet. Weder die Gäste noch Herr und Frau Doktor hatten je gehustet.

*Typisch Marianne, wieder mal bist du zu blöde*, dachte ich ärgerlich. Aber damit würde ich mich nicht begnügen. Diesmal nicht und auch in Zukunft nicht! *Ich übe einfach so lange, bis ich es genauso kann wie die.*

Ich übte nun jeden Mittag. Anschließend riss ich die große Terrassentür auf und alle Fenster, damit niemand etwas roch.

Es dauerte nicht lange, bis ich mir von meinem wenigen Geld die erste Schachtel Zigaretten kaufte. Ich verdiente im Monat 80 DM. Kost und Logis waren frei, aber ich brauchte immer noch dringend meine Süßigkeiten, hin und wieder etwas zum Anziehen oder Schuhe. Seife, Zahnpasta und Shampoo konnte ich von Lilo mitnehmen, wenn ich sie besuchte, denn mein Geld war bereits nach wenigen Tagen aufgebraucht. Ich war einfach unfähig, damit umzugehen, es einzuteilen und verlor immer wieder den Überblick. Friseur, Schminkzeug oder Modeschmuck waren mir gleichgültig. Ins Kino zu gehen oder tanzen, traute ich mich alleine immer noch nicht. Dazu war ich zu schüchtern, zu ängstlich. Obwohl ich inzwischen bald 18 Jahre alt wurde.

Manchmal fuhr ich an meinem freien Nachmittag doch mit dem Bus vom Kesselbrink zu Lilo, aber ich blieb immer nur kurz. Die Hauptsache war, ein Ziel, eine Richtung zu haben, um nicht dumm bei den Schreibers in meinem Zimmer herumzusitzen. Die Energie für solche Ausflüge brachte ich aber trotzdem nur selten auf. Es erschien mir so sinnlos. Auch Freunde konnte ich im Johannisthal nicht kennenlernen. In die Welt der Vornehmen und Reichen gehörte ich nicht, aber auch andere Dienstmädchen, die ich ab und zu auf der Straße sah, wirkten auf mich nicht so, als könnten wir Freundinnen werden. Und mein Traummann schien ferner denn je. Was also blieb?

Eines Tages wurde es mir schlagartig bewusst: So lieb ich Juliane hatte, es genügte mir einfach nicht, für andere Menschen die Schmutzarbeit zu machen, ihre Toiletten und Bäder zu putzen, ihre Küchen zu scheuern, das Essen nach ihren Wünschen zuzubereiten, ihre Wäsche zu waschen und zu bügeln, ihre Einkäufe zu erledigen. Auch wollte ich nicht länger ihren Launen ausgeliefert sein. Ich wollte ein eigenes Leben führen, wenn ich auch immer noch keine Ahnung davon hatte, wie das gehen sollte.

Inzwischen war mir jedoch klar, am Anfang musste eine Ausbildung stehen. Erst wenn ich etwas richtig gelernt hatte und das mit einer Prüfung auch beweisen konnte, dann hatte ich ein Mitspracherecht über mein Leben und meine Arbeitsbedingungen. Dann würde ich nicht mehr tun müssen, was andere anordneten. Ich würde auch mehr Geld verdienen und eine eigene Wohnung haben, in der niemand stets und ständig nach mir rufen würde: »Marianne, komm mal und pack mit an!«

Ich wusste zumindest grob, was ich wollte. Mich interessierte eine Arbeit mit Kindern. Nur das kam für mich infrage. So wie Lilo, Säuglingsschwester zu werden, das schien mir eine gute Wahl. Sie hatte nie die Chance gehabt, in Bünde in ihrem Beruf zu arbeiten. Aber hier in Bielefeld gab es viele Krankenhäuser und auch von Bethel, der großen Sozialeinrichtung mit zahlreichen Ausbildungsplätzen hatte ich schon gehört.

Plötzlich war ich voller Tatendrang und bat Herrn und Frau Doktor Schreiber gleich um ein Gespräch. Er hatte dafür keine Zeit. Als ich Frau Doktor, die inzwischen kurz vor der Entbindung stand, meine Pläne offenbarte, schien sie beinahe der Schlag zu treffen. Sie war fassungslos, das sah ich ihr an. So wenig sie sich immer darum geschert hatte, ob sie andere mit ihren Worten verletzte, so sehr rang sie nun selbst um Fassung.

»Marianne«, sagte sie nach einer Weile, »meinst du nicht auch, dass das jetzt ganz und gar unmöglich ist? Wir brauchen dich. In den nächsten Tagen kommt das Baby. Was ist das also für ein Blödsinn? Was denkst du dir dabei?«

»Na ja«, entgegnete ich ein wenig verunsichert, »ich will ja gar nicht sofort gehen, aber ich muss das alles irgendwie vorbereiten. Erst mal werde ich mich überall bewerben, und dafür muss ich doch kündigen, damit ich frei bin, wenn die Ausbildung anfängt.«

»Gut«, entgegnete sie, »ich lasse mir das alles durch den Kopf gehen und sage dir Bescheid. Jetzt ist es Mitte Januar. Zu wann möchtest du kündigen?«

Ich spürte, dass sie wütend auf mich war. Dass ich mich auf einen Termin festlegen sollte, überforderte mich. In Wirklichkeit hatte ich überhaupt keine Ahnung, wie das alles laufen sollte und wie und wo ich mich bewerben konnte. Auch mein Vater und Lilo waren nicht informiert. Ich war erst mit 21 Jahren volljährig und durfte bis dahin eigentlich keine eigenen Entscheidungen treffen. Es war eine spontane Idee gewesen, die mir so furchtbar wichtig erschienen war. Ich war ein zweites Mal von ganz allein darauf gekommen, dass es mir gut tun könnte, wenn ich mich weiterbilden würde. Ich konnte und wollte meinen Traum davon nicht aufgeben. »Ich glaube, Ende März wäre ein guter Kündigungstermin«, antwortete ich daher nun etwas trotzig, »dann kann ich im April mit einer Ausbildung anfangen.«

Zwei Wochen später wurde die kleine Susanne geboren. Zum Glück war die Gräfin gekommen, um die Familie während der Zeit der Geburt zu unterstützen. Mit ihr konnte ich reden, mit Frau Doktor nicht. Seit unserem Gespräch war sie böse mit mir. Obwohl mein Entschluss, eine Ausbildung zu beginnen, feststand, bedauerte ich selbst diese Situation. Dennoch, meine Kündigung zurückzunehmen kam trotz meiner zunehmenden Unsicherheit und Angst nicht infrage.

Ich wusste, meine Entscheidung war richtig.

Manchmal wurde ich traurig, wenn ich Juliane ansah und daran dachte, dass die schöne Zeit mit ihr nun bald vorbei sein würde. Für die Kleine war, nun, da das Geschwisterchen da war, alles anders. Sie betrachtete das neue Baby skeptisch und wollte es weder küssen noch streicheln. Aber auch zu ihrer Mutter wollte Juliane nicht. Von mir verlangte sie umso mehr Zuwendung, sie war unruhiger als sonst, schlief abends nicht mehr so leicht ein, weinte häufig und war trotzig. Ich nahm an, bei so vielen Veränderungen, war das ein ganz normales Verhalten.

Von nun an nutzte ich meine freien Nachmittage, um mich zu bewerben. Aber es sah nicht gut aus. Immer hieß es, die Plätze seien schon besetzt, ich müsse mit einer Wartezeit von zwei bis drei Jahren rechnen. Außerdem sei es Pflicht, eine schriftliche Bewerbung mit Lebenslauf und Schulabschlusszeugnis vorzulegen. Mittlere Reife natürlich!

Nun war klar, dass ich überhaupt keine Chance hatte, denn ich besaß keine Realschulreife, kein Abschlusszeugnis, nur ein äußerst schlechtes Abgangszeugnis mit vielen Fünfen und Vieren. Damit würde mich niemand nehmen.

Und ab April würde ich auch keine Arbeit mehr haben. Was sollte ich bloß tun? Noch einmal hatte ich versucht, mit Frau Doktor darüber zu sprechen, ihr sogar schon angeboten, doch noch eine Weile zu bleiben.

»Das ist leider nicht mehr möglich, Marianne. Dafür ist es nun zu spät.« Kühl und triumphierend lächelte sie mich an, während sie sprach: »Ich habe bereits einer Kinderpflegerin im Anerkennungsjahr die Zusage gegeben. Ist alles schon vertraglich geregelt. Du hättest dir die Angelegenheit besser vorher genau überlegen sollen.«

Ich war niedergeschlagen. So hatte ich mir das nicht vorgestellt. Mein Traum von einer »eigenen« Zukunft hatte sich in Luft aufgelöst. In meiner zunehmenden Verzweiflung hatte ich Lilo inzwischen informiert. Sie nahm die Situation ganz gelassen.

»Na und«, sagte sie, »so einen popligen Billigjob findest du jederzeit wieder.«

Da wollte und konnte ich ihr nicht zustimmen, denn ich dachte an die Arbeit bei Spiekmanns. Bei Familie Doktor Schreiber war auch nicht alles rosig, doch immerhin hatte mich Juliane durch ihre Anhänglichkeit und Liebe für vieles entschädigt.

Eines allerdings bestärkte mich weiterhin in meinem Plan, eine andere Laufbahn einzuschlagen: die Langeweile, dieses Unausgefülltsein, das Gefühl, minderwertig zu sein und eine minderwertige Arbeit zu leisten.

Im Februar kam meine Nachfolgerin mit ihrer Lehrerin zu Besuch. Sie sollte die Kinder kennenlernen und sich ein Bild von der Familie und ihrem neuen Zuhause machen können.

Ich musste Kaffee und Kuchen servieren und sie wie gehabt alle bedienen. In der Mittagspause saß ich weinend und vor mich hin schimpfend in meinem Zimmer.

Dann waren sie da, saßen gemütlich im Wohnzimmer und unterhielten sich freundlich miteinander. Juliane spürte die angespannte Stimmung. Sie war nicht bereit, irgendjemandem die Hand zu geben und »Guten Tag« zu sagen, sondern hing nur an meinem Rockzipfel. Ein kleiner Triumph für mich, aber doch kein wirklicher Trost. Frau Doktor bat mich mit zuckersüßer Stimme, an den Tisch zu kommen und mich ein Weilchen dazuzusetzen.

»Das ist unsere Nanni, und Sie können sehen, für meine Juliane ist sie unersetzbar. Sie stellt sogar mich in den Schatten, aber sie ist auch eine echte Perle. Wir waren sehr traurig über ihre Kündigung, können es natürlich verstehen, dass sie sich weiterbilden will und wollen ihrer Zukunft nicht im Wege stehen.«

Ich schwieg. Juliane krabbelte auf meinen Schoß, legte ihre kleinen Hände auf meine Wangen, blickte mir in die Augen und sagte: »Meine Nanni, ja?« Ich nickte nur.

Lautes Gebrüll ertönte plötzlich aus dem Kinderzimmer, Susanne meldete sich. Frau Doktor forderte ihre neue Kinderpflegerin auf, mit ihr zusammen nach der Kleinsten zu sehen.

Die Lehrerin, Juliane und ich blieben allein zurück. Frau Gonnermann, so ihr Name, sah mich von der Seite an.

»Sie sehen ärgerlich aus, Marianne. Ich darf Sie doch so nennen, oder?«

»Natürlich, schließlich bin ich hier ohnehin nur die Nanni«, antwortete ich.

»Haben Sie ein Problem? Und wenn dem so ist, hoffe ich, dass nicht meine Schülerin und ich Ihr Problem sind?«

Tränen stiegen mir in die Augen, nun konnte ich sie nicht mehr zurückhalten. Juliane, die spürte, wie mir zumute war, kuschelte sich an mich. Frau Gonnermann wirkte nett. Ich fasste Vertrauen und erzählte ihr die ganze Geschichte. Sie sprudelte nur so aus mir heraus. Sie hörte genau zu und nickte ab und zu.

»Meistens gibt es eine Lösung für alles. Wenn ich Sie recht verstanden habe, dann wollen Sie endlich eine Ausbildung machen, und zwar im Bereich der Kinderarbeit, ja?«

Ich nickte.

»Wenn das mit einer Säuglingsschwesternausbildung im Augenblick nicht klappt, wie wäre es dann mit einer Kinderpflegerinnenausbildung? Damit würden Sie sich auch gleich die nötigen Voraussetzungen für eine gute Weiterbildung schaffen.«

»Ja, das wäre schon prima«, erwiderte ich zögerlich, aber hoffnungsvoll, »trotzdem, wie soll das gehen?« In meinem Kopf schwirrten tausend Gedanken. »Ich habe ja keine Familie, weiß nicht einmal, wo so eine Ausbildung angeboten wird, geschweige denn, wer sie für mich bezahlen könnte. Wohnen und essen muss ich während der Zeit ja auch.«

Frau Gonnermann lächelte. »Ach, darin sehe ich eigentlich kein Problem«, sagte sie. »Ich bin nicht nur eine Lehrerin an der Kinderpflegerinnenschule in Osnabrück, sondern auch deren Leiterin. Sie bräuchten also eine Unterbringung für ein Jahr. Danach machen Sie eine Abschlussprüfung, und dann folgt das Anerkennungsjahr.«

Immer noch ungläubig sah ich sie an, während Frau Gonnermann weiter überlegte.

»Wir sind zwar schon voll besetzt, aber für Sie würde ich sicher noch einen Platz finden. Außerdem haben Sie einen Vater. Der ist gesetzlich verpflichtet, Ihnen eine Ausbildung zu ermöglichen und zu finanzieren. Ich könnte mich diesbezüglich mal mit ihm in Verbindung setzen. Natürlich nur, wenn Sie das alles auch wirklich wollen.«

Ich glaubte meinen Ohren nicht zu trauen. Noch blieb ich misstrauisch.

»Wieso wollen Sie das für mich tun? Sie kennen mich doch gar nicht richtig«, sagte ich. »Bisher hatte ich nie eine wirkliche Chance – und nun plötzlich so ein Angebot.« Vor lauter Furcht, dass es nicht klappen könnte, fielen mir gleich diverse Gründe ein, die dagegen sprachen. »Wahrscheinlich wird mein Vater sich davor drücken wollen. Er hat sich noch nie für mich interessiert.«

»Nun ja«, entgegnete sie, »um Ihre erste Frage zu beantworten: Sie gefallen mir. Ich habe mir immer eine Tochter gewünscht und sie nie bekommen können. Ich komme aus einer großen Pastorenfamilie. Mein Leben war nicht einfach, weil ich mich nie richtig angepasst habe. Ähnliches vermute ich bei Ihnen und würde Ihnen deshalb gerne helfen.«

»Das wäre wirklich die Rettung für mich, aber ich habe wenig Hoffnung, dass mein Vater dazu bereit ist.«

»Gut, dann probieren wir es einfach aus. Sie bekommen schriftlich und ganz schnell Nachricht von mir. Versprochen!«

In diesem Moment kamen Frau Doktor und meine Nachfolgerin zurück ins Zimmer. Klein-Susanne brüllte lautstark. Die Anerkennungsschülerin sah das Baby ungläubig an, und Frau Doktor drückte mir Susanne kurzerhand in den Arm.

»Geh doch ein bisschen nach draußen mit den Kindern, Marianne.«

Ich summte Susanne ganz leise etwas ins Ohr, und sie beruhigte sich. Dann griff ich nach Julianes Händchen und verschwand mit beiden.

*Na, Frau Doktor,* dachte ich, *vielleicht werden Sie mich schon bald sehr vermissen und bereuen, dass Sie mir keine zweite Chance gegeben haben. Die Neue scheint jedenfalls von Kindern nicht viel Ahnung zu haben.*

# DIE SUCHE NACH DEM EIGENEN WEG
Erste Schritte in Richtung selbstbestimmtes Leben

## Eine richtige Ausbildung

Nach vierzehn Tagen lag der Brief von Frau Gonnermann vor mir. Ich hatte einen Platz an der Kinderpflegerinnenschule bekommen, einen Platz im Internat und die schriftliche Bestätigung meines Vaters, dass er für alle Unkosten aufkommen würde. Ab dem 1. April, kurz vor meinem achtzehnten Geburtstag, würde es losgehen.

Ich fühlte unbändige Freude. Der einzige Wermutstropfen war die Trennung von Juliane.

### Kinderpflegerinnenschule Osnabrück

Ganz allein stand ich diesmal mit meinem Koffer in der Hand auf dem Bahnhof von Osnabrück. Als ich den Weg zum Internat antrat, verspürte ich ein flaues Gefühl in der Magengegend.

Die kleine Seitenstraße war schnell gefunden. Das Internat lag nahe der Kinderpflegerinnenschule. Im Parterre des alten mehrstöckigen Hauses befand sich ein großer Kindergarten. In der ersten Etage hatte man eine Ausbildungsstätte für Kindergärtnerinnen untergebracht, der ein Internat angeschlossen war. Hier hatte Frau Gonnermann einen Platz für mich gefunden.

Ich meldete mich im Büro. Eine Sekretärin bat mich, im Flur zu warten, sie würde bei der Leitung Bescheid sagen. Nach kurzer Zeit rief sie mich ins Chefzimmer. Vor mir thronten zwei Damen und musterten mich kühl.

Wir kannten uns. Die beiden waren eng mit der Familie Klingenschmidt befreundet und häufig im Heim zu Besuch gewesen. Sie waren die Schwestern V., unverheiratet und lebten zusammen. Beide waren sich äußerlich und wahrscheinlich auch vom Charakter her sehr ähnlich. Sie trugen ihre grauen Haare zu einem Knoten im Nacken gebunden, hatten Brillen mit dicken Gläsern, waren rundlich und sehr tantenhaft.

Im Heim waren sie immer wieder mit Klingenschmidt durch die Gruppenräume gegangen, und man hatte dabei ganz ungeniert über die herumstehenden Kinder gesprochen. Mich hatte Klingenschmidt ihnen sogar namentlich vorgestellt, und zwar als »ein widerspenstiges Mädchen«, das ihm immer wieder Unannehmlichkeiten mache. Sie hatten nichts dazu gesagt, nur mit sorgenvollen Mienen genickt.

Und nun stand ich vor ihnen.

»Ja, Fräulein Döring«, begann die eine, »so sieht man sich wieder. Frau Gonnermann hat uns so sehr gebeten, Ihnen in unserem Hause ein Plätzchen zu geben und Sie im Namen des Allmächtigen durch das kommende Jahr zu begleiten.«

Die andere nickte.

»Wir nehmen diese Verantwortung sehr ernst, denn wir wissen ja, wie schwer es Ihnen fällt, sich gottesfürchtig und gesittet zu verhalten.« Sie verzog die Lippen zu einem schmalen Lächeln.

Zuerst musste ich mit ihnen beten. Dann erklärten sie mir die gesamte Hausordnung. Am Ende wiesen sie mich darauf hin, dass ich eigentlich nicht das Niveau und den Bildungsstandard einer Kindergärtnerinnen-Anwärterin besäße. Sie würden nur Frau Gonnermann zuliebe eine Ausnahme machen. Sollte ich mich aber als schwierig erweisen, würden sie das Angebot sofort zurückziehen, und ich müsste das Haus verlassen.

Dann wurde ein Hausmädchen beauftragt, mich ein Stockwerk höher ins Internat zu begleiten, wo mir ein Durchgangszimmer zugewiesen worden war. Es lag zwischen zwei Zimmern rechts und links. Ständig gingen die anderen Mädchen durch meinen Raum.

Mit gesenktem Kopf und sehr gemischten Gefühlen folgte ich dem Hausmädchen. Ich hatte mich so auf die Ausbildung gefreut, aber das Wiedersehen mit den zwei Schwestern V. hatte zunächst all meine Hoffnungen im Keim fast erstickt. Zu viel an ihrer Art erinnerte mich an das demütigende Verhalten des Personals im Heim.

Etwa zehn Mädchen, alle etwas älter als ich, schauten auf, als wir den Gemeinschaftsraum betraten.

»Die Neue fürs Durchgangszimmer«, erklärte das Hausmädchen knapp.

Wir gingen in den nächsten Raum. Das Hausmädchen verschwand ohne ein weiteres Wort. Ich befand mich in einem schmalen Zimmer. An der Wand ein Bett, ein Nachttisch, ein einfacher Schrank, ein Tisch mit einem Stuhl. Durch das kleine Fenster sah ich auf die Dächer der anderen Häuser. Mir reichte das. Aber es war schon schade, dass ich von den anderen Mädchen getrennt war. Nicht nur, weil ich ganz alleine dieses Zimmer bewohnen sollte, während sie immer zu zweit zusammenwohnten. Durch ihre viel qualifiziertere Ausbildung hätte ich bestimmt auch viel von ihnen lernen können.

Ich setzte mich aufs Bett und dachte nach.

*Wo bin ich hier gelandet?* Erlebnisse aus der Heimzeit kamen mir in den Sinn. *Hoffentlich bin ich nicht vom Regen in die Traufe geraten! Sollte ich wieder gehen? Zurückfahren nach Bünde? Die Ausbildung einfach sausen lassen? Nein,* entschied ich mich, *das kommt nicht in Frage. Ich habe schon so viel ausgehalten für nichts und wieder nichts. Diese Sache ist mir so wichtig, also stehe ich es auch durch!*

Neugierig steckten einige Mädchen ihren Kopf zur Tür herein. Drei oder vier andere gingen mit betont desinteressiertem Blick gleich weiter in den angrenzenden Raum. Zwei blieben stehen, sahen mich neugierig an, fragten, wer ich sei und ob ich auch zum Kindergärtnerinnenseminar gehöre. Ich verneinte, meine Zeit würde demnächst der Kinderpflegerinnenschule gehören, erklärte ich ihnen. Wir plauderten noch ein wenig, aber ich merkte, dass sie mich schon abgeschrieben hatten, denn sie antworteten nur noch einsilbig. Ich gehörte nicht zu ihnen. Ihre Ausbildung machte nur, wer den entsprechenden Schulabschluss vorweisen konnte. Dazu gehörte ich demnach nicht. Für sie schien klar zu sein, dass ich ihnen nicht das Wasser reichen konnte – und unwichtig war.

Am frühen Abend kamen sie wieder durch mein Zimmer.

»Abendbrotzeit«, sagte eine Blonde. »Hier ist Pünktlichkeit angesagt.«

Ich nickte und marschierte hinterher in die zweite Etage. Das Speisezimmer war ein etwas größerer Raum, ein ovaler Tisch war eingedeckt, die Damen V. saßen bereits am Kopfende und wiesen mir einen Platz zu. Wie im Heim wurde als Erstes das Tischgebet gesprochen, man fasste sich an den Händen und wünschte sich einen guten Appetit. Der war mir vergangen, aber ich wollte mir am ersten Tag keine Blöße geben, aß eine Scheibe Brot und trank eine Tasse lauwarmen Pfefferminztee.

Die Damen stellten mich vor, erwähnten kurz meine Heimkarriere und die Kinderpflegerinnenschule. Es folgten weitere Ermahnungen, die Hausordnung einzuhalten. Ansonsten verlief das Essen ziemlich schweigsam. Nach einem Schlussgebet durften wir aufstehen und den Saal verlassen.

Es wurde für mich ein schwieriges Jahr. Die Damen achteten bei mir besonders streng auf jede Kleinigkeit und hielten ständigen Kontakt zu Frau Gonnermann. Das blieb den anderen Mädchen nicht verborgen und erschwerte den Kontakt zwischen uns. Nur eines der Mädchen, Regina Schaper, war offen und freundlich. Sie half mir, indem sie mich auf Regeln und Verhaltensweisen hinwies, die ich nicht kannte. Im Laufe der Zeit entwickelte sich eine echte Freundschaft zwischen uns.

Das Internat verließ ich kaum, nur zu seltenen Gelegenheiten und mit Regina. Wozu auch? Ich hatte ja kein Taschengeld, wie die anderen.

Die Schule dagegen machte mir viel Spaß. Hier war ich gleichberechtigt, hatte keinerlei Schwierigkeiten, den Lernstoff zu bewältigen und beteiligte mich lebhaft im Unterricht, sodass Frau Gonnermann mich manchmal daran erinnern musste, dass auch andere zu Wort kommen wollten. Dann nickte ich beschämt und hielt mich zurück. Das schien nicht in ihrem Sinn zu sein, denn sie glaubte, ich wäre beleidigt und zöge mich deshalb zurück. Oft war ich irritiert und wusste nicht, warum sie mir erst so freundlich geholfen hatte und nun besonders streng zu mir war. Manchmal nahm sie mich nach dem Unterricht zur Seite, um mit mir zu sprechen und mir zu erklären, warum sie sich so verhalten hatte, aber ich konnte es trotzdem nicht wirklich verstehen und hatte das Gefühl, dass es an meiner Person lag, dass ich immer und überall aneckte.

Dennoch hatte ich nur gute Noten und schrieb gute Klassenarbeiten. In der Zeit nach der Schule und am Wochenende blieb ich fast immer allein in meinem Zimmer und las weiterhin alle Bücher, die mir in die Hände kamen. Pädagogik und Psychologie, aber auch alles Medizinische fand ich spannend. Regina lieh mir ihre Bücher, ihre Referate und erklärte mir auch den Lernstoff ihrer eigenen Ausbildung, wenn ich sie danach fragte.

Fast alle Mädchen fuhren am Wochenende nach Hause zu ihren Familien. So hatte ich meine Ruhe. Es lief nicht ständig jemand durch mein Zimmer, aber ich fühlte mich wieder sehr alleine.

### Die Zahn-OP

Mehr als die Hälfte meiner Schulzeit war schon um. Es war Januar geworden, und Ende März sollte die Abschlussprüfung sein. Eines Tages bekam ich Zahnschmerzen, die so schlimm wurden, dass ich zum Zahnarzt ging. Er stellte fest, dass meine Weisheitszähne das Problem seien und sie entfernt werden müssten. Alte Erinnerungen an Dr. Leuthner erwachten in mir. Ich wusste vor Angst nicht, was ich tun sollte und entschied, es so schnell wie möglich hinter mich zu bringen.

Es wurde eine sechsstündige, sehr schmerzhafte Operation. Die Wurzeln beider Zähne saßen dreigeteilt im Kiefer und ließen sich nicht einfach so herausziehen. Nach den ersten zwei Stunden schickte der Arzt alle anderen Patienten nach Hause, um sich ganz auf meinen Fall konzentrieren zu können.

Es war eine Tortur. Ich weinte, ich wurde zweimal ohnmächtig, er spritzte immer wieder Betäubungsmittel nach und gab mir Kreislauftropfen. Er schimpfte, er fluchte und ließ keinen Moment von meinem Kiefer ab, aber irgendwann war es vorbei. Eine Stunde musste ich liegen bleiben, um mich zu erholen. Danach bekam ich ein Rezept, und er wies mich darauf hin, dass ich, wenn die Betäubung nachließe, ziemliche Schmerzen haben würde. Er habe mir ein morphinhaltiges, sehr starkes Mittel aufgeschrieben, welches auf dem Rezept von der Apotheke gegengezeichnet werden müsse. Das abgezeichnete Rezept sollte ich am nächsten Tag wieder bei ihm abgeben und das Medikament ganz genau nach Vorschrift einnehmen. Ich nickte nur, denn sprechen konnte ich nicht. Mein Gesicht tat schon jetzt sehr weh.

Im Internat nahm ich die Tropfen nach Vorschrift und schlief erschöpft ein. Nach einigen Stunden wurden die Schmerzen jedoch so stark, dass ich davon aufwachte und nicht mehr einschlafen konnte. Mein Gesicht schwoll so sehr an, dass ich kaum die Augen öffnen konnte. Es entwickelte sich zu einem blau- und blutunterlaufenen Etwas. Aber ich selbst sah es ja nicht. Ich lag nur wimmernd und weinend in meinem Bett, nahm immer wieder die Tropfen, hatte längst keine Kontrolle mehr darüber, wie viele es waren und versuchte, mich so wenig wie möglich zu bewegen. Jedes Gefühl für die Zeit war mir verloren gegangen. Ich konnte die Schmerzen nicht mehr ertragen. Das konnte einfach niemand aushalten!

Inzwischen waren drei oder vier Tage vergangen. Ich war nicht fähig, zum Arzt zu gehen, geschweige denn zu den Mahlzeiten oder in die Schule. Ich lag einfach nur da und war kaum bei Bewusstsein.

Plötzlich stand Frau Gonnermann vor meinem Bett, und ich sah das Entsetzen in ihrem Blick. Mühsam und stockend berichtete ich, was geschehen war. Weder die anderen Mädchen noch die Damen V. hatten sich um mich gekümmert. Regina war krank und zu Hause bei ihren Verwandten.

Frau Gonnermann half mir aus dem Bett, zog mich an und brachte mich mit Hilfe des Hausmädchens zum Zahnarzt. Ich musste ins Krankenhaus, weil ich in der gesamten Zeit nichts getrunken und eine Überdosis der Tropfen genommen hatte. Auf beiden Seiten hatte sich eine Kieferentzündung entwickelt.

Als ich nach zwei Wochen zurückkam, ging es mir wieder besser. Frau Gonnermann führte ein sehr unangenehmes Gespräch mit mir, weil sie glaubte, dass ich absichtlich so viel von dem Medikament genommen und aufgegeben hätte. Ich bestritt das zwar, ahnte aber, dass sie gar nicht so unrecht hatte. Ich hatte es bestimmt nicht bewusst getan, etwas in mir hatte gehandelt. Dieses Leben war einfach zu schwer für mich allein. Und ich hatte den Glauben daran verloren, dass es jemals besser werden würde. Sie drohte mir, mich nicht zur Abschlussprüfung zuzulassen. Jemand, der so schwach, so labil war, so wenig Kraft zum eigenen Leben hatte, der könne keine Verantwortung für andere Kinder übernehmen, sagte sie.

Das war nicht gerade die Aufmunterung, die ich gebraucht hatte. Ein bisschen Mitgefühl und ein bisschen Freundlichkeit hätten mir mehr geholfen. Wieder erschien mir im Traum meine Mutter, drückte mich an sich, wischte meine Tränen fort und sagte: »Egal, wie schlimm dir alles erscheint. Du schaffst es auch dieses Mal. Ich bin bei dir, verzweifle nicht. Ich werde immer zu dir kommen, wenn du mich wirklich brauchst, aber du musst auch selbst kämpfen und deinen Weg gehen!«

Der Traum rüttelte mich auf und riss mich aus meiner Mut-
losigkeit. Ich versprach Frau Gonnermann, was sie hören wollte,
und sagte, dass ich es ihr in den nächsten Monaten beweisen
würde. Mit ernstem Gesicht gab sie mir eine letzte Chance. Ich
wollte sie nutzen.

Die Damen V. bedauerten »den Vorfall« sehr und sagten zu
Frau Gonnermann, dass sie wegen Umbauarbeiten im Haus
nicht so viel Zeit gehabt hätten, sich um alles zu kümmern. In
meinen Ohren klangen ihre Beteuerungen wie Hohn.

Ich machte meine Prüfung mit Bravour und erhielt ein Su-
per-Zeugnis, das Beste der Klasse. Frau Gonnermann erklärte,
dass sie sich damit schwer getan habe, mir die besten Noten
zu geben, weil sie befürchtete, dass mir das »zu Kopfe steigen«
könnte.

Unmittelbar nach der Zeugnisübergabe packte ich meine Sachen zusammen und verließ Osnabrück, an das ich bis heute so
wenig gute Erinnerungen habe. Es war der 31. März 1961.


*Anerkennungsjahr im Kindergarten*

Mit dem Zug fuhr ich nach Bünde. Zuvor hatte ich mit Lilo
vereinbart, dass ich wieder bei ihr wohnen würde. Mir war nicht
sehr wohl dabei wegen »Onkel Dieter«, aber es gab keine andere
Möglichkeit. Ich musste selbst dafür sorgen, dass er sich von mir
fernhielt. Thomas, der Sohn der beiden, besuchte inzwischen
im nächsten Dorf, in Hüffen, den evangelischen Kindergarten.
Meine Schwester hatte vorgefühlt, ob man mich dort als Prakti-
kantin aufnehmen würde.

Nach einem persönlichen Gespräch war der Pastor einverstanden gewesen. Seine fünf Töchter besuchten den Kindergarten ebenfalls. Geleitet wurde die Einrichtung von einer jungen
Diakonisse, Schwester Annegret. Sie war erst 24 Jahre alt, und es
war ihre erste eigene Arbeitsstätte. Ich fand sie sehr aufgeschlos-
sen und freundlich, und sie schien mich auch zu mögen, denn

sie stimmte ebenfalls sofort zu. Sie brauchte dringend Unterstützung, denn bisher hatte sie sich allein mit einem sechzehnjährigen Mädchen ohne Ausbildung um die knapp siebzig Kinder gekümmert.

Anfang April trat ich meine Praktikantenstelle an. Mir gefiel die entspannte und freundliche Atmosphäre. Schwester Annegret war offenkundig erleichtert darüber, dass ich bei ihr anfing. Sie zeigte mir alles, erklärte den Tagesablauf und stellte mir die Kinder vor. Damit begann unsere gemeinsame Arbeit.

Morgens, um sieben Uhr, trafen wir uns pünktlich vor dem Eingang des Kindergartens. Schwester Annegret wohnte im Gemeindehaus über dem Kindergarten, zusammen mit einer sehr viel älteren Gemeindeschwester. Mein Weg war auch nicht weit. Mit dem Fahrrad brauchte ich etwa zehn Minuten bis nach Hüffen.

Montags besprachen wir als Erstes, was für die Woche geplant war, und bereiteten dann das Frühstück für die Kinder vor, die eins nach dem anderen eintrudelten. Sie machten einen unkomplizierten Eindruck, waren fröhlich und schienen gerne in den Kindergarten zu kommen.

Zuerst wurde ein großer Kreis gebildet und ein Morgenlied zur Begrüßung gesungen. Nach einem kurzen Gebet setzten wir uns zum Frühstück. Anschließend wurden die Kinder angewiesen, zur Toilette zu gehen und sich danach gründlich die Hände zu waschen. Dann konnten sie sich selbst entscheiden, zu welchem Spiel sie Lust hatten. Wir unterstützten sie, soweit sie das wollten, lasen in kleinen Gruppen Geschichten vor oder erzählten Märchen. Jeder Tag hatte einen anderen Schwerpunkt. Mal waren es Bastelarbeiten, mal wurde eine Bibelgeschichte besprochen, mal war Musik oder Sport angesagt. Die Kinder waren fast immer entspannt, ausgeglichen, selbstbewusst und fühlten sich offensichtlich wohl bei uns.

Schwester Annegret war ein fröhlicher Mensch und hatte eine wunderbare Singstimme. Sie summte und sang oft vor sich hin.

Mittags gingen die Kinder nach Hause oder wurden abgeholt. Um zwei Uhr kam ein großer Teil von ihnen wieder, aber es waren merklich weniger als am Vormittag. Mit den »Nachmittagskindern« unternahmen wir bei jedem Wetter Spaziergänge oder nutzten wenigstens den herrlichen großen Garten des Kindergartens.

Schon nach wenigen Tagen hatte ich guten Kontakt zu allen Kindern aufgebaut, sodass Schwester Annegret sich oftmals zu Büroarbeiten zurückziehen konnte und mir die Kleinen allein mit unserer Helferin Edeltraut überließ. Um fünf Uhr holten die Eltern ihre Kinder ab.

Im Laufe der Zeit gewöhnten wir Frauen uns an, noch ziemlich lange zusammenzusitzen, uns zu unterhalten oder Vorbereitungen für die Arbeit am nächsten Tag zu treffen.

Obwohl ich zu Beginn sehr unsicher gewesen war, entspannte ich mich langsam, fasste Vertrauen und fühlte mich bald richtig wohl. Die Arbeit machte mir Freude. Mein Einsatz wurde geschätzt, und ich spürte, wie viel Energie ich eigentlich besaß.

Ich bombardierte Schwester Annegret mit Unmengen von Fragen zu den Kindern, zu unserem Arbeitsalltag, zu pädagogischen Themen. Sie blieb stets gut gelaunt, und keine Antwort war ihr zu viel. Am liebsten wäre ich abends dort geblieben, und auch Schwester Annegret hatte es nicht eilig, nach Hause zu kommen, denn das Zusammenleben mit der strengen älteren Diakonisse war nicht immer leicht. Zu dritt mit Edeltraut waren wir ein fröhliches und effektives Team.

Während mir im Kindergarten, den wir samt dem großen Garten selbst zu reinigen und zu pflegen hatten, nichts zu viel oder zu schwer war, hasste ich den ständigen Hausputz bei Lilo, den ich wieder übernehmen musste.

Die Abende verliefen jedoch entspannter als früher, denn Kohlmanns hatten sich den ersten Fernseher gekauft. Wir waren nun jeden Abend unten, saßen im Fernsehzimmer zusammen und sahen alles, was kam. Erst nach den letzten Nachrichten wurde die Flimmerkiste ausgeschaltet, und alle gingen zu Bett.

«Onkel Dieter« ließ mich weitestgehend in Ruhe. Manchmal versuchte er zwar, sich mir zu nähern, aber ich sorgte dafür, dass er dafür keine Gelegenheiten bekam.

Früher war ich fast immer alleine bei Kohlmanns gewesen. Abends hatte Richard Kohlmann seine Kriegserlebnisse aus Russland erzählt, und ich hatte gespannt gelauscht. Nun gab es den Fernseher und alle waren zufrieden, weil sie vom Krieg nichts mehr hören wollten. Mir tat das leid. Wenn er alleine dort saß, bat ich ihn immer wieder: «Onkel Richard, erzähl doch wieder mal von Russland«, und er tat es, obwohl es grausame Erlebnisse waren.

Lilo und ihr Mann schienen neue Ideen für ihre Zukunft zu entwickeln. In meiner Gegenwart sprachen sie zwar nicht darüber, aber ich bekam doch manches mit. Sie wollten ausziehen, ganz weg aus Bünde und Hunnebrock, deswegen bemühten sie sich um neue Arbeitsstellen. Als es so weit war, informierte sie mich, dass sie nach Norderney gehen würden. »Onkel Dieter« hatte eine Stelle als Koch in einem Hotel gefunden, und Lilo würde als Zimmermädchen im gleichen Haus arbeiten.

Ich fand die Idee gut. Ich brauchte sie nicht, denn ich fühlte mich inzwischen alt genug. Durch ihren Weggang würden viele Zwänge und schlechte Erinnerungen von mir abfallen. Ich hatte ja meine schöne Arbeit im Kindergarten und den Kontakt zu Schwester Annegret. Die Wohnung hatte unser Vater gemietet. Er und auch Kohlmanns waren einverstanden, dass ich alleine dort wohnen blieb. Ich verdiente zwar nicht viel, nur 200 Mark, aber die 50 DM Miete konnte ich schon aufbringen.

Eines Tages war es dann so weit. Lilo und »Onkel Dieter« nahmen nur ihre persönlichen Sachen mit. Alles andere blieb in der Wohnung. Der Abschied war kurz und schmerzlos. Ich atmete tief durch und fühlte mich auf einmal viel leichter.

Nun war ich wirklich allein. Hatte die ganze Wohnung für mich. Meinen Vater hatte ich nicht mehr gesehen, seit er mich bei Spiekmanns Bäckerei abgeladen hatte. Ein Kontakt bestand ausschließlich in schriftlicher Form wegen der Wohnung. In einem seiner Briefe wünschte er mir alles Gute und erklärte mir, dass er nun sein eigenes Leben leben würde. Ich fragte mich, was er denn bis jetzt getan hatte. Wahrscheinlich war das seine »ganz persönliche« Verabschiedung aus meinem Leben, und ich sollte das offiziell zur Kenntnis nehmen. Mir war das alles nicht neu und es war mir egal. Dieser Vater war nie ein Vater gewesen.

Ich wusste inzwischen auch, dass er seit Jahren mit einer Freundin unserer Mutter aus Danzig liiert war. Sie war Kriegerwitwe und hatte eine Tochter in meinem Alter. Finanziell ging es ihr sehr gut, denn sie bekam eine hohe Kriegerwitwenrente und arbeitete als Chefsekretärin in einer großen Firma. Schon zu der Zeit, als er mich im Heim abgeliefert hatte, waren die beiden liiert gewesen. Er war regelmäßig jeden Monat oder auch öfter zu ihr nach Hamburg gefahren und hatte dort den Vater für ihre Tochter gespielt. Später munkelte einer meiner Brüder, es sei auch gut möglich, dass sie wirklich seine eigene Tochter war. Diesen Gedanken habe ich immer zu verdrängen versucht.

Alle drei gingen jedenfalls gemeinsam ins Theater oder in die Oper oder in Konzerte. Jedes Jahr fuhren sie zwei bis drei Mal in den Urlaub nach Lugano. Als ich diese Einzelheiten erfuhr, war ich traurig und hatte gleichzeitig eine große Wut im Bauch. Auch Axel und Konrad waren zornig darüber. Konrad meinte, unsere Mutter hätte geglaubt, dass er es nie wagen würde, sie zu betrügen oder sich seiner Verantwortung uns gegenüber zu entziehen. Doch was nützte es?

Einmal versuchte ich, den Kontakt zu meiner ehemaligen Freundin Heike wieder herzustellen, aber sie war daran nicht interessiert. Sie hatte andere Freunde aus guten Familien und behandelte mich ziemlich herablassend, sodass ich den Gedanken schnell wieder fallen ließ.

Sonst hatte ich hier in Hunnebrock und Umgebung niemanden. Mein Anerkennungsjahr neigte sich dem Ende zu.

Noch einmal fuhr ich nach Osnabrück zu Frau Gonnermann, um meine Papiere entgegenzunehmen. Der Pastor und Schwester Annegret hatten mir ein wirklich gutes Zeugnis ausgestellt, auf das ich stolz war. Sie wollten mich unbefristet einstellen, und ich sagte zu.

Frau Gonnermann war begeistert. Sie nahm sich viel Zeit für mich und lud mich in ein Café ein. Ich genoss die angenehme Umgebung, die leise Musik, das dezente Klappern des Geschirrs, den Kuchenduft. Ich gönnte mir zwei große Stücke Sahnetorte.

Wir sprachen lange über die Schulzeit und meine schwierigen Erfahrungen im Internat mit den Damen V., über Regina und die anderen angehenden Kindergärtnerinnen. Ich war ihr dankbar, dass sie mich damals nicht von der Prüfung ausgeschlossen hatte, obwohl wir beide wussten, warum ich ins Krankenhaus gebracht werden musste... Mein Leben hatte einige Tage wirklich an einem seidenen Faden gehangen.

Gegen Abend erst verabschiedeten wir uns herzlich.

»Ich wünsche dir für dein weiteres Leben nur Gutes und einfühlsame Menschen«, sagte sie und umarmte mich. Als ich sah, dass sie Tränen in den Augen hatte, musste ich schlucken, und meine Augen wurden ebenfalls feucht.,

Im Laufe der nächsten Jahre hatten wir noch einige Male telefonischen Kontakt, aber dann hörte ich, dass sie verstorben sei. Heute denke ich noch manchmal an sie und wünschte, wir könnten miteinander sprechen.


*Nachdenken über Vergangenheit und Zukunft*


Als ich an diesem Abend in die Wohnung im Kohlmannschen Haus kam, in der ich nun ganz alleine wohnte, fühlte ich mich zum ersten Mal seit langer Zeit nicht mehr so einsam. Das Gespräch mit Frau Gonnermann hatte mir viel Kraft gegeben. Da war ein Mensch, der mir geholfen und der an mich geglaubt hatte.

An diesem Abend ging ich auch nicht mehr zu Kohlmanns hinunter zum Fernsehen. Mir war nicht danach. Lieber wollte ich allein sein – und nachdenken. Wohl wissend, dass mir dieses Privileg zu Lilos Zeiten nie zuteil geworden war, setzte ich mich mit einer dampfenden Tasse Tee auf das Sofa in der guten Stube. Die Abendsonne schien durchs Fenster.

Seit Lilos Auszug war ein halbes Jahr vergangen, und ich merkte langsam, es war Zeit, eine neue Entscheidung zu treffen. Die Arbeit im Kindergarten in Hüffen machte immer noch Spaß, aber ich hatte festgestellt, so ganz allein in dem Dorf Hunnebrock, mit den alten Erinnerungen und dem sich stets wiederholenden Alltag würde ich mich auf Dauer auch nicht glücklich fühlen.

Ich hatte so viele Wünsche und Träume in mir, die ließen sich hier nicht verwirklichen. Ich wollte weiterziehen in die Welt, andere Menschen kennenlernen und vielleicht auch endlich meinen Traummann treffen.

Diese und ähnliche Gedanken gingen mir durch den Kopf. Ich war ja praktisch frei. Mein Vater hatte sich von mir verabschiedet. Ich hatte einen richtigen Beruf und gute Zeugnisse. Und doch war ich unsicher und fragte mich immer wieder: »Was willst du wirklich, Marianne? Wohin willst du? Und wie willst du das anstellen?«

An diesem Abend fand ich nicht wirklich zu meiner gewohnten Ruhe zurück. Gleich ganz früh am nächsten Morgen stand ich auf und verließ das Haus. Wie damals in Bielefeld ging ich los und kaufte mir eine Zeitung.

# NACHWORT

Während ich schreibe, laufen Tränen über mein Gesicht. Es ist ein schmerzhafter Prozess, dieses Aufschreiben. Aber ich will endlich frei werden von der Verzweiflung, der Wut, der Trauer und der Hilflosigkeit meiner Kindheit und Jugend. Ich will verstehen, warum ich wurde, wie ich bin, anstatt mich selbst zu hassen, ohne zu verstehen.

Etwas an mir schien stets falsch zu sein. Immer wieder diese Signale, dass etwas nicht mit mir stimmte. Was war nur falsch? Darauf fand ich viele Jahre keine Antwort.

Aber ich ahnte etwas: Es musste einen Moment in meinem Leben gegeben haben, in dem mein unerschütterlicher Glaube an das Recht auf ein sinnvolles Leben, ein Recht auf Leben überhaupt, in mir gebrochen wurde.

Erst als Erwachsene, während einer sogenannten Transaktionsanalyse im Rahmen einer Therapie, lernte ich das »innere Kind« in mir kennen. So Vieles hatte ich verdrängt. Damals und auch während des Schreibprozesses wurde mir wieder klar, wie ambivalent ich diesem Kind noch heute gegenüberstehe. Wie wenig ich es kenne, es verstehe.

Und dennoch, sie ist da und wird immer da sein, die kleine Marianne. Ich kann versuchen, zu verdrängen oder zu ignorieren, was geschehen ist, aber *sie* kann ich nicht ignorieren, *sie* wird mich nie verlassen – sie ist ein Teil von mir.

Warum habe ich nur diese Schwierigkeiten mit ihr? Weil dieses Kind in mir im Laufe der Jahre Verhaltensweisen und

Strategien entwickelt hat, entwickeln musste, die mich oft unangenehm berührten, mir peinlich waren und mich bis heute in Schwierigkeiten bringen.

Deshalb versuchte ich zuerst, das Kind sehr klein zu halten und hinter meinem Erwachsenen-Ich zu verstecken. Damit es nicht »aus der Reihe tanzt«, sich »ordentlich benimmt«, denn manchmal ist es unberechenbar und schlägt um sich. Vor allem, wenn es sich in die Enge getrieben fühlt, so wie damals.

Mit der Zeit lernte ich, die kleine Marianne mit etwas mehr Distanz zu betrachten, und begann, das scheinbar »falsche Verhalten« zu analysieren. Wir kamen uns näher, sie wurde mir wieder etwas vertrauter. Mit dem Verstehen kam auch ein wenig Erleichterung, denn ich musste das Kind in mir nicht mehr ständig verstecken. Manchmal kann ich inzwischen sogar über sein Verhalten lachen und beginne ganz allmählich zu begreifen, warum es so ist, wie es ist.

Dieses Mädchen ist lebhaft, fantasiebegabt und gefühlvoll und ja, manchmal auch distanzlos, undiszipliniert und egozentrisch. Häufig will es im Mittelpunkt stehen. Heute sage ich mir, warum auch nicht? Es ist sensibel, warmherzig und voller Verständnis für andere. Es will leben, lieben, anerkannt werden. Es ist ein kraftvoller, mutiger kleiner Mensch. Manchmal denke ich allerdings auch, »es sollte endlich erwachsen werden«. Dann wieder bin ich froh über ein Stück Kindheit, das mir geblieben ist. Denn ich hatte so wenig davon.

Dass ich es heute so sehen kann, dabei hat mir nach all den Jahren auch der Schreibprozess geholfen. Ich wollte lernen, alles an mir zu akzeptieren, auch dieses zuweilen etwas »ungeratene Kind«. Nur wenn ich selbst diesen Teil zulassen kann, werde ich ganz ich selbst sein und zu mir stehen können.

Auch darum habe ich alles aufgeschrieben, und damit dieser Teil meiner Geschichte, der zu mir gehört, nicht vergessen wird. Vieles tut noch so weh, dass ich es nicht loslassen kann. Aber ich will frei werden, damit ich endlich im Hier und Jetzt leben kann, wirklich leben kann. Dazu gehört auch die Erinnerung. Ich will das Kind in mir bewahren und es gleichzeitig endlich loslassen.

*Marianne Döring*, Berlin im Frühjahr 2010

# DANKSAGUNG

Ein ganz herzliches Danke möchte ich Anni Söngerath, Nikole Hahn und Axel Förster sagen. Ihr habt Euch so viel Zeit genommen, mit Geduld und Interesse die Anfänge dieses Buches gelesen, mir Tipps gegeben, mich immer wieder motiviert und gestärkt, bis Ann-Kathrin Schwarz und Catharina Oerke es in ihre fachkundigen Hände nahmen. Sie haben mich bis zum Ende begleitet. Ihnen ganz, ganz herzlichen Dank für wertvolle Anregungen, immer wieder neue Aufmunterungen und Geduld mit viel Feingefühl für empfindliche Gemüter. Nochmals Danke!

*Ein Leben mit Geheimnissen – ein Leben*
*als Sohn eines katholischen Priesters*

Karin Jäckel/Thomas Forster
… WEIL MEIN VATER
PRIESTER IST
Thomas wusste nicht,
wer sein Vater ist.
Jetzt erfährt er die Wahrheit.
Erfahrungen
400 Seiten
ISBN 978-3-404-61503-2

Als Thomas mit neun Jahren erfährt, dass ein katholischer
Priester, Direktor der örtlichen Klosterschule, sein Vater ist,
fällt es ihm schwer, mit dem Geheimnis zu leben. Nach Jahren
des Versteckspiels bekennt sich der Geistliche endlich zu seiner
Familie. Aber das Zusammenleben ist so konfliktreich, dass
Thomas schwer erkrankt …

Bastei Lübbe Taschenbuch

*Eine wahre Geschichte aus Irland –*
*bewegend wie »Die Asche meiner Mutter«*

JP Rodgers
DIE LIEBE MEINER MUTTER
Sie nahmen ihr die Freiheit.
Sie nahmen ihr Kind.
Aber niemand konnte ihr
den Mut nehmen.
Erfahrungen
448 Seiten
ISBN 978-3-404-61627-5

*Zärtlich trug sie ihr Baby ein letztes Mal durch den Raum. Die an-*
*deren Mütter klammerten sich an ihre Kinder und sahen hilflos zu,*
*wie Bridie sich von ihrem Sohn verabschiedete. Schnell küsste sie*
*ihn auf Stirn und Wangen, dann nickte sie: »Auf Wiedersehen, mein*
*lieber, kleiner John Pascal. Möge Gott geben, dass wir uns eines*
*Tages wiedersehen.*
Bridie war zwei Jahre alt, als sie bettelnd auf den Straßen Dublins
aufgegriffen und in ein Kinderheim gebracht wurde. Ein Nie-
mandskind mit unbeugsamem Willen. Selbst als man ihr mit 16,
nach einer Vergewaltigung, ihr Baby wegnahm, verlor sie nie den
Glauben, dass sie ihren Sohn wiedersehen würde.

Bastei Lübbe Taschenbuch

# Werden Sie Teil
# der Bastei Lübbe Familie

Lernen Sie Autoren, Verlagsmitarbeiter
und andere Leser/innen kennen

Lesen, hören und rezensieren Sie unter
www.lesejury.de Bücher und Hörbücher
noch vor Erscheinen

Nehmen Sie an exklusiven Verlosungen
teil und gewinnen Sie Buchpakete,
signierte Exemplare oder ein
Meet & Greet mit unseren Autoren

## Willkommen in unserer Welt:
## www.lesejury.de